똑똑한 조직을 만드는 탁월한 리더

딥 스마트

|이정규 지음|

BOOK SMART + STREET SMART
DEEP SMART

1쇄 발행 2011년 06월 30일
4쇄 발행 2015년 10월 26일

지은이 이정규
펴낸이 김태헌
펴낸곳 한빛비즈(주)
출판등록 2008년 1월 14일 | 제313-2008-10호
주소 서울시 마포구 서교동 480-26 한빛빌딩 4층
영업 전화 02)325-5508 | **기획 전화** 02)325-5506 | **팩스** 02)326-1566
한빛비즈 블로그 www.hanbitbiz.com | **페이스북** hanbitbiz.n.book | **트위터** @hanbitbiz

총괄 조기흠
기획 및 편집 권미경 | **진행** 송지영 | **마케팅** 정재훈 · 조광환 · 하은영 | **제작** 박성우
북 디자인 이용희 · 디자인 결
정가 15,000원
ISBN 978-89-94120-17-1 13320

copyright ⓒ 이정규, 2011
이 책은 저작권법에 따라 보호받는 저작물이므로 무단 전재와 무단 복제를 금합니다.
Published by HANBIT BIZ, Inc. Printed in Korea

현명하게
기를 살려 주면서도
도전정신을 잃지 않게 해 주는
사랑하는 아내 스콜라에게 바칩니다.

서문

Book Smart, Street Smart, Deep Smart

영리하고 아는 것이 많은 사람을 우리는 '똑똑하다'고 말하고, 서구인들은 '스마트하다'고 말한다. 똑똑하게 여러 가지 기능을 가지고 있는 휴대폰을 스마트폰이라고 부르는 것처럼 스마트라는 용어가 여러 키워드 앞에 붙여 사용되고 있다. 스마트 그리드, 스마트 TV, 스마트 라이프, 스마트 경영 등 어떤 단어 앞에 붙여도 말이 그럴 듯해진다.

똑똑한 사람이 되려면 이론적으로 많이 배우고 공부를 많이 하는 것이 도움이 된다. 이런 사람을 '북 스마트Book Smart'라 부른다. 형편이 어려워 가방끈이 짧더라도 삶 속에서 두루 경험을 갖고 주변 사람들로부터 현명함을 얻은 사람을 '스트리트 스마트Street Smart'라고 부른다. 그러나 진정한 고수는 북스마트, 스트리트 스마트 그 이상의 훈련이 필요하다. 이론과 경험이 결합된 데다 통찰력까지 겸비한, 남다른 내공을 가진 초절정 고수를 서구에서는 '딥 스마트Deep Smart'라고 부른다.

딥 스마트는 2005년 하버드 경영대학원에서 새로운 인재상을 찾기 위해 벌인 연구 프로젝트의 이름이기도 하다.

직장생활을 하면서 헛똑똑이를 많이 보아왔다. 좋은 집안 배경과 남다른 학벌을 가졌고 이론상으로는 누구보다도 똑똑하지만 이상하게 사람이 따르지 않는다. 개인주의와 지나친 합리주의적 태도에 물들어 있기 때문이다. 하는 말마다 이치에 맞고 논리정연한데도 사람들은 그들을 껄끄럽게 생각한다. 그들은 목표를 성취한 다음에도 오직 자신이 똑똑해서 얻은 결과라고 여긴다. 같이 고생한 동료들은 안중에 없다. 그러니 "나를 따르라!" 외쳐도 사람들은 "너 혼자 뛰어라!"라고 말할 뿐이다.

반면에 어려운 집안에서 많이 배우지 못하고 성장하였음에도 깊은 사려심과 인내심으로 주변에 사람들을 불러 모으는 실전형 리더도 있다. 탁월한 감성관리와 위기를 감지하고 돌파하는 추진력이 남다른 스트리트 스마트들은 우리 주위에서 많이 볼 수 있다. 그러나 스트리트 스마트는 때때로 자신이 경험해보지 못한 변화에 적응하지 못하고 옹고집을 부리다가 일순 큰 낭패를 당하는 경우도 많다.

직장생활을 하면서 리더로 도약해야 하는 시점이 온다. 좋은 리더가 되기 위해서는 탁월한 경쟁력을 갖추어야 한다. 딥 스마트는 북 스마트의 이론과 스트리트 스마트의 실전 경험을 통해 축적된 통찰력, 변화를 예지하는 복합사고와 시간을 관통하는 역사의식을 가진 '하이퍼 스페셜리스트'이다. 사람의 속내를 이해하며, 가치를 공유하는 조직을 만들고, 조직의 성장을 가늠하는 판단기준과 성공신념을 결집시키고, 구성원의 성장을 도모하되 기본에 충실한 전문성을 갖도록 만드는 리더들. 이제부터는 딥 스마트가 되어야 한다.

그러나 딥 스마트는 책이나 실전 경험만으로는 터득할 수 없다는 한계가 있다. 스승이 던져 주는 화두를 통해 깨우치는 무협영화의 주인공처럼 뛰어난 멘토가 필요하다. 멘토가 전수해 준 화두를 열 번이고 백번이고 연마하여 내 것으로 만드는 수련의 과정을 거치지 않으면 안 된다.

25년 넘게 직장생활을 하면서 겪어왔던 학습과 경험내용을 〈구결경영〉이라는 제목으로 틈틈이 기고하였다. 이 책은 이를 근간으로 쓰였다. 이 책의 1장에서는 좋은 인간관계를 엮는 지혜로 시작한다. 모든 비즈니스의 시작은 관계에서 시작하며 고수의 경지도 관계에서 마무리된다고 할 수 있다. 관계를 어떻게 이해하고 쌓을지, 효과적인 관계와 조직은 어떻게 이루어지는지, 어려운 관계는 어떻게 해결하는지 그간의 노하우를 전하고자 한다. 2장에서는 중간관리자가 체득하여야 하는 조직관리 능력을 설명한다. 조직관리를 잘 하기 위해 유지해야 하는 것은 무엇인지 말하고, 조직을 구성하는 시작점에서부터 올바른 조직 정비, 합리적인 의사결정방법, 프로젝트 관리비법, 학습과 창조에 대한 철학을 나누고자 한다. 3장에서는 경영학 책에서 가르쳐 주지 않는 비즈니스의 판단기준을 만드는 키 메시지들을 전수한다. 관리자가 조직을 운영하거나 특정 상품 또는 전략을 기획할 때 어떤 판단기준을 가져야 하는지에 대한 열쇠가 될 것이다. 4장에서는 딥 스마트가 갖추어야 할 전문역량을 실전적으로 풀이한다. 개인의 시간관리, 일과 삶의 밸런스를 유지하면서 스페셜리스트가 되는 법, 타인과 소통하는 구체적인 방법들을 기술한다. 5장에서는 일에 있어 가장 기본역량인 의사소통 방법에 대하여 문서 작성법 위주로 핵심을 전달하고자 한다. 자신이 가지고 있는 생각을 최적화하여 보다 탁월하게 표현하는 방법을 알려줄 것이다. 이 책을 통해 업계 후배와 후학들에게 내가 걸어 왔던 경험을 나눔으로써 그들이 딥 스마트로 성장하고 발전했으면 한다.

사람 사귀는 것을 즐기게 되었다. 인생의 성공은 좋은 사람들과의 관계를 얼마나 굳건하게 이어가고 있느냐에 달려 있다고 생각한다. 좋은 관계는 서로 간에 공유한 스토리로 형성된다. 강한 스토리는 내 시간을 상대방에게 내어 줄 때 생긴다. 그러므로 내 시간을 다른 사람에게 공여하는 것은 나와 타인, 모두를 위한 배려이다. 누구에게나 한정된 시간이지만, 스토리를 기록하면서 간접적으로나마 시간을 넓게 공유할 수 있다. 아직은 부족하지만 나의 메시지와 스토리를 전하고 후배들에게 '좋은 멘토이기를 꿈꾸던 사람'으로 기억되기를 바란다.

살아오면서 여러 사람에게 은혜를 입었다. 지금은 고인이 되신 나의 영원한 상사인 김철수 님, 나의 지적 성장에 지원을 아끼지 않으신 이재웅 님, 멋진 상사의 롤 모델이 되어 주신 이대성 님, 우연한 업으로 만났음에도 큰 사랑을 주시는 이무은 님, 넓은 포용력을 가르쳐 주시는 유화석 님, 고객으로 만나 인문학의 시야를 넓혀 주신 하동근 님이 나의 멘토이다. 그리고 나의 벗이자 영적 스승 김성경에게도 깨우침을 나누어 준 것에 감사한다.

2011년 6월 9일

이정규

차례 CONTENTS

서문 / Book Smart, Street Smart, Deep Smart _004

PART 1

관계가 미래를 결정한다

01 / 실시간으로 업이 쌓인다 _013
02 / 당신의 감정계좌 잔고는 얼마입니까? _017
03 / 감정통화는 배려와 내어 주는 시간 _023
04 / 소셜네트워크와 友테크 _029
05 / 해답 없는 인생을 관계로 풀다 _036
06 / 물음표는 마음에 던지는 갈고리다 _041
07 / 관계공학을 이해하라 _048
08 / 리더의 자질은 선택할 수 있다 _054
09 / 허물을 덮어 주어라 _060
　　| 비즈니스 핵심 스킬 | 개선될 수 있는 허물은 벗겨 주어라 _064
10 / 직원을 배에서 내려 보내기 _065
　　| 비즈니스 핵심 스킬 | 성과 저해자는 네 가지 단계로 다루어라 _070

PART 2 조직으로 실현하라

11 / 골디락스 구역을 떠나지 마라 _073
12 / 어떤 사람을 배에 태울 것인가? _078
  | 비즈니스 핵심 스킬 | 똑바로 질문해야 제대로 뽑는다 _084
13 / 호칭이 스토리를 결정한다 _086
14 / 임무를 명확하게 오픈하라 _092
15 / 합의를 이끌어내는 강력한 기술 _100
  | 비즈니스 핵심 스킬 | 효과적인 회의는 당신에게 달려 있다 _108
16 / 조직적으로 학습하라 _110
17 / 괴상하고도 비상한 프로젝트 관리비법 _115
18 / 시스템을 여는 키 메시지를 가져라 _124
19 / 내려놓음과 여유가 창조를 낳는다 _130
20 / 트렌드가 당신에게 독이 될 수 있다 _135

PART 3 비즈니스의 판단기준을 만들어라

21 / 발효와 부패를 구별하라 _145
22 / 세포와 머리는 판단이 다르다 _149
23 / 운영수준을 판단하라 _153
  | 비즈니스 핵심 스킬 | QC 7 툴로 관리하라 _157
24 / 임계질량을 감지하라 _158
25 / 귀 기울이되 함부로 바꾸지 마라 _164
26 / 가장 초기부터 공유하라 _168
27 / 세 가지 가격을 파악하라 _173
28 / 자신만의 수치를 가져라 _178
29 / 직업윤리는 외줄타기와 같다 _184
30 / 악마의 변론자와 사귀어라 _188
  | 비즈니스 핵심 스킬 | 기업경영의 세 가지 키워드를 기억하라 _192

PART 4 전문역량을 계발하라

31 / 행복을 위한 시간 만들기 _ 197
32 / 운명에게 삶을 내어 주지 마라 _ 203
33 / 비우고, 발산하고, 일탈하라 _ 208
34 / 하이퍼 스페셜리스트가 되라 _ 215
35 / 두드리는 데도 방법이 있다 _ 221
　| 비즈니스 핵심 스킬 | 경력사원의 이력서는 다르다 _ 229
36 / 질문하라, 기록하라, 보고하라 _ 231
37 / 마치 처음인 것처럼 리허설하라 _ 236
38 / 느낌과 생각을 구분하라 _ 241
39 / 이메일은 가장 무서운 업이다 _ 248
40 / 대화에도 리허설이 필요하다 _ 253
　| 비즈니스 핵심 스킬 | 다 보이듯이 통화하라 _ 262

PART 5 생각을 최적화하라

41 / 기록이 인생을 바꾼다 _ 265
42 / 아는 것을 더욱 탁월하게 표현하라 _ 268
　| 비즈니스 핵심 스킬 | 방문하였으면 기록을 남겨라 _ 271
43 / 결론을 아껴두지 마라 _ 272
44 / 구조화하고 시각화하라 _ 276
45 / 추상화 수준을 맞추어라 _ 281
46 / 논리적 연관성을 유지하라 _ 286
47 / 향후 비전을 제시하라 _ 291
48 / 표지로 내공을 짐작하게 하라 _ 295
49 / 품어줄 수 있게 제안하라 _ 300
　| 비즈니스 핵심 스킬 | 사업계획서는 미래이자 과거의 기준이다 _ 304
50 / 협업하고 체화하라 _ 306

50＋1 / 당신은 지금 딥 스마트의 출발선에 서 있는가? _ 310

PART 1

관계가 미래를 결정한다

굳건한 관계는 강력한 스토리에 기반을 둔다.
강력한 스토리를 만들려면
나의 시간을 상대에게 내어 주어야 한다.

01
실시간으로
업이 쌓인다

친구 김성경은 평생 수천 권은 되는 책을 읽었을 것이다. 그의 박식함과 달변을 들을 때마다 입이 벌어진다. 그렇게 많이 읽었으니 직접 책을 써보라고 권유하면 손을 내젓는다. "소설가는 마음 따라 펜 가는 대로 쓰면 되지만, 나의 화두는 수학문제를 푸는 것과 같네. 해답을 못 풀었는데 어찌 책을 쓸 수 있겠는가?"

김성경은 오랜 시간 동안 인생에 대한 답을 찾고 있다. 오랜만에 그에게 놀러갔더니 내게 현각 스님의 이야기를 들려준다. 이제는 아주 유명해진 현각 스님의 학승學僧 시절 이야기이다. 스님이 어느 날 스승에게 물었다. "큰스님! 저는 애국가만 들으면 눈물이 막 흐르고 가슴이 아파요. 저는 왜 이렇게 유난스러울까요?" 그러자 스승이 이렇게 말해 주었다. "나는 스님의 업을 알고 있어요. 스님은 한국 독립군이었습니다! 스님은 일본군의 총탄에 맞아 죽으면서 한이 맺혔지요. 그래서 다음 생에서는 아주 강한 나라에서 다시 태어나, 한국으로 돌아와서 조국을 위해 살겠다고 소원한 것입니다." 현각 스님은 스승의 이야기를 듣고 오래된 체증이 풀린 듯 가슴이 후련해지는 것을 느꼈다고 한다. 여기까지가 현각 스님이 자신의 책에서 밝힌 이야기다.

모든 것이 기록된다는 두려운 상상

김성경은 스님의 스토리를 모티브로 하여 자신만의 다른 이야기를 만들었다(내게 우주의 섭리를 이해하기 쉽도록 설명한 가상의 이야기이니 오해하지 말기 바란다). "스승에게서 자신의 전생에 대해 들었지만 현각 스님은 그래도 다른 사람에게 재차 확인하고 싶었지. 그날 저녁 현각 스님은 변장을 하고 용하다는 점집을 찾아갔어. 그런데 점쟁이도 이렇게 말하는 거야. '어디 보자, 어디 보자, 점괘야 나와라……. 아! 선생님은 전생에 독립군이셨습니다!' 현각 스님은 깜짝 놀랐지. '아이고! 우리 스승님께서 여기에도 손을 써 놓으셨나?' 그런데 다른 역술가를 만나도 같은 말을 한단 말이야? '손님은 전생에 독립군이셨습니다!' 스승의 말씀을 믿기는 하지만, 다른 역술가들도 똑같은 이야기를 하니 신기하기도 하고 기가 찰 노릇이 아니겠나?"

친구는 내가 IT 분야에서 일을 했으니 다른 사람보다 더 잘 이해할 거라며 말을 잇는다. 그가 주장하는 내용은 이렇다. "그 스승님의 도력은 경지가 높아서 하늘나라 인력 데이타베이스에 있는 제자에 관한 내용을 읽을Read 수도, 갱신할Write 수도 있어. 스승보다 도력이 낮은 작은 스님이나 역술가들은 검색만Read only 가능한 거야. 스승이 제자의 전생을 '조선인 독립군'이라고 기록해버리면 그 아래 사람들은 현각 스님에 대해 모두 '독립군'이라고 읽을 수밖에……."

조금 황당한가? 나는 그의 이야기가 재미있고 그럴싸하다고 생각한다. 누군가가 어떤 커다란 네트워크를 통해 우리의 모든 것을 '기록'하고, 네트워크 안의 다른 누군가는 그것을 '읽는다'. 중요한 것은 그 기록을 아무나 수정하거나 삭제할 수 없다는 두려운 사실이다. 이것은 요즘의 웹Web 시대와 연결된다.

돌이킬 수 없는 웹 = 업

페이스북과 트위터로 대변되는 소셜네트워크가 웹 어플리케이션의 사용 문화를 바꾸어버렸다. 여기에는 스마트폰의 보급과 함께 클라우드 컴퓨팅의 역할도 크다. 클라우드 컴퓨팅은 지금까지 개인의 PC로 모든 것이 이루어져온 것과 달리, 인터넷상의 서버를 통해 데이터를 저장하고 콘텐츠를 사용하며 네트워크를 이루는 등 IT 관련 서비스를 한번에 사용할 수 있는 컴퓨팅 환경이다. 개인이 만든 정보가 인터넷상의 서버에 영구적으로 저장되고 데스크톱 · 태블릿컴퓨터 · 노트북 · 넷북 · 스마트폰 등의 IT 기기와 같은 클라이언트에는 일시적으로 보관된다. 간단히 말하면 이용자가 인터넷상의 서버에 저장한 정보를 각종 IT 기기를 통해 언제 어디서든 이용할 수 있다는 개념이다.

이 시스템을 자세히 살펴보면 이용자가 반드시 주의해야 할 사항이 있다. 바로 자신이 입력하여 던진 메시지가 더 이상 스스로 통제할 수 없는 클라우드 컴퓨팅과 웹의 세계로 떠돌게 된다는 것이다. 컴퓨팅 세계를 '구름cloud'이라고 이름 지은 것 자체가 이를 반증한다. 정보를 올린 후 아차하고 후회하며 전부 지우고 싶더라도 정보는 계속해서 떠돌며 나와 연결된 사람들에게, 그리고 다시 그들과 연결된 또 다른 사람들에게 자동으로 전송된다. 누구도 이를 지울 수 없고, 지워도 그 흔적이 남아버리는 '업業'의 세계가 된 것이다. 그런 의미에서 '웹'과 '업'의 발음이 비슷한 것이 참 재미있다. 어쩌면 현재의 '웹'이라는 용어가 과거의 개념한계를 초월하여 진화한다면 인터넷 '업'이라 불러야 하는 시점이 올지도 모를 일이다.

한동안 《시크릿》이라는 책이 부동의 베스트셀러로 어마어마하게 팔렸다. 책의 메시지는 누구든 간절히 원하고 노력하면 우주가 도와주어 꿈이 이루어진다는 것. 말하자면 긍정적인 업의 이야기이다. 책에서는 긍정적인 마인드를 우주적 차원으로 말하고 있긴 하지만 그 원리를 밝히지는 못한 것 같다. 나는 업의 원리를 이렇게 풀이한다. 우리의 모든 감정은 계좌처럼 쌓인다. 우리가 주변사람들에게 마음과 덕을 베풀면 '감정계좌' 데이터베이스에 저축되어 그대로 기록된다. 좋은 감정을 많이 쌓는 것이 긍정적인 업이다. 따라서 내가 살아 있거나 죽더라도 내가 쌓아둔 감정계좌의 혜택을 두고두고 받을 수 있다. IT 개념으로 접근하니 긍정적인 업의 결과인 《시크릿》의 메시지가 쉽게 이해되었다.

나는 미신을 경계한 칼 세이건Carl E. Sagan을 존경하는 공학도였고 인문과학을 공부한 사람이다. 업에 관한 논리가 나와 모순되는 미신처럼 여겨질지도 모른다. 하지만 나는 웹의 개념에 업이라는 동양적 사상을 접목할 수 있다고 생각한다. 그리고 명백한 과학이론이 해결해주지 못하는 인간관계를 감정계좌이론이 해결해준다고 믿는다.

당신이 딥 스마트가 되려면 먼저 관계를 이해해야 한다. 관계를 이해하려면 마음을 이해하고 쌓아야 한다. 그래서 감정계좌를 잘 구축하는 것이 중요하다. 그런데 현대는 소셜네트워크로 인한 업의 시대이다. 자신이 쌓은 것이 떠돌고, 돌이킬 수 없다면 어떻게 해야 할까? 그렇다. 무엇이든 '제대로' 쌓아야 한다.

02
당신의 감정계좌 잔고는 얼마입니까?

누구에게나 감정계좌가 있다. 감정계좌에는 자신이 타인에게 풀었던 감정들이 쌓인다. 좋은 감정은 +, 나쁜 감정은 -로 계산된다. 감정계좌는 타인에 의해서도 달라진다. 타인에게서 은혜를 입으면 내 감정계좌는 그만큼 -가 된다. 은혜를 갚으면 +로 올라간다. 그렇게 감정계좌의 잔고는 수시로 변한다. 잔고가 높다는 것은 내가 그만큼 많이 베풀었다는 뜻이다. 따라서 잔고가 얼마냐에 따라 내게 돌아오는 감정도 달라질 수 있다.

내가 처음 감정계좌를 연 건 대학에 갓 들어갔을 때이다. 고등학교 때 세례를 받은 나는 대학에서도 '반촌泮村'이라는 종교서클에서 활동했다. 학과생활보다도 서클생활이 더 재미있고 끈끈했다. 그때 선배들에게 받은 관심과 사랑을 지금도 후배들에게 갚고 있다. 서클행사가 있으면 회사 일로 못나가더라도 꼭 나갔어야 했다는 의무감을 느낄 만큼 내 감정계좌에는 선배들이 쌓은 잔고가 많이 남아 있다.

덕을 쌓으면 모르는 귀신도 도와준다

대학 1학년 때 선배들이 서울 옥수동 성당에서 중등과정 야간학교를 열었다. 직장을 다니면서 나도 그 야간학교에서 2년 남짓 교감을 맡았다. 어린 청소년 근로자들이 날마다 해 저문 성당으로 삼삼오오 모여들었다. 낮에는 공장에서 일하고 밤에는 고등학교 검정고시를 준비하면서 옥수동, 금호동의 작은 쪽방에서 어렵게 살아가는 친구들이었다. 힘겹게 꿈을 키워가는 학생들을 가르친다는 것이 내게는 가슴 벅찬 일이었다. 그러던 어느 날, 제자 한 명이 연탄가스로 생을 마쳤다. 죽은 아이의 쪽방 집에 가보고는 화가 치밀었다. 그 아이가 감내했을 생활고가 날것으로 아프게 다가왔다. 그때 생각했다. 굶지 말아야 하는 권리와 배울 수 있는 기회, 두 가지만큼은 우리 사회의 공동체가 책임져야 한다고.

야간학교에서 가르치는 사람이 부족하여 나중에는 직접 교사를 모았다. 발품을 팔며 여러 대학의 게시판에 광고 포스터를 붙이고 다녔다. 포스터를 본 대학생들이 옥수동에 찾아왔다. 찾아온 대학생 중 누구도 부유한 사람은 없었다. 하지만 배움을 나누려는 마음만은 그 누구보다도 부자였다. 그때 그 친구들은 이제 저마다의 자리에서 어느 정도 일가를 이루었다. 행복하게 일상을 누리는 모습을 볼 때면 그게 다 그들이 넉넉한 마음으로 쌓아둔 감정계좌 덕분이 아닐까 하는 생각이 든다.

야간학교 교사로 일하며 만난 김윤이라는 후배가 있다. 그는 대학에 들어오자마자 야학 일을 자청했다. 한동안 소식을 몰랐는데 목포 MBC 방송국 기자로 일하고 있었다. 처음으로 남도여행을 떠난 날, 목포에서 그를 만났다. 김윤은 우리 내외에게 근사한 저녁을 대접했다. 젊은 날 야간학교 시절의 그 마음 부유했던 날들을 이야기하며 술잔을 주고받았다.

고단하고 바쁜 기자생활 속에서도 진심으로 반갑게 맞아 준 것이 너무 고마워 자리를 일어서며 거듭 고맙다고 말했다. 그러자 그가 이렇게 말했다. "덕을 쌓으면 모르는 귀신도 도와줍니다, 선배님." 후배가 내게 가르침을 주었다. 처음 듣는 말이 아닐 텐데, 같은 말도 어떤 상황에서는 이상하게 가슴에 꽂힌다. 그때 김윤의 감정계좌에는 하나의 덕이 쌓였다. 나는 언젠가 그것을 갚으리라 마음먹었다. 그렇게 감정계좌의 +감정들은 선순환한다.

사소한 감정도 계좌에 쌓인다

심리학자들은 스킨십의 효과를 높게 산다. 그들은 스킨십이 남녀 간의 애정표현일 뿐만 아니라 부모와 자식 간에도 필요한 것이라고 말한다. 엄마는 갓난아기에게 젖을 물리고 가슴에 꼭 안아 준다. 아기는 엄마의 촉감과 그 너머로 전해지는 심장박동을 느낀다. 이러한 스킨십을 통해 끈끈한 유대관계가 전해진다. 갓 태어난 아기를 침대에 혼자 두고 독립심을 키우는 미국과 달리 우리 부모들은 걸어다닐 나이가 되어도 안고, 업고, 곁에 재우며 키운다. 혹자는 아기를 안고 기르는 육아법이 독립심을 떨어뜨린다고 말하지만 자녀의 정서 안정에 도움이 된다고 주장하는 교육학자도 있다.

스킨십은 자녀에게만 필요한 것이 아니다. 나이 든 부모님에게도 스킨십은 필요하다. 우리는 내리사랑이 자연적이며 마땅한 것이라고 여긴다. 내리사랑은 지배가치 Governing Principle, 즉 행동의 우선순위를 정하는 내재된 선택가치이다. "죽음을 하루 남겨두었다면 가장 먼저 무슨 일을 하고 싶은가?" 이런 질문을 던졌을 때 머릿속에 바로 떠오르는, 나를 지배하는 우선적인 가치라고 할 수 있다. 아마 대개의 사람들에게는 가족이 첫 번째 지배가치일 것이다. 그중에서도 내리사랑은 가장 우선적인 가치이다. 반대로 아래에서 위로 올라가는 효도는 자연 발생적이지 않다. 따라서 효도가 더욱 숭고한 지배가치라는 의견도 있다.

언젠가 갑자기 이런 생각이 들었다. 나는 단 한 번이라도 나를 세상에 있게 해 주신 부모님에게 잘 길러 주셔서 감사하다는 말씀을 올린 적이 있던가? 살아계실 때에는 한 번도 마음을 표현하지 못하고 돌아가신 다음에야 회한을 품고 슬퍼하는 사람들을 주변에서 많이 보았다. 한이 남지 않도록 가족들과 많은 시간을 함께 보내고 사랑을 표현했다면 후회는 덜할 텐데, 우리는 수많은 핑계로 무수히 많은 시간을 흘려보낸다. 그러다가 소중한 사람이 사라진 공간에 남아 그 빈자리를 절감하고 나서야 가슴을 치고 응어리를 어루만진다. 이 얼마나 잘못된 일인가.

어느 날 정색을 하고 아버지와 어머니를 소파에 앉혔다. 설도 아닌데 절을 올리겠다고 말씀드렸다. "아니! 얘가 왜 이래?" 어머니가 놀라 만류하셨다. 나는 큰절을 올리고 무릎을 꿇었다. "아버지! 어머니! 저를 낳아 세상을 보게 하시고, 잘 키워 주셔서 정말 정말 감사합니다! 저는 두 분의 자식으로 태어난 것을 진심으로 기쁘게 생각합니다! 사랑합니다, 아버지, 어머니!" 그리고 두 분을 일으켜 세워 꼭 껴안았다. 아버지는 허허 웃으며 자리를 피하셨다. 기분이 좋으신 것 같았다. 이제는 부모님을 찾을 때마다 들어갈 때나 나올 때 포옹을 해 드린다. 큰돈 드는 일도 아닌데 왜 그동안 하지 못했던가?

내 경험을 주변 사람들에게 전파했다. 그리고 그들의 부모님에게 내가 했던 것처럼 해보라고 권했다. 치매가 시작되었거나 홀로 계신 부모님일 경우에는 더욱 더 강력하게 권했다. 몇몇 지인들이 실제로 실천에 옮겼다. 부모님 집에 가면 밥 먹고선 멀거니 TV만 보다 오곤 했다던 사이냅소프트의 전경헌 사장도 그 중 한 사람이다. 어느 날 그가 아버지께 절하고 감사의 말씀을 올렸다. 그랬더니 아들에게 아버지가 하시는 말씀이 이렇더란다. "아들아! 사업자금도 제대로 보태 주지 못해서 미안했다!" 자신은 아버지에게 단 한 번도 불만을 가진 적이 없었다. 그런데 아버지가 그런 속마음을 가슴에 품고 계신 줄은 몰랐다. 그토록 베풀고도 못다 해 준 것 같아 미안해하고 계셨다니……. 그는 아버지의 따뜻한 오해를 열심히 풀어드렸다. 이제 아버지가 돌아가시더라도 고맙다는 말 한마디 못 드린 한을 남기지 않을 것 같다며 내게 진심으로 고마워했다.

사소한 스킨십, 사소한 감사의 마음도 감정계좌에 쌓인다. 큰 덕을 쌓아서 감정계좌의 잔고를 한 번에 크게 불려야겠다고 생각하지 말아야 한다. 감정계좌는 소소하고 소박한 마음들이 쌓여서 내게 큰 덕으로 돌아올 수 있다.

쓸수록 불어나는 감정계좌

어떤 세미나에서 이성용 씨는 이렇게 말했다. "사람들은 타인의 감정계좌에 저축은 하지 않고 인출만 하려 한다." 타인의 감정계좌를 이용하기만 하면 내 감정계좌에는 잔고가 남을 수 없다. 일본 1위의 보안관제 회사를 경영하는 미시바 회장은 매년 두어 번 정도 한국에 오시면 꼭 나를 찾으신다. 그때마다 내게 40년간의 경영 노하우를 전수해 주신다. 한번은 이런 말씀을 하셨다. "바보들은 따뜻한 물을 자꾸 자기 쪽으로만 끌어당기려 해요. 따뜻한 물을 다른 이에게 밀어 주면 그 온기는 다시 자기에게로 돌아오는데 말입니다." 베풀어야 돌아온다는 철학이다. 내가 온기를 나누고 정을 쓸수록 내 감정계좌는 더 불어난다.

관계가 나쁘지 않은 사람에게 마음을 베푸는 것은 그래도 쉽다. 살이 끼었는지 이상하게 정이 안 가는 사람들이 있다. 대개는 이기심의 속내를 보이는 사람들이다. 이해관계가 없어진 이후에는 이들을 다시 만나고 싶지 않은 것이 인지상정이다. 희한하게도 이런 사람들은 어느 조직을 가든 항상 마주친다. 어떤 이는 '천적이 나타났다'며 무조건 피해 다닌다고 하는데, 그럴 수도 없는 노릇이다. 불편한 사람에 대해 고민을 털어놓자 도사 같은 친구가 내게 이렇게 생각하라고 조언한다. "아이쿠! 은인이 나타나셨습니다. 내 품성의 부족한 점을 깨우치고 성장하도록 도와주는 고마운 선생님이 생겼습니다." 그래서 앞으로는 생각을 고쳐먹을 작정이다. 이런 사람들의 감정계좌에 내 마음을 저축하면 두 배, 세 배의 이자가 붙지 않을까?

03
감정통화는
배려와 내어 주는 시간

예전 직장의 상사가 찻집으로 나를 불렀다. 인터넷 1:1마케팅 소프트웨어업체의 지사장으로 가게 되었으니 같이 일하자는 제안을 하기 위해서다. 90년대 초에 제조업체의 화두가 되었던 동시공학Concurrent Engineering에 빠져 공부한 적이 있다. 동시공학의 주제 중에서 제품을 한 사람 한 사람의 필요에 따라 다르게 만드는 개별사양생산Personalized Production이라는 개념을 처음 접했다. 생산을 개별적으로 하면 마케팅도 개별적으로 해야 한다. 이 개념은 1:1마케팅으로 불렸다. 지금은 많은 기업의 마케팅 주제가 되어버린 '개인화'는 이미 20년 전에 시작된 셈이다. 상사는 벌써 수개월 동안 이에 관한 사업을 준비해온 듯했다. 난감했다. 당시 나는 두 달 반만 지나면 근속 15년 차로 퇴직금 30%를 더 받을 수 있는 시점이었다. 당장 내가 필요하다는 분 앞에서 도저히 30% 이야기가 나오지 않았다. 내 감정계좌에는 그분이 쌓아 놓은 저축량이 더 높기 때문이다.

배려는 계좌를 두 배로 불린다

상사는 나와 많이 달랐다. 그의 자동차는 담뱃재와 잡동사니 등으로 옆자리에 앉지 못할 정도였다. 회사 책상 위도 항상 서류 더미로 너저분했다. 한편 나는 정리맨이었다. 계획 없이 일을 시작하지 않았고 보고서의 납기를 어기는 일이 거의 없었다. 숙제를 내 주면 제일 먼저 제출했다. 상사는 부하직원이 붙잡으면 다음날 새벽까지 포장마차에서 이야기를 들어 주었다. 나는 그들을 버려두고 늦어도 자정에는 택시를 잡아탔다. 술 취한 부하직원이 반복해대는, 별로 중요하지도 않은 것 같은 너스레를 무엇 때문에 늦게까지 들어 주는지 나는 상사를 이해할 수 없었다. 그런데 상사는 프로 밴드생활을 오래 한 덕택인지 직원들의 감성관리가 뛰어났다. 임기응변과 직관력도 탁월했다. 나는 따라갈 수 없는 포스가 있었다. 그때 나는 알았다. 합리만으로는 사람을 얻을 수 없음을.

감성으로 맺어진 관계는 합리보다 강하다. 논문보다 소설이 더 많이 읽히는 이유이다. 내가 가지지 못한 것을 그에게서 배웠고, 그는 자신의 부족한 점을 내가 채워 주길 원했다. 사석에서 그는 나를 '파트너'라고 불렀다. 이 말에 설복되었다. 15년을 채우라는 아내의 반대를 무릅쓰고 회사를 나왔다. 안정된 초일류 다국적기업을 나와 미래가 불확실한 작은 회사로 옮긴 것이다. 그것이 그가 쌓아 준 감정계좌에 대한 나의 배려였다.

회사에는 엔지니어 몇 명이 전부였다. 중간관리는 모두 나의 일이 되었다. 행정, 회계, 영업, 채널 등 모든 시스템을 새로 만들어야 했다. 영업마케팅 부서장으로 인사관리를 오래 해보았으니 큰 어려움은 없었다. 문제는 본사였다. 미국의 버블이 꺼지면서 시작한 지 1년도 안 된 한국지사를 철수시키기로 결정한 것이었다. 풍운의 꿈을 갖고 한국지사를 막 시작한 상사에게는 충격이었다. 때마침 상사의 학교선배가 건강상의 이유로 S사 지사장을 퇴직하면서 자신의 후임으로 상사를 추천했다. 그런데 추천한 회사는 내가 15년, 상사가 19년이나 일한 전 직장의 최대 경쟁사였다. 상사는 내게 같이 가겠냐고 물었다. 고민스러운 순간이었다. 나는 수년간 S사의 이미지를 깨부수는 영업전략을 만드는 마케팅팀장으로 일했다. 영업사원들이 전선에서 내가 만든 자료를 무기로 뛰어다니며 S사와 경쟁한 것이다. 도의상 같이 갈 수 없었다. 나는 가지 못하겠다고, 상사에게도 가지 않았으면 한다고 의견을 드렸다. 그는 내가 가지 않는다면 자신도 가지 않을 것이라 말했다.

당시 우리에게 중요한 지배가치는 의리였다. 상사가 말한 "너를 파트너로 생각한다."는 거짓이 아니었다. 그는 나와 의견을 같이했다. 지금 똑같은 상황이 다시 온다면 어떨까? 그 뒤로 상사가 겪었던 고통이 너무 컸기에 마음이 어지럽다. 가진 것 없는 직장인에게 그 결정은 당분간 미래가 없는 불안한 실직생활을 선택한다는 의미였기 때문이다. 다행히 나는 전 직장에서 다시 불러 주어서 재입사를 했지만, 나의 상사는 직원들이 새로운 일자리를 잡도록 마지막까지 보살펴 준 후에 스스로 회사의 간판을 내렸다. 그리고 절망감에 미국으로 떠났다. 영영 안 돌아오는 것은 아닌지 걱정이 되었다. 하지만 내가 감정통화로 지불했던 배려는 더 큰 것으로 내게 다시 돌아왔다.

시간을 내어 주고 스토리를 공유하라

한국에 돌아온 그가 어느 회사의 부사장으로 취직을 했다는 기쁜 소식이 들려왔다. 그리고 어느 날 상사에게서 전화가 왔다. "정규 씨, 힘들어 죽겠어. 좀 도와줘요!" 믿고 나갔던 회사가 한국에서 철수해버린 뼈아픈 경험을 상사의 이름 '철수'에 빗대어 한번 놀려주고 싶은 장난기가 발동했다. "부사장님! 저는 절대 안 갑니다. 또 철수하면 어떻게 합니까?" 그러자 전화기 저쪽에서 이런 말이 나왔다. "걱정하지 마! 이 회사는 절대로 철수 안 해! 철수 앞에 '안'이 붙어! 안철수연구소야!" 나는 크게 웃고 말았다. 이 에피소드가 내가 두 번째로 회사를 나와서 안철수연구소로 움직이게 된 스토리다.

감정계좌는 이런 것이다. 그때 깨우치게 되었다. 좋은 관계는 서로 간에 공유한 스토리로 형성된다. 감정계좌의 통화에는 두 가지가 있다. 상대에 대한 배려, 그리고 내가 내어 주는 시간이다. 강한 스토리는 상대에 대해 배려하고 내 시간을 내어 줄 때 생긴다. 공평한 것은 부자에게나 가난한 자에게나 주어진 시간은 제한되어 있고, 또한 시간은 양도할 수 없는 자원이라는 것이다. 조물주의 공평함이 여기에 있다.

회사에 들어와 3년 가까이 지났을 때 상사가 나를 불렀다. 계열사 사장자리가 공석이 되었으니 나가보라고 했다. 내 경력을 배려하는 조치였다. 새로운 후임자를 뽑을 때까지 그는 4개월간이나 내가 맡던 영업본부장을 겸직했다. 일이 가중되었을 것이다. 상사는 2007년 암으로 유명을 달리했다. 강한 의지로도 병마를 넘지는 못했다. 따르던 부하직원들 몇몇이 가족 이상으로 간병했다. 상사의 은혜에 보답하는 마음으로 나는 매년 그분의 기일에 헌혈을 한다. 헌혈을 위해 일주일 전부터 술도 안 마시고 컨디션을 관리한다. 누군가 나의 피로 생명에 도움을 받을 것이다. 그렇게라도 갚고 싶을 만큼 나는 상사에게서 많은 배려와 시간을 얻었다. 그리고 무엇보다도 우리에게는 그럴 만한 강력한 스토리가 있다.

감정통화를 쓴 만큼 조직은 강화된다

내가 초보 CEO로 새로운 커리어를 시작한 안랩코코넛은 국내 최초의 보안관제 회사였다. 국내외 약 400여 개 회사의 정보시스템을 보호하는 사이버경찰 역할을 수행했다. 그러다보니 해커와 싸우는 일이 많았다. 하루 24시간, 365일 시스템 관제를 하기 위해 직원들은 돌아가며 야간당직을 서야 했다. 나는 군대에서 몇 개월간 중대 행정병을 맡았었다. 그때 민주군대식 발상으로 불침번 근무표를 순번제로 돌아가도록 짰다. 병장을 초번 혹은 말번 근무로 세우는 관행을 깨고 싶었다. 내가 병장이 되더라도 순번제 새벽근무는 당연하다고 생각했다. 그런데 제대를 앞둔 왕고참 병장이 나를 불렀다. 가슴팍을 아프게 얻어맞고 그가 아주 많이 화가 났다는 것을 알게 되었다. 역시 민주군대는 없었다. 하지만 이런 경험 덕분에 관제실 하위 직원들만 야간당직을 서는 것은 적절치 않다는 생각을 할 수 있었다. CEO를 포함한 부서장들도 돌아가면서 1주일에 하루씩 함께 당직을 서도록 했다. 오후 6시부터 다음날 아침 9시까지 15시간의 근무였다. 부서장들이 좋아하지는 않았겠지만 사장도 같이하는 일이라 불만을 표출하진 못했다.

근무를 마친 부서장들에게 매주 회의 때마다 근무환경 개선점을 보고하도록 했다. 고장 난 가습기, 지저분한 전자레인지와 냉장고, 너무 오래 쌓아둔 생수통, 불만족스러운 인스턴트 야식, 환기가 안 되는 건조한 실내, 가죽으로 되어 있어서 궁둥이가 미끄러지는 의자 등등. 부서장들이 그동안 인지하지 못했던 근무자들의 고충을 직접 경험하고 나서야 하나씩 개선해나가기 시작했다. 사용하는 의자를 나도 못 가져본 최고급 의자로 교체해 주었다. 무기명 멤버십카드를 몇 장 구매하여 헬스클럽과 사우나도 이용하게 했다. 처음에는 관리자들에게 감시당한다는 느낌이 들었다는 직원들도, 근무환경이 개선되자 사기가 높아졌다. 매주 하던 부서장들의 야간당직으로 직원과 관리자의 유대감은 그 어느 때보다 높아졌다. 군대에서 이루지 못한 것을 회사에서는 이룬 것이다.

대기업 임원들이 직원식당이 아닌 다른 곳에서 식사하는 경우를 자주 보았다. 마주앉아 식사를 하는 것은 정을 나누는 것과 같다. 그것만으로도 감정통화는 오고 가는 것이다. 부하직원과 '밥情'을 나누지 않는 상사를 위해 부하는 충성을 바치지 않는다. 내가 준 배려와 시간만큼 스토리가 생기고 조직은 강화된다.

04
소셜네트워크와
友테크

　　　　　나의 할아버지는 서당 훈장님께서 손으로 써 주셨다는 천자문을 돌아가시기 전까지도 애지중지 보관하셨다. 그런데 자녀 교육은 여의치 못하셨던 걸까, 아버지는 고등학교 등록금을 마련하지 못하기 일쑤였다. 어느 날 아버지는 국화꽃을 한 움큼 사 들고 맹장수술로 입원하신 교장선생님을 찾아가셨다. "학업을 계속하고 싶습니다. 등록금을 나중에 갚으면 안 되겠습니까?" 학생이 한 명도 찾아오지 않아 섭섭했던 교장선생님은 땟국물 흐르는 머리를 조아리는 까까머리 아버지에게 감복하여 눈물을 흘리셨다. 그 교장선생님은 아버지가 졸업할 때까지 학비를 벌 수 있도록 학교에서 아르바이트를 시켜주셨다고 한다.

관계에 대해 얼마나 이해하고 있는가?
작은 할아버지 두 분은 자손이 많아 살림 형편이 어렵다보니 자녀들도 배움의 기회가 적었다. 6.25전쟁 이후 베이비붐 시대를 지켜본 아버지는 나와 여동생으로 가족계획을 중단하셨다. 덕분에 우리 남매는 학비 걱정 없이 대학을 마쳤다. 아버지는 공고를 졸업하신 후 KBS 라디오방송국의 엔지니어로 일을 시작하셨다. 친화력이 강하고 성실한 아버지에게 송신소 소장님이 야간대학을 권유해 준 덕분에 아버지는 대학을 졸업하실 수 있었다. 대학은 아버지의 직장 경력에 많은 도움이 되었다.

인천 근처 소래송신소의 소장이 되신 아버지는 집에서 출퇴근을 못하고 항상 사택에서 비상대기를 해야 했다. 그런데 때때로 집에 잠시 들른 것이 노출되어 6개월간 보직해임을 당하셨다. 아버지는 사표를 내셨다. 그때 나는 처음으로 은행에서 학자금 융자를 신청했다. 철없는 아들은 아버지의 어려운 마음을 헤아리기보다 대학 졸업을 못하면 어쩌나 하는 걱정이 앞섰다. 죄스러운 마음이 지금도 빚으로 남아 있다. 다행히 아버지는 사표를 반려해 준 상사의 배려 덕분에 KBS에서 정년퇴직하실 수 있었다. 돌이켜보면 아버지는 여러 사람들의 도움으로 원만하게 70대 중반의 삶을 살아오셨다. 그리고 부모님의 음덕으로 나 역시 그들에게 직간접적으로 영향을 받고 은혜를 입으며 여기까지 왔다고 생각한다.

소셜네트워크로 수많은 사람들과 긴밀하게 연결되어 있는 시대이지만 정작 가까운 관계 속의 사람들에 대해 제대로 이해하고 있는 사람은 많지 않다. 당신은 아버지의 역사를 짚어본 적이 있는가? 그 세월 굽이굽이 사연과 사슬을 차근차근 짚어가다 보면 나의 삶도 얼마만큼 이해할 수 있게 된다. 자신과 가까운 관계의 히스토리를 돌아보고 마음 깊이 이해하려고 해보라. 모든 네트워크의 가장 기본은 가족이다. 그 관계를 이해하고 돌아보면 지금의 나도 이해할 수 있다.

가족 이후의 네트워크는 내가 만들어 나가야 한다. 내가 만든 소셜네트워크가 나의 삶에 영향을 주고 내 삶을 결정한다. 재물과 이익에만 집착하면 네트워크는 황폐해지지만, 긍정적 에너지로 감정계좌를 채우면 관계와 삶은 풍요로워진다.

행복은 마음과 관계에서 온다

산호세에 출장을 갔을 때의 일이다. 미국에서 벤처 캐피털회사를 경영하는 데이비드David 사장이 우리를 픽업하러 나왔다. 나파밸리Napa Valley의 와이너리 투어를 시켜주겠다고 약속이 되어 있었다. 누가 어떤 마음으로 마중 나오는가에 따라 그곳에서의 하루가 바뀐다. 오래 전에 한국에서 이민 갔던 사람들은 공항에 마중 나온 사람이 어떤 직업을 가졌는지에 따라 미국에서의 최초 업종이 결정되었다는 이야기가 있다. 마중을 나온 사람이 세탁소를 하면 세탁소 직원으로, 채소가게 사장이면 채소가게의 수습 점원으로 고단한 이민생활의 첫발을 떼게 되는 것이다. 짠한 이야기다. 언어소통도 잘 안 되는 이민자들에게는 어쩌면 당연한 일이었을 것이다. 그런데 확장해서 생각해보면 이 이야기는 삶의 전반으로 이어질 수 있다. 삶의 순간순간마다 우리가 어떤 관계를 맺느냐에 따라 인생이 달라진다고 할 수 있기 때문이다.

차를 타고 이동하며 나는 부러운 눈길로 고급차의 이곳저곳을 훑어 보았다. 그런 내게 데이비드 사장이 운전을 하면서 이야기 보따리를 풀어 놓았다. "저는 미국의 벤처 캐피털리스트 중에 돈을 정말 많이 번 사람들을 여럿 알고 있습니다. 그런데 돈을 많이 번 사람들이 모두 행복하다고는 생각하지 않습니다. 돈을 벌면 평생 행복할 줄 알고 죽어라 달려 드디어 수천 억대의 부자가 되었는데도 그들의 가슴은 뻥 뚫려 있습니다. 그래서 공황상태에 빠집니다." 그들이 벌어들인 행복은 어디로 사라진 걸까?

지인 박제근 사장은 이렇게 말했다. "돈을 버는 것은 내 시간을 파는 것이요, 돈을 쓰는 것은 남의 시간을 사는 것이다." 누군가가 남보다 연봉이 많은 것은 그의 시간을 다른 사람에게 많이 팔기 때문에 가능한 일이다. 어느 법률회사의 사장은 직원을 채용하기 전에 반드시 그 사람의 배우자와 인터뷰를 갖고 이렇게 말했다고 한다. "부인, 남편은 이제부터 좋은 집과 고급차, 그리고 수억대의 연봉을 받게 될 것입니다. 그 돈으로 부인은 풍요로운 생활을 할 수 있습니다. 하지만 남편은 일주일에 사흘은 새벽에 집에 들어올 것입니다. 1년에 반은 외국으로 출장을 가구요. 그래도 좋다면 남편을 채용하겠습니다!"

대부분의 벤처 캐피털리스트들은 15분 단위로 스케줄을 짤 만큼 바쁘게 생활한다. 그래서 아이들과 아내와 멀어질 수밖에 없다. 그들이 큰 돈을 벌고 난 후 이제부터 가정에 충실하겠다고 마음먹을 때, 그동안 외로움에 상처받은 아내는 기다렸다는 듯이 이혼서류를 들이민다. 정신없이 불려온 재산을 반으로 가른다. 마음이 허전한 남편은 보상심리로 15살 연하의 젊은 여자와 결혼한다. 그리고는 같이 고생한 스토리가 없는 젊은 아내와 세대차이로 갈등을 겪는다. "내가 꿈꿔온 생활은 이게 아닌데!" 이런 억만장자들이 동양사상에 심취한다. 평생 물질주의만을 추종하던 이들이 동양사상의 '내려놓음'에 감화되어 마음의 평화를 얻는 것이다. 그래서 그들이 벌어 놓은 많은 돈의 일부가 동양의 심신수련단체로 흘러들어간다. 산호세의 스타벅스 화장실에서 줄 서 있으면서 무심코 게시판을 들여다보는데, 공연이나 각종 행사 포스터 사이에 낯익은 동양의 문양이 프린트된 광고지가 눈에 띄었다. '마음수련회'의 홍보전단이었다. 나는 들어보지도 못한 국내의 이 단체가 미국에만 35개의 수련도장을 운영 중이라고 한다. 데이비드 사장에게 농을 던졌다. "나도 벤처 그만하고도 닦아서 미국에 진출하는 게 훨씬 낫겠네요!" 그만큼 사람들의 마음에 수련이 필요해진 시대이다. 수련을 통해 얻고자 하는 것은 평화와 행복이다. 그리고 우리가 평화와 행복을 누릴 수 있는 가장 가깝고 좋은 방법은 그것을 관계 속에서 찾는 것이다.

재테크보다 우테크

일을 잘 하기 위해서, 마음의 평안을 얻기 위해서, 행복해지기 위해서 내가 하는 방법은 '사람을 만나 잘 노는 것'이다. 나는 분기 혹은 반기에 한 번씩 여러 모임을 가진다. 모임의 구성원도 다양하다. '슬랙커즈'라고 하는 IT 업계 후배들과의 모임, 아웃도어로 더욱 친해진 지인들의 '우모다' 모임, '브로드비전'이라는 OB모임, 7Habits 교육 인연으로 시작된 'QIN' 부부모임, 석갱이에서 처음 만나 이름도 같은 '석갱이' 모임, 제일 친한 고교친구 'Junto' 부부모임, SDS·안랩·코코넛에서 같이 일했던 동료들 모임 등등. 나와 그들 사이에는 모두 잊을 수 없는 스토리가 있다. 모이면 무얼 할까, 무슨 이야기를 꺼낼까 두려워할 필요가 없다. 시류에 대하여 논쟁하기보다는 상대의 생각을 경청하는 사랑방 수다모임이다. 서로 이해관계도 없고 일하는 분야가 다양하니 모일 때마다 스토리가 풍성하다.

포럼 모임에서 자주 뵙는 김창곤 前 정통부차관께서 이런 말씀을 하셨다. "공무원들은 평생 갑으로 살다 보니 사람을 만나러 찾아가지도 않고 사람도 골라서 만나곤 하는데, 갓끈이 떨어지고 나면 일부러 찾아오는 사람이 없어진다. 그래서 퇴직하면 외롭다." 그러니 외롭지 않게 살려면 재財테크 보다도 우友테크를 잘 해야 한다는 말씀이다. 그러면서 동국대 신문방송학과 김무곤 교수가 주창했다는 우테크 비법도 하나 덧붙이셨다. 총무를 기꺼이 맡아 먼저 연락하고, 먼저 베풀어야 한다는 것.

IT 업계 후배인 이수현 원장은 어느 날 갑자기 다니던 SDS를 그만두더니 한의대에 편입하여 의사가 되었다. 하고 싶은 일을 하니 행복할까? 내심 궁금했다. 일전에 만나서 요즘 어떻게 지내냐고 물었다 "혹시, 호환마마보다도 무서운 일상日常이라고 아십니까?"라고 되묻는다. 월요일부터 토요일 오후 4시까지의 진료생활이 단조롭고 재미없음을 돌려 표현한 말이다. 그에게 행복을 주는 것은 '관계'였다. 모임을 통한 친한 동료들과의 만남은 일상을 벗어난 일탈이자 또 다른 행복이었다. 그에게는 관계가 일상을 지탱하는 우테크가 되어 주는 것이다.

　우테크는 선배, 후배, 동료 모두를 아울러야 한다. 선배로부터는 인생의 지혜를 배우고 생각의 균형을 잡아 주는 위로를 얻는다. 동료와는 성장과정을 공유한 공동체의식과 격의 없는 놀이가 있어서 좋다. 이에 비해 우리나라 사람들은 후배를 친구로 사귀는 일을 잘 못하는 것 같다. 젊게 살려면 나이 어린 후배와 격의 없이 어울리고 생각의 위상을 맞추어가야 한다. 후배에게 먼저 다가가고 그들의 눈높이에서 경청하는 자세가 필요하다. 보통은 선배니까 매번 후배 대신 비용을 지불해야만 한다는 강박감을 갖는다. 혼자서 가르치듯 말을 많이 한 후 그 대가를 지불하는 것이나 다름없다. 이렇게 하면 선배는 나이가 들어갈수록 모임을 계속할 수가 없다. 서로 동등하게 소통하면 이런 부담은 자연스럽게 사라질 수 있다. 서로에게 얻고 배우는 평평한 관계가 되기 때문이다.

　많은 인류학자들은 우리나라의 평균연령이 조만간 90세를 넘을 것이라 예상하고 있다. 나이가 들어도 외롭지 않고 삶을 풍요롭게 살기 위해서 스토리를 공유한 친구만큼 귀한 것이 없다. 그러므로 선배와 동료는 물론 나보다 훨씬 오래 살아 줄 후배친구도 필요하다. 나는 행복을 주는 우테크를 위해 일곱 가지 키워드를 만들었다.

✔ 겸손 Humbleness : 잘난 척 하지 말고 경청하라!

✔ 표현 Expression : "너와의 인연이 소중해!"라고 말하라!

✔ 기여 Contribution : 먼저 베풀되, 보상을 기대치 마라!

✔ 부부 Coupled : 상황이 허락된다면 때때로 부부가 함께 만나라!

✔ 솔선 Initiative : 먼저 연락하고 먼저 방문하라!

✔ 규칙 Discipline : 예의와 규칙을 지켜라!

✔ 자립 Independence : 상대에게 재무적 부담을 주지 마라!

✔ 책무 Stewardship : 사회적 책임을 지켜라!

사람은 이성에게만 반하는 것이 아니다. 성별과 연령에 상관없이 멋진 사람들을 만나면 반하게 된다. 사회생활에서 우연히 남다른 열정과 철학을 가진 이들을 만나면 이제는 자연스럽게 먼저 다가가서 명함을 건넨다. 때로는 회사에 찾아가기도 하고, 저녁을 제안하기도 한다. 당장의 비즈니스를 도모하는 것이 아니다. 그들이 오랜 시간과 노력을 통해 얻은 경험과 지혜를 짧은 시간에 체득할 수 있는 최고의 방법이라고 믿기 때문이다. 그러려면 그들이 보기에 나도 나눌 수 있는 것이 있어야 한다. 다행스러운 것은 내게도 줄 수 있는 스토리가 있다는 것, 그리고 스토리는 아무리 나누어도 사라지지 않고 그들의 이야기와 버무려져 더욱 좋은 것을 만들어 우리의 히스토리가 된다는 것이다. 내가 던진 스토리에서 그들이 오랫동안 고민해온 과제의 실마리를 찾았다며 감사의 피드백을 받을 때 행복한 시너지를 느낀다. 물질적인 재산과 달리 정신적인 자산은 우리의 행복을 성장시키는 유기체와 같다.

05
해답 없는 인생을
관계로 풀다

컴퓨터 아키텍처의 세계에 엔디안Endian이라는 용어가 있다. 우리말로 '극단의 사람·것'이라고 풀이할 수 있다. 이 단어는 영국의 풍자 소설가인 조나단 스위프트Jonathan Swift가 쓴《걸리버 여행기》에 처음으로 사용되었다. 걸리버가 표류했던 릴리퍼트Lilliput라는 소인국은 당시 블레푸스쿠Blefuscu라는 나라와 전쟁 중이었다. 원래 하나의 나라였던 소인국이 두 개의 나라로 분리된 것은 하찮은 달걀 때문이었다. 소인국에서는 계란의 큰 쪽Big Endian만 깨어 먹는 풍속이 있었다. 그런데 어린 왕자가 계란을 깨어 먹다가 실수로 손가락이 잘리는 사건이 발생했다. 너무 화가 난 왕은 앞으로 계란은 작은 쪽Little Endian으로만 먹으라고 법령을 선포했다. 오랜 전통에 반하는 법에 저항하는 세력이 반란을 일으켰다. 이들은 결국 이웃섬에 블레푸스쿠라는 새로운 나라를 세웠다. 당시 영국은 대내적으로는 휘그당(시민당파)과 토리당(왕당파) 간의 대립, 대외적으로는 스코틀랜드 합병과 식민지 아일랜드와의 갈등으로 매우 복잡한 정치구조에 처해 있었다. 조나단 스위프트는 계란을 맛있게 먹는 게 중요하지 어느 쪽으로 먹든 무슨 의미가 있냐는 것을 영국의 정치상황에 빗대어 풍자한 것이다.

재미있는 사실은 이런 우스꽝스러운 두 극단체제 간의 대립이 컴퓨터의 세계에도 적용되었다는 것이다. 빅 엔디안 컴퓨터와 리틀 엔디안 컴퓨터는 명령어나 데이터를 저장하는 순서가 다르다는 이유로 프로그램 호환이 되지 않는다. 컴퓨터를 켤 때마다 엔디안 모드를 바꾸거나, 에뮬레이션 모드로 또 다른 엔디안의 세계를 그 안에 만들어 주어야 한다. 그런데 이렇게 서로 다른 모양새로 작동되면서도 결국 우리에게 동일한 이점을 준다. 결국은 같은 결과에 도달할 거면서 그 과정이 서로 다르다는 이유로 소통하지 않는 일들이 너무 많다.

우리는 저마다 다른 답을 생각하고 있다

교수들은 학술적 용어의 정의에 많은 의미를 둔다고 한다. 용어를 정의해야 명확한 의사소통을 할 수 있다고 믿기 때문이다. 예전에는 '마케팅'이냐 '마아케팅'이냐를 놓고 마케팅 학문의 쌍벽을 이루는 두 교수님의 학파가 서로 대립하고 경쟁했다는 이야기도 떠돈다. 그들에게는 마케팅/마아케팅 용어 선택이 학파의 정체성을 규정할 정도의 무게로 인식되었나 보다. 사람들은 타인의 생각과 노선이 자신과 다르면 '틀린 것'으로 치부해버리곤 한다. 다르다는 이유만으로 상대를 적으로 여기고 갈등구조를 형성한다. 그러나 나와 다르다고 해서 틀린 것이 아니다. 사람마다 자기만의 우주를 갖고 있기 때문에 저마다의 생각도, 풀어내는 답도 다를 수 있다는 것을 이해해야 한다.

역사상 과학과 종교만큼 첨예한 갈등도 없었다. 예수님은 "나를 보지 않고 믿는 사람은 복되다!"라고 했지만 과학은 '의심의 자유'를 인류의 진보를 위한 가장 중요한 기반으로 삼았다. 화석인류를 발견한 신부이자 고고학자 테야르 드 샤르댕Pierre Teihard de Chardin은 당시 과학과 종교의 팽팽한 갈등을 해결하기 위해 신학에 진화론을 적용시켰다. 진화론의 증거인 화석인류를 직접 발견한 것이 그러한 시도를 하게 만들었을 것이다. 그는 과학과 종교가 서로 반목하고 갈라져 다른 길을 가고 있지만 마치 지구의 경도가 남극에서 갈라져 다른 길을 가다가 북극에서 하나로 만나듯 다시 합쳐질 것이라는 주장을 펼쳤다. 그렇게 합쳐지는 시점이 우주가 완성되고 인간이 완성되는 때라는 주장이다. 샤르댕의 논리는 어쩌면 과학과 종교의 갈등 문제를 영겁의 미래로 넘겨버린 것일 수도 있으나 그의 사상이 둘의 하모니를 이루는 데 많은 기여를 한 것은 틀림없다. 하지만 과학과 종교 간의 이해와 조화는 계속해서 문제시되어왔다. 종교는 이교도와의 전쟁으로 수많은 생명을 앗아갔다. 선과 악을 판단하지 않는다는 이론을 내세우는 과학은 화학무기와 핵무기 기술 등으로 지금도 인류의 생존을 위협하고 있다. 모두가 자신과 다른 상대를 격리시키고 소통하지 않음으로써 갈등을 해결하지 못한 결과이다. 다름을 인정하고 관계를 맺으면 해답이 없는 문제에도 여유가 생길 수 있는데 말이다.

서로 다른 컴퓨터 아키텍처, 양극화된 정치체제, 학파의 반목, 과학과 종교의 갈등, 이데올로기의 대립 등은 왜 벌어질까? 이 모든 것은 한마디로 세상의 문제에는 정답이 있고 자신의 답이 유일한 해답이라고 주장하는 데서 출발한다. 그러나 이러한 갈등이 변함없이 계속되고 있는 것을 볼 때, 어쩌면 정해진 답이 없는 것은 아닐까?

노자의 도덕경 73장에 '천망회회天網恢恢 소이불실疏而不失'이라는 구절이 있다. 안랩에서 함께 일했던 김익환 사장이 이 구절을 내게 던졌다. 집에 돌아와 예전에 읽다 포기한 도덕경을 꺼내들고 어렵게 찾아보았다. 노자의 도덕경은 추상화 레벨이 너무 높아 해석도 가지가지이다. 최진석 씨는 "자연의 망은 넓고도 넓다. 듬성듬성하지만 빠뜨리는 것은 없다."고 풀이했다. 또 다른 이는 "하늘의 그물은 크고 넓어 엉성해 보이지만 결코 그 그물을 빠져나가지는 못한다."라고 해석한다. 한 사람은 우주의 섭리에 관한 메시지로, 다른 사람은 나쁜 짓을 하면 결국 벌을 받는다는 권선징악의 메시지로 풀기도 한다. 노자가 살아 있어 "이 해석이 맞습니까?" 묻는다 해도 "그건 너의 답이다!"라고 일갈할 것 같다.

'천망회회 소이불실'은 "자연은 다투지 않고도 잘 이기고, 말을 하지 않아도 반응하며, 부르지 않아도 저절로 오고, 여유 있게 잘 도모한다."는 구절의 뒤를 따르는 말이다. 이 말이 드리우는 메시지는 자연은 서로 싸움이 없이 공존하고, 규율을 정하지 않아도 잘 어울리고, 스스로 끊임없이 움직이며, 각박하지 않게 뜻을 이루는 성정을 가졌음을 설명하는 듯하다. 세포가 소통하듯 서로 도와 유기체가 되는 과정을 살펴보면 자연계의 모든 동식물이 얼마나 경이로운 협업 시스템을 간직하고 있는지 놀라울 따름이다. 미시적으로는 원자의 세계가 그렇고, 거시적으로는 우주가 그렇다. 인터넷과 웹이 만든 소셜네트워크도 그렇게 그물처럼 엮이며 만들어지고 있다. 나와 얽힌 수많은 관계들을 잘 이어가는 것이 그 어느 때보다도 중요한 시대가 되었다. 그 속에서 놓치지 말아야 할 사실은 저마다 다른 답을 가지고 있고 그것을 이해하며 공존해야 한다는 것이다.

삶의 그물이 내 인생을 결정한다

30년이 넘게 삶에 대한 해답을 찾아온 친구가 있다. 그는 여전히 해답을 풀지 못하고 있다. 그 친구에게 이렇게 말하고 싶다. "우리가 언제까지고 해답을 풀지 못한다면 그것은 답이 없는 것이 아니라 문제가 계속 바뀌기 때문이 아닐까?" 그저 귀찮아 불가지론^{不可知論}으로 몰고 가려는 것이 아니다. 인생은 풀어야 하는 문제가 아니라 선택이라고 생각한다. 해답이 있다는 것은 객관적 삶이 존재한다는 이야기이다. 그러나 인간에게 객관적 삶은 없다. 객관적 삶 대신 서로 다른 주관적 삶들이 모여 삶의 그물을 엮어간다. 그 그물은 엉성하기 그지없고, 삼각형이나 사각형과 같이 정해진 패턴이 아니다. 따라서 우리에게 주어지는 질문도, 답도 수시로 바뀔 수 있는 것이다. 우리는 그저 물음에 대해 열심히 답을 구하며 살아가면 되는 게 아닌가.

살아 있는 동안 다른 사람과 엮이고 엮인 그물이 인생이다. 우리는 서로 다른 사람과 시공간을 공유하며 얽히고설켜 있다. 내가 만든 상대와의 관계가 삶의 그물을 만든다. 그래서 그들과의 관계를 다툼이 없이 잘 이어가고, 말을 하지 않아도 알아보고, 부르지 않아도 내 생각을 하고, 여유 있게 나를 돕는 관계로 만들어야 한다. 그물이 나의 삶을 풍요롭게 하고 내 인생을 결정한다. "당신의 이름을 지우면 내 인생이 설명되지 않는다."는 말은 타인과 나의 관계를 설명해 주는 좋은 말이다. 삶의 그물을 통해 내가 설명되는 것이다. 나를 설명할 수 있는 사람을 주위에 많이 두고 있다면 그 사람은 넓은 우주를 가지고 있는 사람이다. 나 또한 그들에게 '내 이름을 지우면 그들의 인생이 설명되지 않는 사람'이 되어야 한다. 이것이 그물을 엮는 방법이다. 풀리지 않는 해답을 구하느라 인생을 다 허비하지 말고 자신만의 답을 만들어가는 관계의 그물을 엮어라!

06
물음표는 마음에 던지는 갈고리다

중학생 시절, 빡빡머리에 왜소한 체격의 나를 친구들은 '몽키'라고 놀렸다. 정말 듣기 싫은 별명이었지만 대들고 싸울 용기는 없었다. 부모님은 내게 공부하라는 소리를 하지 않으셨다. 초등학교 때부터 놀기만 했다. 자연히 중학교 1학년 성적은 뒤에서부터 세는 것이 더 빨랐다. 겉은 수줍었는데 속은 열정이 있었다. 좋아하는 여학생의 뒤를 쫓아갈 용기도 있었다. 학급회장을 뽑는 날이었다. 저마다 회장 후보를 추천하는데 누구도 내 이름을 불러주지 않았다. "또 추천할 사람 없습니까?" 나를 알아 주지 않는 것이 가슴에 불을 질렀다. 용수철처럼 벌떡 일어났다. "이정규를 추천합니다!" 호탕하게 소리는 쳤지만 책상 아래 다리는 부들부들 떨려 서 있을 수가 없었다. 반 친구들이 모두 깔깔대고 웃었다. 나를 비웃는 것만 같았다. 하지만 이 사건은 나를 변화시켰다. 알을 깨고 나오는 새처럼 자신을 소중히 여기려는 자의식이 생긴 것이다.

호기심은 두려움을 작게 만든다

우리 반에는 전교 1등을 다투는 김성경이라는 친구가 있었다. 아버지끼리 죽마고우인지라 입학 전부터 귀가 따갑도록 그 애의 칭찬을 들었다. 요즘 말로 하면 그 잘난 '아빠 친구 아들'이었다. 그 애는 배움에 대해 내가 도저히 따라갈 수 없는 열정이 있었고 총명했다. 나는 그 애를 롤 모델로 정했다. 수업을 마치면 그 애의 집에 가서 똑같이 놀고 똑같이 공부했다. 처음에는 부러움으로 시작했지만 점점 그 애를 존경하기 시작했다. 그 애가 아프면 내가 대신 아픈 게 세상을 위해 더 좋은 일이라는 생각까지 했다. 그렇게 우리는 고등학교, 대학교까지 파릇한 청춘을 함께 보냈다. 나는 그 애를 통해 내가 모르는 세계를 알게 되었다. 디트리히 본회퍼, 하이젠베르크 학파에 대하여 듣고 한대수의 '고무신'이란 노래를 배웠다. 음악다방에서 그 애와 함께 듣던 노래를 신청하면 항상 "음악을 아는 분이시네요!"라는 소리를 들었다. 어느새 친구 김성경은 나의 정신적 스승이 된 것이다. 그때 나는 우리를 둘러싼 모든 것에 호기심을 가졌다.

대학 1학년 때는 절대자에 대한 호기심이 생겼다. 전공 공부를 제치고 신학에 빠졌다. 조직신학, 역사신학, 실천신학 중 2년 동안 실천신학을 공부했다. 〈현대세계의 사목헌장〉이라는 공의회 문서를 연구하다가 좀 더 자세히 알고 싶어 신부님께 영문 원서를 겨우 얻어냈다. 신이 나서 소그룹을 조직해 연구교본을 만들고 카톨릭 대학생전국협의회의 성서부장까지 맡았다. 내가 만든 교본을 지방대학교의 학생회로 보냈다. 연합회 주최 세미나의 연사로도 참여했다. 지금은 주교님이 되신 신부님이 참석하셔서 "학생들이 이 정도의 연구를 하다니 대단하다."고 칭찬을 해 주셨다. 출판사에 직접 찾아가 쿠티에레즈가 지은 《해방신학》을 구입해서

가방에 넣고 다니다가 연행될까 걱정하기도 했다. 시절이 하 수상한 때였다. 당시 젊은 학생들은 해방신학을 잘못 이해하고 계급투쟁의 관점만 부각시켰다. 균형이 없었다. 안타까운 마음에 학교신문에 해방신학에 대한 기고도 했다. 커다란 호기심은 두려움도 작게 만들었다. 내게 있어서 새로운 것에 대한 호기심은 살아 있다는 증거였고, 청년을 유지하는 힘이었으며, 죽는 날까지 유지하고자 하는 발심이 되었다.

새로운 사람을 만나는 것은 새로운 철학 하나를 만나는 것과 같다

사회생활을 하면서 가장 호기심을 가진 것은 관계였다. 대학 졸업 후 나는 IBM에 입사했다. 회사에서 공대 출신 사원들을 모아 새로이 부각되는 사업부문인 과학기술사업부를 만들었다. 6개월간 일본에서 온 엔지니어에게 CAD/CAM을 배웠다. 국내의 대기업 개발팀에서 우리 회사의 CAD/CAM 소프트웨어를 구입하였다. 당시에는 소프트웨어를 팔기만 하는 문화였다. 수십억대의 시스템을 들여 놓는다고 금방 사용법이 익숙해지지는 않는다. 실제 제품개발에 참여했다. 내가 할 수 없는 일은 다른 전문가를 초대하여 같이 수행했다. 고객과 공동이름으로 프로젝트 리포트를 책으로 찍었다. 그렇게 만든 프로젝트 리포트가 12권이 되었다. 선배들이 하지 않던 일을 내가 시작한 것이다. 출판사에 리포트의 납기를 맞추려고 밤을 꼬박 지새운 적도 있었다. 23년 전 그때 나를 가르친 엔도Endo 씨와 지금도 교류하며 새로운 도전에 감사해하고 있다.

유기농 자연농법을 개발하고 보급하는 장안농장의 류근모 원장의 강의를 들었다. 강의내용을 블로그에 정리하여 올렸더니 검색하여 보시고는 한번 놀러오라고 했다. 건강식에 관심이 많은 우리 부부는 시간을 내어 충주의 농장을 찾았다. 접견실 입구에 '도미니크 부부 환영'이라는 웰컴 보드가 붙어 있었다. 예사로운 농부가 아니다. 접견실 양옆으로 LP판 수천 장이 꽂혀 있고 두 개의 대형 와인셀러에는 와인이 가득했다. 3년 발효 매실식초를 와인잔에 대접해 주셨다. 달콤한 향이 고급와인 이상이었다. 화훼농장에서 실패하고 자살을 결심했던 분이 어떻게 유기농채소 재배를 시작하게 되었는지 수년간의 스토리를 들었다. 그날 이후 서로 교류하고 있다. 인터넷으로 채소를 주문해 먹기도 하며 주위에 열심히 알린다. 유기농이라 택배로 배달되어도 오랫동안 싱싱한 채소들이다.

세미나에서 '보나베띠'라는 이탈리안 레스토랑 체인점을 경영하시는 조동천 사장과 같은 테이블에 앉았다. 내가 가보지 못한, 앞으로도 쉽게 가보지 못할 요식업이라는 길을 간접경험 해보고 싶었다. 한번 식사를 같이하자고 청했다. 그의 새 매장에서 식사를 대접하고 사업 스토리를 들었다. 충청도에서 태어나 웅진계열회사에서 신사업 발굴을 하다가 창업한 과정들이 흥미진진하였다. 지배인을 부르더니 "이 손님은 앞으로 VIP로 꼭 할인해 주세요!"하여 그 식당이 내 단골이 되었다. 강남에 있는 고객분들은 그곳에서 만난다. 많이 갈 때는 일주일에 이틀 저녁을 그곳에서 사람들과 보내기도 한다. 나는 할인을 받아 좋고, 그 레스토랑은 잠재 고객을 많이 확보했을 것이다.

혹자는 인생의 50세에 이르러서는 새로운 관계를 만들기보다는 기존에 아는 사람들과의 관계를 돈독히 하는 것이 현명하다고 말한다. 나는 생각이 다르다. 수명이 70세 정도라면 이해가 되지만 앞으로의 평균수명은 90세가 될 것이다. 40년은 더 살아야 하는데 새로운 사귐을 소극적으로 할 이유는 없다. 내가 몸 담고 있는 업종의 사람들뿐만 아니라 전혀 다른 세계의 사람과 사귀면 짧은 인생을 보다 풍요롭게 할 수 있다. 하고 싶은 것은 많은데 인생은 짧다. 그렇다면 나와 다른 일을 하고 일가를 이룬 분들에게서 그들의 무용담을 들으며 간접경험을 하고 즐거움을 얻는 것이 좋다. 상대방도 내가 경험한 IT 관련 일들과 벤처경영에 대한 다양한 스토리에서 무언가를 얻을 것이다. 서로 이해관계가 없으니 더욱 오픈된 마음으로 대면할 수 있다. 새로운 사람을 만나는 것은 새로운 철학 하나를 만나게 되는 것과 같다.

이런 생각으로 작년 말 세미나에서 대면한 파프리카랩의 김동신 사장에게 만나자고 이메일을 보냈다. 나보다 15살은 더 어린 친구인데 강의에서 주는 메시지가 너무 강렬했다. "에베레스트를 오르려면 관악산에서 내려와야 한다. 대기업은 황금수갑과 같다. 창업을 하라. 다이아몬드를 깎기 전에 원석의 크기를 키워라."라는 주옥같은 말을 강의에서 건져 올렸다. 그와 차 한 잔 하는 약속을 잡으려 했지만 서로가 일정이 바쁜 이유로 3개월이 지나서야 만났다. 그때 그는 "나의 꿈은 미래를 널리 퍼뜨리는 것"이라고 말했다. 그렇게 내게는 미래에 관한 철학 하나가 더 생겼다.

물음표가 모여 세상을 바꾼다

학창시절 나는 상황이 허락된다면 어디서든 항상 앞자리에 앉았다. 나를 가득 채운 물음표들 때문에 늘 귀 기울여 듣고 질문했다. 지금도 세미나에서 모르는 약자가 나오면 반드시 묻는다. 직원들이 발표하는 경우에도 마찬가지이다. 약자를 아는 것은 내용을 이해하는 첩경이다. 세미나에 참석하면 강사가 약자를 자주 말한다. 진행에 방해가 되지 않도록 메모지에 "약자?"라고 써서 옆 사람에게 의미를 묻는다. 역시 모른다고 한다. 상대가 나보다 후배이면 "모르면서 왜 묻지 않느냐." 면박을 준 후에 내가 손을 번쩍 들곤 한다. 그러므로 약자도 모르고 발표하는 강사는 내게 망신을 당한다. 발표하는 약자의 뜻도 모르고 연단에 서는 사람은 가사도 이해 못하고 노래를 부르겠다고 무대에 선 가수와 같다. (내가 자주 활용하는 약자 설명 사이트는 www.acronymfinder.com이다. 특히 IT 관련 약자가 잘 풀어져 있다.)

    왜 우리는 모르는 것은 창피하다는 생각을 갖게 되었을까? 문화역사학자에게 묻고 싶다. 고교시절 선생님은 사화의 피로 얼룩진 창피한 조선의 당쟁에 대하여 이야기하였지만, 조선 왕조 500년을 유지해 준 정치 시스템에 대해서는 설명해 주지 않았다. 국왕조차 살아 있는 동안 자신의 치세활동을 기록한 실록을 볼 수 없도록 만든 강력한 시스템을 말이다. 500년 역사를 실록으로 가지고 있는 세계 유일의 나라에 대하여 최근에야 알아보고 자긍심을 갖게 되었다. 묻지 않으면 알 수 없는 것이 너무 많다. 그렇기 때문에 우리가 모르는 것은 세상에 너무 많으며, 끊임없이 질문하는 것은 자연스러운 것이다.

    "모르는 것은 창피한 일이 아니다. 모르면서 질문하지 않는 것이 창피한 일이다."라는 말은 이제는 진부한 말이 되었지만 여전히 진리이다. 미국에서 유학 중인 지인의 딸 김민재 양이 이런 말을 했다. "미국에서는 모르는 것이 흉이 아니에요! 동료들이 내가 몰라서 당황하면 이렇게 말해요! That is why we are here!" 모르는 것이 우리가 여기에서 배우는 이유인데 뭐가 창피하냐며 격려해 준다는 것이다. 학생이 잘 모르는 것은 당연하다. 모르기 때문에 학비를 내고 배우려는 자리에 앉아 있다. 삶에서 우리는 언제나 배워야 하는 학생이라고 생각해야 한다.

물음표는 꼭 갈고리처럼 생겼다. 호기심을 발산하며 세상에 물음표를 던지면 바늘처럼 지식을 낚아올릴 수 있다. 사람에게 호기심을 갖고 물음표를 던지면 그물에 갈고리 엮듯 관계를 엮을 수 있다. 풀리지 않는 답을 구할 수도 있다. 질문을 했는데 생각과는 다른 답이 나와도 당황할 필요가 없다. 남이 나와 다른 생각을 가지고 있다면 그것을 흥미롭게 여기고 호기심을 갖고 질문을 던져라. 물음표를 받을 수 있는 '차이'는 우리를 배척하지 않고 서로가 발전할 수 있게 만든다. 생각의 차이가 세상을 바꾼다.

07
관계공학을
이해하라

"CEO의 가장 중요한 역할은 기업의 문화를 세우는 일이다."라는 말이 있다. 나와 친하게 지내는 한 외국기업 경영자는 "CEO의 가장 중요한 역할은 꿈을 꾸는 데 있다."라고 하여 큰 가르침을 얻었다. 아마도 기업의 비전을 제시하는 일이 CEO라는 존재의 역할이라고 생각하는 것이리라. 위의 두 말을 하나로 합해보면 CEO는 '공동체의 꿈을 현실의 문화로 만드는 사람'이 아닐까?

많은 사람들의 꿈을 관리한다는 것

종종 새로운 경영이론이 등장하여 화두가 된다. 그때마다 나는 그 속에서 거듭 반복되는 성공요인 세 가지를 발견한다. 첫째, 검증된 방법론을 도입해야 한다는 것. 둘째, 해당 분야 전문가의 도움을 받아야 한다는 것. 셋째, 최고경영자의 적극적인 관심과 지원이 있어야 한다는 것이다. 식견이 있는 이론가들이 이 세 가지 성공요인을 간과하는 것을 본 적이 없다. 무엇보다 중요한 것은 대부분의 이론들에서 '최고경영자의 적극적인 관심과 지원' 항목이 빠지지 않는다는 사실이다.

기업이 성장하면 당면하는 과제가 많아진다. 최고경영자가 관심을 가져야 하는 사안도 갈수록 눈덩이처럼 불어난다. 그 모든 것들에 다 대응하려면 시간은 무한정 많이 주어져야 하고 경영자는 슈퍼맨이 되어야 한다. 하지만 모두가 알다시피 시간은 언제나 한정되어 있으며 경영자 또한 평범한 사람에 지나지 않는다. 그래서 경영자는 자신의 분신으로 임원이나 중간관리자를 만든다. 그리고 그들에게 권한을 위임하여 책임을 지운다. 중간관리자가 약하면 경영자의 경영철학은 실행되지 못하고, 중간관리자들이 사라지면 기업의 계속사업도 위험에 처한다. 따라서 경영자는 중간관리자를 두되 끊임없이 보살피고 관계를 정비해야 한다.

일동제약 CEO 이정치 사장에 대한 기사를 읽은 적이 있다. 기사내용 중 가화家和, 인화人和, 심화心和의 삼화三和를 가풍으로 삼고 있다는 내용이 마음에 남았다. 집안의 화목을 이루고 사람 사이의 조화를 추구하며 마음의 갈등을 다스리라는 삼화가 내게도 큰 가르침이 되었다. 이 중에서 조직에 적용할 수 있는 것이 인화이다.

조직은 비슷한 꿈을 가진 사람들이 모여 있는 곳이라고 할 수 있다. 각각의 꿈들을 하나의 비전으로 아우르고, 꿈이 마음껏 발산될 수 있는 기업의 문화를 만들며, 결국에는 추상적인 꿈이 구체적인 성과로 나타나도록 하는 것이 관리자의 몫이다. 따라서 조직의 관리자가 직원들 간의 커뮤니케이션을 조율하는 것이야말로 최상의 결과를 이루어내는 가장 확실한 방법이다. 효과적인 조직 운영, 효율적인 성과 창출을 위한 조직원들의 관계에 대해 연구하는 것을 나는 '관계공학'이라고 부른다.

CEO와 관리자를 동기화하라

아래의 그림은 조직 커뮤니케이션의 채널 개수를 이해하기 좋게 만든 관계공학의 사례이다. 두 사람 사이에서 의사소통채널은 하나이지만 다섯 명일 때는 10개, 열 명일 때는 45개로 사람 수가 늘어날수록 의사소통을 위한 채널은 기하급수적으로 늘어난다. 이 때문에 회사의 경우 조직의 인화와 단합을 향한 교육, 교화, 설득과 의사소통에는 많은 에너지가 소모된다.

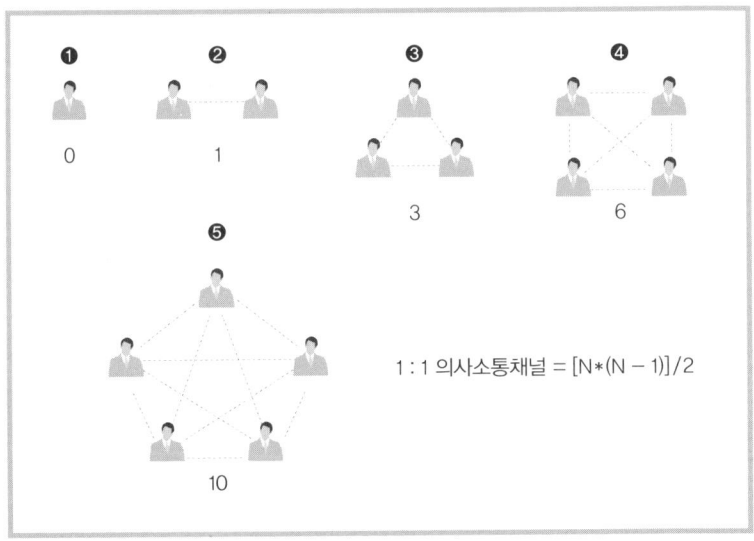

그러므로 의사소통 에너지를 효과적이고 효율적으로 활용하기 위하여 조직화가 필요하다. 일례로 한 팀을 5명으로 구성하였을 경우, 다음의 그림에서처럼 전체직원이 11명인 조직의 커뮤니케이션 채널은 55개이어야 하지만, 두 계층의 조직으로 수직분화를 한다면 단지 23개의 채널만 필요하다. 5명의 한 개 팀이 추가되더라도 1:1 의사소통의 경우 120개의 채널이 필요한 반면, 조직화를 하면 두 계층 36개의 채널로 충분하다.

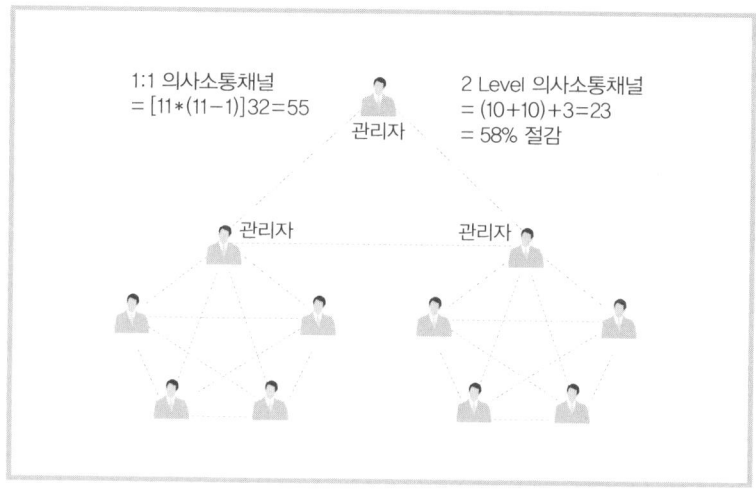

CEO는 자신과 관리자를 동기화해야 한다. 사라진 커뮤니케이션 채널의 부족함을 채워주고 조직의 에너지가 쓸데없이 분산되는 것을 막아주는 사람이 바로 CEO와 동기화된 관리자이다. 이들의 역할에 따라 조직운영의 성패가 갈린다. 이 때문에 나는 기업문화의 중심은 중간관리자라 생각한다. 중간관리자가 무너지면 기업의 문화도 사라진다. 경영을 하면서 중간관리자를 양성하는 것만큼 중요한 과제가 없다. 중간관리자 층이 단단하고, CEO와 동기화되어 철학을 공유한 중간관리자를 지속적으로 양성하고 투입할 수 있을 때 계속사업도 성공할 수 있다고 본다.

일부 경영자들이 지나치게 모든 사람을 장악하려 애쓰고 모든 일을 관장하려는 태도를 보이곤 하는데, 이러한 경영자들은 자신만이 가장 현명하다는 아집에 사로잡힌 듯하다. 그 결과 중간관리자들은 새로운 도전과 시도를 꺼리고, CEO에게 중요한 의사결정을 모두 전가한다. 이러한 회사는 일정 규모에 이르면 성장이 급격히 둔화하고 어려운 상황에 빠지는 경우가 많다. 모든 사안을 CEO 혼자 처리할 수 없는 일이고, 한다고 해도 CEO는 과로로 쓰러져 누울 것이다. 이런 회사는 훌륭한 중간관리자의 확보와 양성에 대하여 그 중요성을 간과하거나 우선순위가 뒤처져 있는 경우가 다반사이다.

중간관리자는 중간만 가면 되는 사람이 아니다

중간관리자가 단단하고 스마트한 회사라면, 더군다나 관리자 사이의 수평적 의사소통과 협력이 잘되는 회사라면 CEO가 없다고 하더라도 회사는 성공적으로 계속사업을 영위해갈 수 있다. 경영자는 사원의 역량계발보다도 중간관리자의 양성과 충성도 증진에 시간과 재원을 더욱 투자해야 한다. 사원의 문제는 경영자의 철학과 동기화된 중간관리자의 책임이기 때문이다. 중간관리자는 기업의 문화가 되고 강인한 모태가 되어야 한다. 그러므로 유능한 CEO는 좋은 중간관리자를 얻기 위해 노력하고 이들에 대한 투자를 아끼지 않는다.

그러나 중간관리자 수가 늘어가면 회사의 운영과 방향에 대한 이견이 생기기 마련이다. 조직의 이견은 건강하다는 증거이다. 모든 관리자가 동일한 의견을 갖고 있다면 무언가 잘못된 일이다. 소통이 막혀 있거나 예스맨 같은 관리자들 일색이라는 증거로, 회사가 직면한 위험에 둔감해지기 쉽다. 이러한 문제 때문에 나는 어떤 사안이 만장일치가 되면 의사설정을 뒤로 미루는 원칙을 견지한다.

그보다 더욱 위험한 경우는 자신이 맡고 있지 않은 부서의 일에는 의견을 표출하지 않는 나약한 관리자 조직으로 전락하는 것이다. 이러한 관리자들은 사안에 대한 질문조차 자신에 대한 도전으로 간주한다. 자신이 발표하는데 의문을 제기하는 동료는 자신에게 모욕을 주려는 것으로 여기고 적대시하기를 주저하지 않는다. 사안에 대한 질문을 발표자에게 흠집을 내기 위한 행동과 동일시하는 이상한 생각을 갖고 있기 때문이다. 그러므로 남의 영역에는 침범하지 않고 자신의 영역에도 침입을 원치 않는 '상처주지 않는 문화'가 팽배해진다. 외면적으로는 마찰이 없고 조용하지만 보신주의가 팽배하여 인재들은 하나 둘 떠나버리고 만다.

관리자 간의 잦은 의견대립과 파당은 물론이고 조용한 보신주의도 회사의 앞날을 암울하게 만든다. 성숙한 조직은 자유로운 의견 개진을 조장하며, 다른 의견이 있는 것을 당연하게 생각하고, 소수의견을 존중한다. 소수의견을 가진 자들은 "자신의 다른 의견이 이해되고 정당하게 평가된다면 관점을 변경하는 것을 불쾌하게 받아들이지 않는다." 그들은 선택된 대안을 기꺼이 수행하고 학습하며, 다수자들도 소수의견의 효과를 수시로 재고한다.

중간관리자는 중간만 하면 되는 사람이 아니다. 부지런히 의견을 내고 CEO와 사원 간의 소통에 힘써야 한다. CEO도 분당과 파벌, 보신주의는 오픈마인드 리더십이 부족한 자신의 무능에서 시작된다는 것을 알아야 한다. 관리자들의 의견을 청취하고 중재하며 시너지를 만들어내는 일은 CEO의 중요한 책무이자 능력이다.

08
리더의 자질은
선택할 수 있다

　　　　　직장생활을 해오면서 초급관리자가 된 시점은 8년이 지난 이후였다. 대표이사 시절에도 이사회 의장과 같은 상사는 항상 존재하였으니 그동안의 생활은 다양한 상사를 모셔온 부하직원의 생활이기도 하다. 다행히 인복이 많아서 좋은 멘토들을 만났고 많은 것을 배웠다. 직속상사는 물론 주위의 선배들을 통하여 지금 내 자신의 관리스타일도 학습되었을 것이다. 그러나 항상 마음에 드는 상사와의 인연만 있었던 것은 아니다. 불만족스러운 상사도 있었다. 좋은 상사에게서는 따라야 할 것을, 마음에 들지 않는 상사에게서는 따르지 말아야 할 것을 배웠다. 나는 좋은 상사와 그렇지 않은 상사를 구별하는 자질을 '칭찬, 경청, 실명'이라는 키워드로 갖게 되었다. 부하직원에게 만족스러운 상사는 "칭찬을 자주 하고, 기꺼이 직원들의 의견을 청취하며, 이유를 설명해주는 사람"이다. 반면 불만족스러운 상사는 "야단치기를 더 하고, 자기 말만 하며, 설명도 해주지 않는 성정을 가진 사람"이다.

리더의 기본자질을 취하라

- 칭찬하라!
- 경청하라!
- 설명하라!

칭찬은 미래를 위해 현재에 내리는 가장 확실한 처방전이다

한동안 학생 생활기록부에서 '과묵함'이 칭찬으로 간주되던 때가 있었다. 오랜 유교문화는 과묵함으로 자기 생각을 쉽게 드러내지 않는 것을 미덕이라고 여기게 만들었다. 그 때문인지 어떤 관리자는 칭찬을 잘 하지 않는다. 어쩌다 칭찬을 하면 "난 잘 칭찬하지 않습니다!"라는 말로 자신이 한 칭찬을 강조하고 드높이려는 사람도 흔하다. 이들은 칭찬이 과거의 성과에 한정된다는 생각에 사로잡혀 있다. 그러나 칭찬은 미래를 만들기 위하여 필요한 것이다.

자녀를 북미에 유학시킨 부모들의 인상 깊은 사례를 들어보면 그곳 선생님들이 학생들을 얼마나 자주 칭찬하는지 알 수 있다. 그들은 어떤 일이든 잘하는 것을 찾고 부풀려 칭찬한다. 비록 칭찬의 타당성이 부족하였더라도 아이들은 그 칭찬에 걸맞게 성장하고, 결국에는 과하게 받았던 칭찬의 부채를 탕감한다. 직원도 마찬가지이다. 칭찬은 현재에 대한 보상이 아니라 미래를 위한 처방전과 같다. 직원을 칭찬할 기회를 놓치지 않고 즉시 해주는 것은 미래를 생각하는 관리자의 혜안이다.

경청은 기업의 미래에 대한 중대한 비밀을 듣는 것이다

어려울 때일수록 지혜가 필요하다. 지혜를 모으는 가장 좋은 방법은 다른 사람의 이야기를 많이 듣는 것이다. '아이리스'라는 액션 드라마를 보는데 신참이 "제 생각으로는······."하고 말하는 순간 팀장이 "누가 생각하라고 했어! 시키는 대로만 해!"라고 외치는 장면이 나왔다. 직원에게 생각을 포기하도록 강요한다는 것은 상사가 모든 상황에 대응하여 의사결정을 할 수 있는 시간 여유와 역량이 있다고 착각한다는 의미이다. 이런 상사들은 어쩌다 직원이 이야기하려고 하면 "내 이야기부터 들으세요!"라고 잘라 말한다. 직원은 그 상사 앞에서 입을 다물게 된다. 입만 다물면 다행이다. 마음도 닫아버릴 수 있다.

정보시스템의 환경에서도 이런 예를 적용해볼 수 있다. 70~80년대 대형컴퓨터의 단말기 이름은 바보라는 뜻의 '더미Dummy'로 불리었다. 그러다 '지능형Intelligent' 단말기로 이름이 바뀐 것은 당시의 사회상을 반영한다. 계층형 조직구조를 상징하는 대량생산체제의 기업문화에서는 메인프레임이라는 컴퓨터가 최적이었고 그 속에서 직원은 시키는 대로 일하는 것이 최고로 여겨졌다. 그러나 90년대 초부터는 재빠르게 변화하는 시장환경에 적응하기 위해 회사는 의사결정의 신속함을 요구했다. 이를 위해 직원들에게 재량권을 부여하지 않으면 안 되었기 때문에 클라이언트/서버 컴퓨터가 출현하였고, 고객접점의 직원들에게 지능형 단말기를 제공하게 된 것이다. 급변하는 시장환경에서 고객접점의 직원들은 기업이 가야 할 신탁神託을 주는 회사의 예언자이다. 예언자의 말을 귀담아 듣지 않는 관리자는 곤란에 처한다. 직원들의 말을 잘 듣는 것은 기업의 미래에 대한 비밀을 듣는 중요한 태도라고 할 수 있다.

설명해 주지 않으려면 왜 설명해 주지 않는지를 설명하라
임원 시절에 역량이 높은 프로그래머를 뽑아 타 부서의 개발팀에 배치

한 적이 있다. 몇 개월 만에 해당직원의 근황을 물으니 그만두었다고 한다. 이유인즉, 팀장이 3개월 동안 아무 일도 시키지 않고 무엇을 해야 하는지 설명도 해 주지 않았다는 것이다. 그 직원은 왜 월급을 받고 있는지 답답하다며 결국 회사를 뛰쳐나갔다. 설명을 해 주지 않아서 회사는 좋은 직원을 놓쳤다.

경영의 핵심은 모든 사업활동을 설명 가능하게 만드는 것이다. 조직의 위에서부터 아래까지 모두 다 자신이 하는 일과 방향, 그리고 과정에 대하여 설명할 수 있어야 한다. 부하직원에게 설명해 주지 않는 관리자는 왜 설명해 주지 않았는지를 설명할 수 있어야 한다. 그렇지 않다면 관리자의 자질이 없는 것이다. 그러니 직원이 답답해서 나가게 된 상황을 초래한 팀장은 자질이 의심스러운 사람이다.

직원에게 설명해 주고 나서도 상대가 제대로 이해했는지 확인해야 한다. 제대로 확인하는 방법은 들은 바를 다시 설명해보도록 요청하는 것이다. 실제로 요청해보면 그들이 말하는 것과 자신이 전달한 메시지에 큰 차이가 있는 것을 발견할 때가 많다. 사람마다 성장과정에서 학습된 '청취필터'가 있는 것은 당연하다. 그래서 누구나 자기가 듣고 싶은 것만 또는 듣고 싶은 대로만 듣기 마련이다. 자녀와 배우자도 청취필터가 다르다는 것에 놀란 적이 많은데 하물며 직장에서 생활하는 동료 사이에 서로 다르게 이해하는 것은 놀랄 일이 아니다. 따라서 청취필터를 맞추어나가며 서로의 생각을 설명하고 확인해보는 것은 매우 중요하다. 직원마다 다르게 가지고 있는 청취필터를 일치시키는 일은 만만한 일이 아니다. 청취필터를 최대한 잘 맞추기 위해 말과 함께 문자로 메시지를 간략히 요약한다면 이해의 차이를 많이 줄일 수 있을 것이다.

좋은 관리자를 말할 때는 반드시 리더십이 등장한다. 직원들이 따르는 좋은 관리자는 아래와 같은 10가지 태도를 보여주는 사람이라고 믿고 있다. 이보다 많은 내용이라도 10가지 안에 포함시킬 수 있을 것 같다.

- ✔ 그들을 존중해 주는 리더
- ✔ 비전을 가지고 자극을 주는 리더
- ✔ 그들을 가르쳐 주는 리더
- ✔ 그들의 실수에 관용을 베푸는 리더
- ✔ 눈에 보이고, 시간을 내어 주는 리더
- ✔ 그들과 이야기를 나누고 경청하는 리더
- ✔ 그들이 승진하도록 돕는 리더
- ✔ 포기하지 않고, 그때그때 노선을 바꾸지 않는 리더
- ✔ 확신에 찬 용기를 가지고 있는 리더
- ✔ 사실을 말하고, 롤 모델이 될 수 있는 리더

오픈마인드가 있다면 가르침은 양방향이다

내가 경험한 가장 강력한 리더십은 부하직원에게 자발적으로 자리를 내어 주고 기꺼이 그에게 리포팅 할 수 있는 태도였다. 물론 쉽지 않은 일을 전향적으로 수용하는 그분의 태도에서 욕심을 내려놓는 달관을 보았다. 오픈마인드가 있다면 가르침은 양방향이다. 리더십이라는 말에는 님보다 높은 위치에 있는 사람이라는 의미가 내포되어 있지만 그렇다고 해서 일방적으로 위에서 아래로만 향하면 안 된다. 마음을 열고 상하 양방향으로 가르침을 나누면 리더십은 더 잘 발휘될 수 있다.

직위의 고하를 막론하고 리더십이란 용어를 대체할 좋은 말은 오너

십이다. IT 업계 후배들과 만나면 가장 중요한 화두는 단연 오너십이다. 우리가 나눈 오너십의 단상을 네 가지 질문으로 풀어보면 다음과 같다.

1) 오너십을 가진 직원을 판단하는 좋은 기준은 무엇인가?
- 고민하여 창의적 아이디어를 지속적으로 내는 직원이다.
- "제가 한번 해보겠습니다."라며 수명자세를 보이는 직원이다.
- 실수나 실패를 했을 때 남에게 전가하지 않고 "제 책임입니다."라고 말하는 직원이다.

2) 오너십의 개선이 필요한 직원은 어떻게 구별하나?
- 자신에게 행복한 회사만 찾아다니는 태도를 보이는 직원이다.
- 상대가 완벽하다고 간주한다. 즉, 자기 일만 잘하면 된다고 생각한다.

3) 직원의 오너십을 높이는 방법이나 전략은 무엇인가?
- 이슈에 대한 해결책을 직접 제시해보도록 권고한다.
- 능력이 안 되어도 열심히 일하는 직원에게는 도전의 기회를 준다. 일은 잘해도 오너십이 없는 직원에게 하는 투자는 의미가 없다.

4) 상사가 직원에게 오너십을 주고 있다는 표징은 무엇인가?
- 중요한 의사결정에 참여시키고 권한을 나누는 경우이다.
- 회사의 고민과 비밀을 공유하는 경우이다.
- 매니지먼트Management의 대상이 아니라 파트너로 대우하는 경우이다.

09
허물을
덮어 주어라

춘추시대 초나라 장왕이 부하장수들에게 주연을 베풀었다. 그 자리에는 애첩도 함께 있었다. 날이 저물어 불을 밝히고 술을 마셨다. 장왕은 애첩이 장수들에게 술잔을 돌리도록 했다. 그때 바람이 불어 촛불이 모두 꺼졌다. 칠흑 같은 어둠 속에서 갑자기 애첩이 비명을 질렀다. "마마! 어두운 곳에서 누군가 소매를 당겨 저를 희롱했습니다. 그 자의 갓끈이 여기 있습니다! 어서 불을 밝히고 그 자를 처벌해 주세요! 흑흑." 그 말을 들은 장왕이 부하장수들에게 소리쳤다. "모두 들었느냐? 경들은 모두 갓끈을 끊고 실컷 마시도록 하라. 갓끈이 끊어지지 않은 자는 마음껏 즐기지 않은 자이다!" 부하장수들은 모두 갓끈을 끊고 여흥을 계속했다.

장왕의 생각은 이러했을 것이다. 그 자리에서 자신의 위계를 세우고자 실수한 장수를 찾아내면 주군의 여인을 범한 죄를 벌하기 위해 목을 벨 수밖에 없다. 이는 부하들의 사기를 크게 떨어뜨린다는 생각에 기지를 발휘한 것이다. 물론 절개를 과시하고 싶어 했던 애첩의 실망은 컸을 것이다. 그런데 이야기는 여기서 끝나지 않는다. 어느 날 장왕이 적들에게 쫓겨 "이제 죽게 되었구나!"하고 절망하고 있을 때 한 장수가 포위를 뚫고 장왕 앞에 엎드렸다. "주군! 어서 이곳을 피하십시오! 제가 적을 막겠습니다!" 설명하지 않아도 알 것이다. 그 장수가 바로 주군의 애첩을 희롱했던 사람이다. "저는 그때 주군의 관대함에 감복하여 평생 주군을 위하여 목숨을 바쳐 충성을 다할 것을 천지신명께 맹세하였습니다!" 장수는 온몸으로 화살을 받으면서 주군의 피난을 도왔다. 이것이 절영지회 絶纓之會의 고사를 각색한 이야기이다.

허물은 결코 치명적인 것이 아니다

밑에 있던 부서장이 외국의 새로운 솔루션을 소싱하여 국내에 판매하는 사업을 추진한 일이 있다. 적게는 수천만 원에서 많게는 수억 원의 투자금이 들어가는 사업이었다. 작은 규모의 회사에서 추진을 결정하기는 쉽지 않았지만 부서장을 믿었다. 총판 계약을 맺고 사업을 추진하던 중에 법률법인으로부터 소송이 들어왔다. 한국지사와 총판사인 우리 회사를 공동 피고자로 하여 영업방해죄로 소송을 제기한 것이다. 알고 보니 한국지사가 이전 총판사와의 계약관계를 완벽하게 청산하지 않아서 이전 총판사의 창고에는 수억 원어치의 재고가 쌓여 있었다. 우리는 총판 계약을 파기하고 투자금 수천만 원을 날려먹었다. 부서장을 불렀다. "나는 몇 천만 원짜리 과외를 시켰습니다." 그리고 그에게 말했다. "또 다른 사업계획을 가지고 온다 하여도 지원할 용의가 있습니다." 나는 실패를 두려워하여 아무 일도 하지 않는 부하직원을 두고 싶지 않았다. 그 부서장은 이후 매출을 많이 높이는 것으로 화답해 주었다.

부하직원의 허물을 치명적인 것으로 치부해버리면 변화도, 발전도 기대하기 어렵다. 허물을 직시하게 하고 바뀔 수 있는, 또는 개선할 수 있는 것으로 만들어 주면 그 상사는 충성과 열의로 보답받을 수 있다. 개인 기업이 아닌 법인의 경우에는 상사에 대한 충성과 회사에 대한 충성의 의미가 다를 수도 있다. 하지만 녹을 받아먹는 직원으로서 회사에 대한 성실한 근무태도는 결국 자신이 직접 마주하며 보고하는 상사와의 신뢰에 기반을 둔다. 허물을 덮어 주고 그 자리에 용기와 의욕을 채워 주는 상사에게 부하직원은 믿음을 갖고 충성을 다할 것이다.

시스템으로 움직이는 대기업이건, 하루하루를 걱정하며 살아야 하는 벤처기업이건 직원들의 충성심은 회사의 힘이다. 벤처의 경우는 특히 그렇다. 직원의 충성심이 곧 회사를 지탱하고 발전시킨다. 다소 머리가 부족하고 능력이 부족하더라도 회사의 발전에 충성을 바치는 직원이 많다면 그 회사의 미래는 밝다. 직원의 충성심을 얻기 위해서는 상사의 보살핌과 배려가 있어야 한다. 불법적이고도 윤리적인 문제가 아니라면 업무상 실수와 실패에 대하여 관용을 베풀어야 한다.

학습하는 직원들에게 가끔 '프로'에 대해 한 마디로 정의해보라고 넌지시 질문을 던진다. '돈 받고 일하는 사람', '약속은 꼭 완수해야 하는 사람', '위험 상황에서도 냉정해야 하는 사람' 등등 여러 가지 답이 나온다. 아마도 프로페셔널 킬러가 등장하는 영화의 영향이 있는 것 같다. 프로에 대한 수많은 정의 중 한 가지만 꼽는다면 나는 이걸 말하고 싶다. "프로는 실수하지 않는 사람이다!" 그러나 이를 보충하는 말이 꼭 필요하다. 바로 "프로는 실수를 통해 만들어진다!"는 말이다. 라틴어로 "O Bona Culpa!"라는 말이 있다. "오! 복된 실수(시련)요!"라는 뜻이다. 실수와 시련을 어떻게 받아들이냐에 따라 더욱 성장하는 기회가 되니 이 얼마나 복된 일인가?

더 좋은 곳으로 흘러가게 하라

때로는 충신들이 회사의 발전과 함께 성장하지 못하고 조연으로 전락할 수도 있다. 그 자리를 학력 좋고 배경 좋은 외부인사가 차지하기도 한다. 눈물을 머금고 내보내야 하는 판단을 해야 할 때도 있다. 회사의 발전에 기여한 임직원을 내보낼 때에는 그에 합당한 대접을 해 주어야 한다. 군대의 장수에 해당하는 임원을 내보내는 경우는 그 이상의 대접을 해야 한다. 좋은 대접을 받은 임원은 옛 직장에 보은할 것이다. 이러한 기업에 인재들이 더욱 몰릴 것은 자명하다.

상사에게 직접 리포팅하는 부하직원이 퇴직할 때에는 개별면담을 하고 환송회를 벌이고 기념패라도 손에 쥐어 주어야 한다. 이직할 자리를 알아봐 주고, 취직을 하면 그의 새로운 상사를 찾아가 딸을 시집보내는 아버지처럼 "잘 부탁합니다."하는 마음도 전해 주어야 한다. 나는 회사에서 성실히 근무한 직원이라면 그 직원의 새 직장을 찾아가 새로운 상사에게 인사를 하곤 한다. 모든 직원에게 그렇게 할 수는 없지만 적어도 근속 3년 이상 성실한 모습을 보여 준 직원에 대한 나의 작은 배려이다. 직원의 새로운 상사들이 나를 어떻게 생각할지는 중요치 않다. 내가 할 도리를 다하는 것이 중요하다. 정말 두려운 것은 남이 나를 어떻게 보는가가 아니라 내가 나를 부끄럽지 않게 보는 것이다. 객관적 우주는 없다. 우리는 모두 자신이 바라보고 느끼는 우주를 살아가니까. 이런 마음으로 직원을 좋은 곳에 보내면 또 다른 좋은 사람이 내게 흘러올 것이다.

개선될 수 있는 허물은 벗겨 주어라

오래 전에 IT 업계의 선배이신 SDS 김안신 님의 사무실을 방문한 적이 있다. 사무실의 벽에 붙어 있는 아래의 〈우리 회사에서 찾아보기 힘든 사람〉을 보고 가르침을 받아왔다. 제대로 된 보고는 직원의 허물을 줄여 준다. 일에 있어서 대부분의 실수나 나쁜 결과는 보고하지 않는 것에서부터 시작된다. 따라서 자신이 아래의 사항에 해당되거나 부하직원이 이에 해당되면 고쳐 주어야 한다. 작은 실수 같은 허물은 덮어 주어도 되나 개선될 수 있는 허물은 벗겨내 주어야 한다.

〈우리 회사에서 찾아보기 힘든 사람〉

1. 지시사항을 완료했으나 찾을 때까지 보고하지 않는 사람
2. 시간이 많이 걸리는 지시사항에 대해 때때로 중간보고를 하지 않는 사람
3. 목표일정을 말할 때 '0월 0일 0시까지'라고 말하지 않는 사람
4. 약속시간 내에 안 되었거나 안 될 것 같은데도 약속시간 경과 시까지 보고하지 않는 사람
5. 지시받은 내용을 명확히 모르는데 되묻지 않는 사람
6. 지시사항 수행 시 잘 모르는 경우에도 남의 조언은 받지 않고 혼자 힘으로만 해결하려고 하여 아웃풋output의 질적 수준을 저하시키는 사람
7. 지시받은 내용의 충실도를 높이기 위해 최선을 다하지 않는 사람
8. 보고서 내용은 시원치 않으면서 모양에만 신경 쓰며 시간을 보내는 사람
9. 보고서에 의한 대면 보고만을 보고로 알고 이메일 보고, 메모 보고, 구두 보고를 할 줄 모르는 사람

10
직원을 배에서 내려 보내기

카약을 탈 때 전복의 위험이 가장 높을 때는 언제일까? 바로 해안에서 배에 오를 때와 내릴 때이다. 비행기도 활주로를 떠서 공중으로 이륙할 때 가장 위험하고 연료도 많이 쓴다. 우주선 역시 지구의 중력장을 벗어나 무중력의 궤도에 오를 때 가장 위험한 순간을 경험한다. 따지고 보면 어떤 계System에서 다른 계로 변화할 때는 가장 큰 위험을 통과해야 한다. 새로운 시스템으로 이동하기 위해서는 그만큼 많은 에너지가 필요하다. 충분한 에너지가 공급되지 않으면 새로운 시스템으로 옮겨가기 전에 폭발하거나 추락할 수도 있다.

흥부선원과 놀부선원

기업의 조직도 지속적으로 성장하고 발전하기 위해서는 익숙했던 시스템을 버리고 새로운 시스템으로 위상의 변화가 필요해진다. 선장의 역할을 하는 CEO조차 이러한 변화가 익숙하지 않다면 어려움에 봉착할 수밖에 없다. 나 역시 다국적기업의 경험만 가지고 있다가 중소기업에 가서 혹독한 경험을 했다. 이러한 기업에서의 경험이 없었다면 지금 경영하고 있는 벤처기업에서도 3년씩 배겨내지 못했을지도 모른다. 역으로 작은 기업을 경영하다가 급격히 커져가는 회사를 경영하게 되면서 예상치 않았던 도전에 직면하여 무너져버린 CEO도 많을 것이다. 그렇기 때문에 먼 항해를 하는 배의 선장과 같은 CEO는 폭넓은 식견과 연륜을 필요로 한다. 벤처에서의 열정만으로도 안 되고, 시스템만 숭상하는 자세도 안 된다. 상황에 따라 적절히 행동하고 판단하는 슈퍼고무인간 같은 융통성이 필요하다. 본인의 능력이 부족하면 규모에 맞는 경험을 가진 파트너를 영입해야 한다.

직원도 마찬가지이다. 초기에 벤처기업에 잘 적응하였던 직원이 회사의 규모가 커지면서 도입된 시스템에 적응하지 못하고 불만을 토로하다가 결국은 자의 반 타의 반으로 떨어져 나가는 것을 많이 보았다. 90년대 초 SDS에 파견되어 근무할 때 사내TV에서 여러 번 보았던 장면이 있다. "제발 도와주지 않아도 좋으니 발목만 잡지 마라! 자르지는 않겠다!"라는 이건희 회장의 부르짖음이었다. 조직혁신의 걸림돌이 되는 부적응자, 반대자에 대해 경종을 울리는 말이다.

부서장이 없는 개발부서를 임시로 관리하라는 지시를 받아 개발팀 전원과 인터뷰를 한 적이 있다. 그 중 들어온 지 수개월이 지난 한 여성 개발자가 하소연을 했다. 나름대로 열심히 일하는 모습을 보이려 노력했는데, 어느 날 선임 개발자가 조용히 부르더니 조언을 한답시고 하는 말이 너무 답답하고 슬프다는 것이다. 누구인지 물어도 대답을 얻지 못했지만 그 여직원이 들은 이야기는 이러했다. "네가 이런다고 회사가 알아주기나 할 것 같아? 살살 해라! 우리가 힘들다!" 이런 말을 하는 직원이 있다면 이들이 발목을 잡는 사람들이고 배에서 내려보내야 할 사람들이다.

배를 흔드는 사람들의 잘못된 습관

어느 조직에나 그 조직의 성장에 방해되는 암적인 존재가 2~3%는 존재한다고 사회학자들은 말한다. 이 암적인 존재들은 자신이 노출되더라도 스스로 조직을 떠나지 않고 버틴다. 자신을 보호하기 위한 노하우를 축적하면서 조직 내에 나쁜 에너지를 전파시킨다. 나는 이들을 '조직의 킬러'라고 일컫는다. 독사가 강력한 독을 입으로 내뱉듯이 조직의 킬러들도 독한 말을 내뱉는다. 따라서 말로써 그들을 구별할 수 있다. 당신이 조직 내에서 이러한 말을 동료에게 하고 있다면 그 순간 당신은 다른 사람의 사기를 죽이는 독을 내뿜고 있는 것이라고 생각하라. 그럼 조직 킬러들의 말을 살펴보자.

- ✔ 웃기고 있네!
- ✔ 그건 전에 다 해봤어!
- ✔ 그건 너무 비싸!
- ✔ 우리 너무 성급한 것 아냐?
- ✔ 우리 회사는 너무 작아서!
- ✔ 예전에는 그렇지 않았어!
- ✔ 그건 예산 초과야!
- ✔ 따로 위원회를 구성하자!
- ✔ 우린 그것 없이도 잘해왔어!
- ✔ 사장님이 관심이 없을 걸!

킬러들의 말 중 일부는 큰 문제점이 없어 보이는가? 사실 모두 일을 추진하는 데 있어 잘 되지 않을 것이라는 부정적인 생각을 전파시키는 나쁜 말들이다. 이런 말보다는 다르게 바꾸어보자. "그거 얘기 되는데? 다시 한 번 더 해보자. 돈이 드는 만큼 효과가 있을 거야! 남보다 빨라야 앞서 갈 수 있어, 이를 통하여 더욱 성장하자. 예전에 해보지 않은 일이니 시도해볼 만하다. 예산을 새로 만들어서라도 도전하자. 우리가 하지 않으면 아무도 나서지 않을 거야! 안주하다 보면 영원히 뒤쳐진다. 사장님을 설득하여 지원을 이끌어내자!" 이런 말들이 회사를 살리는 말이다.

관리자는 조직의 킬러로 의심되는 사람을 면밀히 관찰하여야 한다. 단, 대상자가 인지하지 못하도록 조심스럽게 살펴야 한다. 이들이 착한 무능력자인지, 적성이 불일치하는 사람인지, 저항세력을 규합하는 헛똑똑이인지 판단해야 한다. 모두 다 조직의 발전에 장애가 될 수 있지만 만약 조직이 감내할 수 있는 규모라면 앞의 두 부류의 사람에게는 기회를 주는 것이 좋다. 무능력자에게는 배움의 기회를 주어 개선이 가능할지 코칭하는 방법으로 대응하면 된다. 적성 불일치자는 새로운 미션이나 이직을 권고하는 멘토링을 해 준다. 그러나 헛똑똑이라면 보다 단호한 계획이 필요하다. 합리적이고 냉정하게 연말 성과평가를 실시하여 평가를 최하위로 부여한 다음 성과개선프로그램에 초대하여 1개월의 집중 과업을 할당한다. 근태와 보고서를 포함한 도전적인 과제 3~5개를 할당하여 일주일 단위로 리뷰하고, 월말에 인사위원회를 열어 평가를 실시한다. 노력 여하에 따라 또다시 1개월 과업을 할당할 수 있지만 원칙적으로는 부여된 과제 중에 단 하나라도 완수하지 못하면 실패로 간주한다. 실패는 퇴사권고를 의미한다.

유의할 것은 해당 직원이 성과개선프로그램에 강제되었다는 것을 비밀로 하여야 한다. 또한 과제내용이 수행업무와 관련되어야 하고, 직원이 계획서의 내용에 동의하도록 사인을 받고 시작하여야 하며, 직급에 걸맞은 수준으로 15% 정도의 OT로 성실히 임한다면 수행 가능한 과제를 주어야 한다.

경험에 비추어보면 대개의 경우 75%는 자진하여 중도 포기하고, 단지 25% 정도만 성과개선프로그램을 통과한다. 포기하는 이유는 일의 어려움보다는 심리적인 요인이 작용해서이다. 회사가 자신을 더 이상 동료로 보고 있지 않다는 생각을 가지게 되어 스스로 포기하는 것이다. 성과개선프로그램을 통과한 직원은 원칙적으로 프로그램 관련 문서를 파기하고 새로운 출발을 하도록 도와주어야 한다. 관계에 있어 직원을 배에 잘 태우고 가는 것도 중요하지만 직원을 배에서 잘 내려보내는 것도 매우 중요한 일이다.

성과 저해자는 네 가지 단계로 다루어라

직원들의 업무성과가 미흡한 이유는 여러 가지가 있다. 해당 직무에 맞는 훈련과 툴이 제공되지 않았을 수도 있고, 적성이 맞지 않아 흥미가 떨어져서일 수도 있다. 선행 프로세스의 문제로 미흡한 성과가 나올 수도 있다. 이런 경우는 모두 대안이 있다. 그러나 난감한 경우는 의도적 성과 저해자이다. 대체로 사회 경험이 많은 의도적 성과 저해자와 경고성 인터뷰를 할 경우에는 준비를 더욱 잘해야 한다. 이들에게는 퀸트 스투더Quint Studer가 제안한 DESK 대화법을 추천한다. 각 단계별로 예를 들어 살펴보자.

1. D Describe : 그동안 관찰해온 행동에 대한 결과를 설명한다.
   "나는 귀하의 근태에 이슈가 있음을 보았고, 지난 3개월간 출근시간을 로깅해보았습니다. 15분 이상 지각한 경우가 10번이나 되었습니다."

2. E Evaluate : 평가 결과를 알려 준다.
   "이러한 근태 성적은 직장인으로서 귀하의 태도에 심각한 의문을 가지게 되었습니다."

3. S Show : 앞으로 어떤 행동을 해야 하는지 알려 준다.
   "이후로는 9시 이전에 출근하여 업무에 바로 임할 수 있어야 합니다."

4. K Know : 기존의 행동을 계속하면 어떤 결과가 있을지 알려 준다.
   "예전과 같은 지각 사태가 월 2회 이상 반복될 경우 나는 인사권자로서 귀하를 해고할 수 있다는 것을 이해하시기 바랍니다."

PART

2

조직으로 실현하라

마음이 오픈되어 있다면 가르침은 양방향이다.
서로에게 배우고 함께 학습하는 조직이
가장 가치 있는 것을 실현한다.

11
골디락스 구역을 떠나지 마라

대학 1학년 때 박정희 대통령이 사망하였다. 그 어떤 절대권력자도 장기집권의 뒤끝은 항상 아름답지 못하다. 대학 2학년을 마치고 군에 입대할 당시 나는 광주민주화운동의 참혹함을 잘 알고 있었다. 그 때문에 군 복무 시에 만약 그러한 사태가 발생하여 지휘관으로부터 "비무장 시민에게 발포하라!"는 명령을 받는다면 어찌해야 할지 심각하게 고민해보기도 했다. 생각이 많은 나를 위한 계시였는지 우리 내무반에는 2차대전에 관한 다큐멘터리 책이 몇 권 있었다. 그 중 내 눈을 끄는 사건은 뉘른베르크 재판이었다.

뉘른베르크 재판Judgment at Nuremberg은 1961년에 동명의 영화로도 상영되었다. 제2차 세계대전 후 미국 · 영국 · 소련 · 프랑스 4연합국이 독일의 전쟁지도자들을 소추하고 처벌하기 위해 8개월간 벌인 재판이다. 재판 결과 22명의 전범 중 12명에게 교수형이 집행되었다. 내가 이 재판에 주목하는 이유는 전범들이 주장한 논리에 반박하여 내려진 판결 논리가 강력한 메시지를 던져 주었기 때문이다. 전범들의 주장은 이러했다. "우리는 이미 잘 알려진 사회적 리더였기 때문에 나치에 반대하는 일은 곧 죽음을 의미했다. 그러므로 압제 된 권력하에서 생명을 부지하기 위하여 부득이 협조한 범죄는 용서받아야 한다!" 그러나 원고 측은 양심에 따른 인간의 자유의지가 반인륜적 범죄에 대한 판단기준이 되어야 하며, 압제상황이라고 양심의 소리까지 부정한다면 지구상의 어느 누구도 단죄할 수 없다는 논거를 견지했다. 이 스토리는 비슷한 상황에 처할 경우 나는 명령에 불복종하리라는 다짐을 하는 계기가 되었다. 하지만 관리자의 입장이 되고 보니 명령에 불복종하는 직원은 가슴에 얹은 돌처럼 느껴졌다. 직원들의 바른 양심이 펼쳐지면서 관리자의 권력도 유지될 수 있는 조직, 그것이 관리자로서 꿈꾸는 이상적인 조직이라는 생각이 든다.

권력 없이 조직을 다스려라

사회적 동물로서 누구든 어떠한 형태의 조직활동을 하기 마련이다. 군대와 같은 강제된 조직이 아니라 고용계약에 의한 직장의 조직관리를 나는 McASE라는 키워드로 푼다.

- ✔ **팀원관리:** M Member
    직원을 선발하고, 그들에게 직무를 부여하고, 업무역량을 높이고, 달성한 업적을 보상하며, 부적응자를 관리하는 일이다.
- ✔ **소통관리:** C Communication
    조직원에게 할당된 과업을 설명하고, 보고체계를 만들며, 코칭하고 멘토링한다. 정보를 공유하고, 창의적 아이디어를 모으고, 학습문화를 만드는 일이다.

- ✔ **실행관리: A** Action

  계획 · 실행 · 체크 · 액션Plan · Do · Check · Action, PDCA의 사이클을 관리하고, 부하직원에게 권한을 위임하고, 사업목표를 관리하며, 업적을 평가하는 일을 말한다.

- ✔ **감성관리: S** Sensitivity

  조직원 상 · 하 · 수평의 갈등을 해소하고, 팀워크를 증진시키고, 정말 일할 만한 회사라는 생각을 직원 모두가 가질 수 있도록 긍정적 에너지를 퍼트리는 자극을 포함한다.

- ✔ **위기관리: E** Emergency

  조직이 맞닥뜨리는 위기상황에 대비하여 조직을 활성화시키고, 임기응변력을 기르고, 언론에 대응하며, 항시 위기를 감지할 수 있는 위기본능을 일으켜 주는 일을 말한다.

조직관리는 인문경영학의 커다란 축을 이루는 매우 중요한 학문 분야이다. 위의 다섯 가지 키워드로 조직관리의 모든 이슈와 과제를 다룰 수는 없겠지만 너무나 큰 학문의 무게로 어디서부터 접근해야 할지 모르는 초급관리자의 경우 단순하지만 중요한 관리포인트를 놓치지 않는 McASE의 개념이 좋은 모형을 제공해 주리라 생각한다. McASE는 권력이 아니라 통찰력으로 조직을 관리하는 똑똑한 키워드가 되어줄 것이다.

너무 뜨겁지도, 너무 차갑지도 않은 스프

조직을 관리하는 중간관리자의 기본적 자질을 생각할 때 내가 머릿속에 떠올리는 비유는 골디락스Goldilocks에 대한 이야기이다. 골디락스는 작가 로버트 사우시Robert Southey가 지은 《세 마리 곰》이라는 동화에서 채용된 용어이다. 여기서 골디락스는 '뜨겁지도 차갑지도 않은 스프'를 상징하는 말로 쓰였다. 천체물리학자들에게 골디락스는 익숙한 용어이다. 태양과의 거리 측면에서 볼 때 지구는 태양계 행성 중 생명체가 가장 살기 좋은 원형대역대, 즉 골디락스 구역을 공전하고 있다. 이 대역대보다 태양에 가까우면 너무 뜨거워 물이 증발해버리고, 그보다 멀어지면 너무 추워서 물이 액체상태를 유지할 수 없게 되어 생명체가 살 수 없다. 말하자면 골디락스 관리란 너무 많지도, 너무 적지도 않은 균형과 중용의 관리 모델을 뜻한다.

골디락스 관리가 조직의 계속사업에 가장 적합한 접근일 것이라고 생각한다. 업무 부하가 너무 많으면 지쳐 쓰러질 것이고, 업무 부하가 너무 없다면 기업은 긴장이 풀리고 무기력에 빠질 수 있기 때문이다. 최대 한계치와 최저 한계치를 함께 관리하면서 구심력과 원심력의 균형을 끊임없이 유지하여 기업이 골디락스 대역 안에서 움직이게 만드는 일이 조직관리의 핵심이다.

이번 장에서는 조직관리의 주요한 과업 중 가장 중요하다고 생각되는 주제를 선발해서 풀어 놓았다. 먼저 좋은 직원을 뽑는 방법부터 시작할 것이다. 다음은 그들에게 맞는 직종·직책·직위에 관련된 호칭시스템을 설계할 것이다. 세 번째로 해당 직원들의 직종에 맞는 역할과 목표를 할당하고 업무를 달성하기 위한 개인의 역량계발 계획을 기술할 것이다. 네 번째로 개인이 아닌 팀 전체로부터 합의를 도출해내는 그룹의사결정방법론에 대해 말할 것이다. 이는 아무리 강조해도 지나치지 않은 효과적인 커뮤니케이션 툴이다. 다섯 번째, 경영자가 궁극적으로 만들고 싶어 하는, 스스로 발전하는 학습조직의 구현에 대해 다룰 것이다. 이는 최근 학부모들에게 유행하는 자기주도학습(스스로학습)의 사회조직 버전이라 할 수 있다. 여섯 번째, 프로젝트 관리의 세 가지 비법을 알려 줄 것이다. 고수에게 배운 컬트적인 이 비법은 흐르는 물속 돌 부스러기에서 건져낸 사금과 같은 팁이다. 작은 화두이지만 깨우침에 따라 무한정으로 응용을 넓혀갈 수 있는 무림비급이라 주장하고 싶다. 일곱 번째, 조직관리의 인프라임에도 불구하고 잘 거론되지 않는 시스템 아키텍처의 세 가지 특징에 대해서 말할 것이다. 여덟 번째, 미국과 우리나라에 만연한 생산성 지상주의와 '빨리빨리'의 속도전 문화가 안고 있는 한계를 극복하여 조직을 보다 창의적으로 만들고 시장에 민첩하게 대응하도록 하는 대안으로써 '내려놓음과 여유'를 화두로 제시하고자 한다. 마지막으로 조직이 빠지기 쉬운 그룹 자만심에 관한 이야기를 위기관리 차원에서 공유하고자 한다. 자, 그럼 배에 태울 선원부터 찾으러 떠나보자.

12
어떤 사람을
배에 태울 것인가?

　　　　　　대학 4학년 때 미국유학 준비를 했다. 토플도 보고 미군부대 내의 고사장에 들어가 'GRE(미국 대학원 입학능력시험)'라고 하는 필수시험도 치렀다. 몇 개의 대학에서 입학허가서도 받아 놓았다. 연말에 대기업에 붙은 친구들이 희색이 만면하여 캠퍼스를 돌아다니는 모습이 부러웠다. 마치 입사가 안 되어 유학을 핑계로 도망가는 것처럼 보이면 어쩌나 하는 자괴감도 들었다. 나도 보란 듯이 대기업에 입사하는 능력을 보이고 싶은 생각에 두 곳에 시험을 쳤다. 한 곳은 대기업인 G그룹이었고, 다른 한 곳은 다국적기업인 IBM이었다. 둘 다 영어와 적성시험만을 보기 때문에 유학시험에만 집중한 나도 쉽게 접근할 수 있었다.

　　G그룹에서 면접일정을 알려왔다. 아침부터 소집이 되었지만 오후가 되어서야 내 차례가 돌아왔다. 방안에 세 명의 응시자를 주르륵 앉혀 놓고 50대로 보이는 세 명의 면접관이 질문을 했다. 테이블이 없어서 나는 군인처럼 꽉 쥔 주먹을 무릎 위에 올려 놓아야 했다. 가운데 앉은 무표정

한 면접관은 눈을 내리깔고 면접자의 얼굴을 보지도 않았다. 왼쪽에 앉은 사람은 질문 담당이고 오른쪽에 앉은 사람은 답변을 하면 트집을 잡는 역할을 맡은 듯했다. 질문에 그저 대답만 하면 되었다. 내가 질문할 기회 같은 건 없었다. 사회 초년생을 긴장시키고 위축시키는 관료적이고 위압적인 분위기였다.

배에 태우려거든 제대로 대접하라

IBM의 면접은 달랐다. 면접시간을 정확히 알려 주고 30분 전에 도착하도록 안내가 되어 있었다. 면접관과 테이블을 공유하게 하여 차를 서빙하고 편하게 응시하도록 했다. 면접 중에는 한 명의 응시자를 놓고 세 명의 면접관이 싱글벙글 웃으며 각자의 관점으로 질문을 했다. 면접자를 편안하게 해 주고 곤란한 질문은 답변하지 않아도 된다고 말해 주었다. 끝으로는 회사에 궁금한 점은 없는지 물어보았다. 언제 결과를 전해 줄 것이라는 일정도 상세히 알려 주었다. 돌아갈 때는 차비까지 주었다. "이런 회사라면 떨어져도 기분이 나쁘지 않겠다!"라는 생각이 들 정도의 배려였다.

다행히 두 곳 모두 합격통지를 받았다. 내가 어느 곳을 선택했을지는 쉽게 짐작될 것이다. IBM의 첫 월급은 대기업에 입사한 동기 월급의 두 배가 넘었다. 입사 1년 동안은 교육만 받았다. 매주 한 권의 원서를 자습하고 시험을 치러야 했다. 교육센터에서 책만 보면서 월급을 받았다. 한 달 자습을 마치면 홍콩에 있는 교육센터에서 다른 나라의 신입직원과 4주씩 교육을 받았다. 이렇게 1년간 4번의 사이클을 돌았다. 회사가 직원에 투자하는 모습에 반하여 미국유학은 접어버렸다. 후배들은 예전의 호시절이 다 지났다고 하지만, 그때 함께 입사한 40명의 쟁쟁한 동기들이 지금의 IT 업계에서 두각을 나타내고 있다.

대기업과 달리 작은 회사 규모로 사업을 시작할 경우 같이 일 할 직원의 채용만큼 중요한 일은 없다. 경력사원을 채용할 때도 대부분의 창업자는 자신이 알고 있던 사람을 선호하는 것 같다. 이미 검증되었고 잘 알고 있으니 배신도 하지 않을 것이라는 믿음 때문이다. 회사의 미래가 불투명한 벤처의 경우 일반적인 직원 공개 채용에는 좋은 직원들이 몰리지 않는다. 그 때문에 아는 사람을 채용하려고 하면 면접도 생략하는 것이 상례이다. 그러나 가능하다면 직원은 공개 채용하는 것이 바람직하다. 아는 직원을 채용하더라도 면접위원들을 꾸려 형식적으로라도 면접을 수행하는 것이 좋다. 그런 과정을 통하여 입사하는 직원은 자긍심과 애사심이 더 강해질 수 있고, 회사도 직원에게 기대하는 성과목표를 분명히 전달할 수 있다. 또한 개인의 프로페셔널 커리어에 대한 이해를 통하여 직원에게 가장 적합한 일을 맡도록 배려할 수도 있다.

면접관은 회사의 마중물이다

직원 면접의 경우 대개 1:1 면접보다는 직원 1: 면접관 3~4의 면접이 일반적이다. 대기업 신입사원 채용의 경우 지원자가 많으면 N: 3~4로 면접을 치르기도 하지만 지원자에게는 여러 사람을 놓고 보는 면접이 불쾌할 수도 있다. 복수 면접관 제도는 편견에 의한 채용을 피하고 여러 가지 관점을 볼 수 있다. 회사의 관리자급 면접관이 부족하면 외부의 여류있는 지인을 면접관으로 위촉해서라도 관점을 다각화하는 것이 좋다.

기업문화가 튀는 회사의 경우는 하위직원이 상급직원의 면접에 면접관으로 참여하는 경우도 있다고 들었다. 십여 년 전에 외국의 저널에서도 그런 기사를 본 적이 있다. 여러 가지 장점이 있겠지만 나는 이러한 접근에 회의적이다. 상급자를 뽑는 데 있어 목표중심적이 되기보다는 인기에 영합하여 편향된 결과가 나올 수 있기 때문이다. 또한 하위직원은 회사에 좋은 상급자보다 자신에게 유리한 상급자를 뽑을 수도 있다.

 면접을 본 후에는 합격 불합격을 분명하게 판단해 주는 것이 좋다. 훌륭하지도 않고 모자라지도 않다는 어중간한 점수는 바람직하지 않다. 면접관이 복수일 때 면접관 중 한 사람이라도 불합격을 선언하면 뽑지 않는 것이 좋다. 불합격시킨 면접관의 관점을 무시한다면 그 면접관의 식견을 무시한 것이고 면접관으로 선정한 것 자체가 잘못된 일이다. 지원자가 합격하여 조직에서 일할 때 자연스레 그러한 내용을 알게 될 가능성도 높고, 그 면접관이 내부인사라면 평생 마음에 두고 대면할 것이다.

 기술부서에 지원했지만 영업부서에 적합할 것 같은 지원자는 지원자의 동의를 얻어서 타 부서장에게 소개할 수도 있다. 그러나 한 부서에 불합격했던 지원자를 몇 년 후에 다시 동일부서에서 채용하는 것은 좋지 않다. 지원자에게도 회사의 관점이 이해되지 않아 부정적인 이미지가 각인될 수 있다. 그러므로 인사부서는 회사에 지원했던 과거 지원자들의 이력서관리를 반드시 해야 한다. 불합격이 아니라 유보적 판단을 한 경우라면 면접자에게 내용을 분명히 알리고 나중에 연락해도 좋겠는지 합의를 구하도록 한다.

 한꺼번에 대규모로 인원을 채용할 경우에는 직원들이 패로 갈리지 않도록 다양한 경력과 배경을 가진 사람 중에서 채용하도록 한다. 경쟁회사에서 사업팀장과 그가 거느리는 팀원 전체를 그룹 지어 채용하는 경우도 보았다. 이럴 경우 회사는 대외적 비난과 출신에 따른 파벌 갈등 등의 문제에 빠질 가능성이 높다. 단기간에 조직을 구성하고 싶은 욕심이 나더라도 회사를 장기적으로 경영할 작정이라면 시차를 두고 집단이 아닌 개인 자격으로 임직원을 채용하는 것이 좋다. "능력 없는 상사 밑에 당파가 있다."라는 말이 있다. 공평한 조직관리는 매우 어려운 일이니만큼 채용 초기부터 유의하여야 한다.

부서장급 이하 직원들의 면접 후에는 적은 금액이라도 교통비를 지급하기를 권한다. 두 번의 면접이 있다면 2차 면접 후에라도 지급하는 것을 고려하라. 언제 어떠한 관계로 다시 만나게 될지 모르는 지원자들에게 좋은 인상을 주는 것은 장기적으로 매우 중요하다. 업계가 좁다 보니 이런 지원자를 고객으로, 협력사 직원으로, 경쟁사 직원으로 만나게 될 것이다. 좋은 인상으로 헤어진 지원자들과는 다시 대면해도 금방 원만한 관계를 만들 수 있다. 긍정적 이미지로 헤어진 경우는 상대방이 "저도 그 회사에 지원했었는데, 떨어졌어요!"라고 먼저 고백하기도 한다. 면접관들은 회사의 첫 번째 얼굴이라는 생각으로 지원자들을 대해야 한다.

질문에도 규칙이 있다

대부분의 면접관들은 면접 이전에 제대로 훈련을 받지 않는 경우가 많다. 특히 고위직일수록 인사부장이 감히 면접교육 이야기를 꺼낼 수 없기 때문이다. 성숙한 면접관이라면 오히려 먼저 면접교육을 요청하는 것이 바람직하다. 어떤 질문을 하고 어떤 질문을 하지 말아야 할지 학습하기 위해서라도 말이다. 우리나라 정서상 크게 문제가 되지 않는 질문들이 민감한 법적 문제로 커져버릴 수 있다. 다국적기업에서나 외국직원을 채용할 경우에는 특히 유의하여야 한다. 다국적기업의 경우 아래의 질문은 지원자가 문제 삼을 수 있는 질문들이다.

✔ 물어서는 안 되는 질문

① 산아 제한: 왜 아이가 없는지? ② 장애 정도: 업무 수행에 관련이 없는 신체적 핸디캡에 대한 질문 ③ 결혼 여부 ④ 임신 여부 ⑤ 출생국가 ⑥ 인종 및 피부색 ⑦ 신장 및 몸무게 ⑧ 생년월일: 우리는 이력서에 생년월일을 적는 것이 일반적이나 불법인 국가도 많다 ⑨ 모국어 ⑩ 성씨의 유래 ⑪ 종교 ⑫ 이성에 대한 관점 등

✔ 제한적으로 가능한 질문

① 나이: 미성년(20세 이하)인지 묻고 그 이하일 경우라면 질문 가능 ② 입건 여부 ③ 국적: 일을 수행하면서 근무지를 떠나지 않아도 되는지 여부

직원은 한번 뽑아 놓으면 내보내기가 쉽지 않다. 직원을 내보내는 일은 훈련된 관리자에게도 이만저만한 도전이 아니다. 그러는 과정에서 많은 에너지를 낭비하고, 남아 있는 직원에게도 부정적인 상처가 남는다. 그러므로 처음부터 회사의 발전과 함께할 제대로 된 직원을 뽑아야 한다. 사람의 마음을 헤아리기 어려워 관상가를 배석하는 회사도 있다니 이해가 되기도 한다. 좋은 사람을 만난다는 것은 하늘이 준 복이다.

직원을 뽑고 나면 1년 안에 가장 많이 이직을 한다. 입사 후 1개월 안에 퇴사하는 경우는 맡은 직종에 대한 불만족이 가장 큰 이유라고 한다. 입사 후 3개월 안에 퇴사하는 경우는 같이 일하는 동료와의 갈등이 가장 큰 이유이고, 입사 후 1년 안에 퇴사하는 경우는 성장의 가능성이 없다고 느껴서가 제일 크다. 1년이 지난 다음에 직원이 퇴사할 가능성은 절반 이하로 줄어든다. 그러므로 현명한 관리자는 사원이 입사하면 1개월, 3개월, 1년 단위로 인터뷰를 하여 회사에 잘 적응하도록 도와야 한다.

똑바로 질문해야 제대로 뽑는다

오래도록 인사관리자 역할을 맡아본 사람은 나름대로 직원 인터뷰 요령을 가지고 있다. 나는 논리적 구조화능력, 경력비전과의 일치도, 지속적인 학습역량을 주로 파악한다. 인사팀에서 면접관들에게 기본적인 인터뷰 교육과 자료를 제공하기도 하지만 창업 초기에는 인사담당자를 고용할 수 없는 경우가 많아 도움을 받기도 쉽지 않다.

각 회사의 문화와 일의 내용에 따라 면접관들의 질문 성격도 달라질 수 있다. 면접관들이 실수하는 유형은 다음과 같다.

1. 개방형 질문이 아닌 "예", "아니오"만 가능한 폐쇄형 질문
2. 지나친 농담, 혹은 당황스럽게 만드는 질문
3. 이념과 신념에 관한 민감한 질문
4. 지원자와 논쟁을 하거나 답변을 비판하는 태도

위와 같은 실수는 면접관이 훈련받지 못한 결과이다. 질문은 다음 세 가지 그룹으로 나뉘어 진행하면 좋을 것 같다. 질문 사례를 분야별로 몇 가지만 제시하였지만, 질문은 신입사원과 경력사원의 채용에 따라 패턴이 달라져야 한다.

업무역량에 관하여

- 어떤 일에 지원하였는지 알고 있습니까?
- 해당 업무를 잘 수행하기 위해 필요한 역량은 무엇이라고 생각하나요?
- 필요역량을 귀하가 가지고 있다는 것을 실례를 들어 설명해 주시겠습니까?

학습능력에 관하여

- 업무수행을 위한 역량을 향상시키기 위해 어떠한 노력을 하고 있습니까?
- 어떤 경력비전(Career Vision)을 가지고 있습니까?
- 롤 모델 혹은 멘토가 있습니까? 어떠한 이유입니까?

팀워크에 관하여

- 의사소통의 어려움을 경험해본 적이 있었습니까?
- 계획된 과업일정을 맞추지 못할 것 같을 때 어떻게 대처하십니까?
- 다른 팀원들에게 귀하의 장단점을 이야기하라면 어떻게 말하겠습니까?

그밖에 다음과 같은 키워드를 선택적으로 선정하여 질문할 수 있다. 면접관의 주관심사에 따라 융통성 있게 판단할 일이다. 대처력, 결정력, 목표설정, 조직력, 융통성, 동기부여, 긍정의 힘, 리더십, 경험, 고객지향, 지원회사에 대한 지식 등과 같은 키워드를 사전에 생각하고 면접에 임하는 노력이 필요하다.

인터뷰 말미에 반드시 지원자에게 하지 못한 말을 하도록 기회를 주는 것도 좋은 인상을 줄 수 있다.

13
호칭이
스토리를 결정한다

한 라디오 프로그램에서 며느리가 보내온 시아버지의 재미있는 일화를 들었다. 70대 중반의 시아버지가 헬스장에서 두 살이 적은 친구를 사귀었다. 그 친구 왈 "북망산에 같이 갈 처지에 무슨 형님!" 하며 말을 놓아 티격태격하였다고 한다. 그러던 어느 날 시아버지가 씩씩거리며 들어오셨다. 궁금하여 물으니 "어제는 뭐가 형님이냐고 대들던 놈이, 박 여사가 나타난 후로는 나한테 계속 형님! 형님! 하면서 젊은 놈 행세를 하지 않니!" 하시더란다. 안 그러던 사람이 "형님"하고 살갑이 다가오면 분명 숨겨진 의도가 있다는 증거 하나는 확보했다. 사연에 크게 웃으며 아버지의 가르침을 떠올렸다.

언제인가 아버지께서 형님이라는 호칭에 관련된 교훈을 들려 주셨다. 평소 친하지도 않았고 잘 나타나지도 않던 후배가 갑자기 찾아와서는 "형님! 좋은 사업 추천해 드리러 왔습니다!"라고 말하면 당신께서는 머릿속에 노란불을 켜신다고 한다. 특히나 퇴직하여 목돈이 있는 사람일 경우

이러한 사람들이 더 많이 꼬인다고 덧붙였다. 아버지의 가르침 때문인지 나는 후배들이 형님이라 부르는 호칭을 좋아하지 않게 되었다. 형님 대신 선배라고 불러달라고 요청한다.

호칭이 관계를 규정한다

조직 내에서 동료 간에 "형님", "동생"하는 호칭은 바람직하지 않다. 특히 상사에게 형님이라고 부르는 후배가 있다면 그 상사를 형님으로 부르지 못하는 직원들과의 위화감은 피할 수가 없다. 정히 하고 싶다면 사석에서 할 일이다. 여러 번 경고를 해도 형님 소리를 버리지 못하는 부하직원은 주변의 속내를 살펴 허용해 주기도 한다. 주변 동료들이 괜찮다고 하면 넘어가 주는 것이 원만한 인간관계에 도움이 된다고 판단하기 때문이다. 그래도 이러한 호칭은 공적인 회사생활에서는 옳지 못한 일이다. 대개 이러한 사람들은 조직운영에 대한 감이 없는 사람이니 관리자로서는 소양이 없다고 할 수 있다.

조직생활에 있어서 호칭은 매우 중요하다. 호칭은 상대방과 본인의 관계를 설정하는 의미가 있기 때문이다. 호칭은 조직에서의 위상을 표현해 주고 상대방의 권한과 책임을 설명해 준다. 그 때문에 공적이든 사적이든 적절치 못한 호칭으로 갈등을 야기하는 것을 많이 보아왔다.

새로운 조직의 사람을 만났을 때에는 제일 먼저 호칭을 어떻게 불러주면 좋을지 분명하게 확인하도록 한다. 나는 실수하지 않기 위하여 "제가 어떻게 부르면 되겠습니까?"하고 문의하는 테크닉을 많이 쓴다. 상대방이 교수이면서 박사일 수도 있고 사장일 수도 있을 때 어떻게 부를지 아리송하다면 상대가 원하는 대로 부르는 것이 가장 무난하다.

그러나 내가 맡은 부서 안에서의 호칭만큼은 분명한 규율과 원칙이 전제되어야 한다. 나는 새로운 조직을 맡으면 휘하 직원 모두의 명함을 모아오게 시킨다. 명함 하나를 보더라도 그 조직의 규율과 조직문화의 수준을 미루어 짐작할 수 있다. 임직원의 호칭을 보면 틀이 잡힌 기업과 틀이 잡히지 않은 기업을 어느 정도 구별할 수도 있다. 틀이 엉성한 기업은 직원들이 자신의 호칭을 마음대로 정하고 명함을 새겨 들고 다니기도 한다. 과장급 직원이 실장 명함을 가지고 다니는 것이다. 이유를 물으면 영업상 상대하는 고객의 폭을 넓게 하기 위해 그렇게 했다고 말한다. 그러나 직원들에게 공식적으로 공표한 근거를 요구하면 승인 없이 만들었다고 대답한다. 이래서는 조직의 규율이 없어진다. 규율이 없는 조직은 직위와 직책의 명칭에 일관성이 없기 때문이다. 인사관리자들은 직원들의 호칭에 대하여 균형과 통제를 잘 유지하여야 조직 구성원 간의 위화감을 제거할 수 있다. 영업상 직위를 높일 필요가 있다면 공식직위, 대외호칭, 사용기간 등을 정식으로 공지해야 한다.

명함에 분명하게 대우하라

회사는 적절한 호칭의 설계를 위해 직종 · 직책 · 직위의 세 가지 개념을 잘 이해하여 명함 디자인에 반영해야 한다. 때에 따라서 한 호칭이 직종과 직책을 모두 표현할 수 있지만 그 개념은 명확히 다르다.

✔ **직종** Job Profession

자신의 경력 지향에 대한 장기적인 개념이다. 예를 들면 영업사원, 마케터, 보안전문가, 어플리케이션 개발자, 산업전문가, 컨설턴트, 연구직과 같은 표현은 직종의 지향을 내포한다.

✔ **직책** Job Title

직무 · 보직이라 부르는 단기적인 개념이다. 회사의 업무 프로세스에 관련하여 직원에게 부여된 부서직책 및 업무기능의 개념이다. 구매담당, 영업담당, 품질매니저, 프로젝트매니저, 팀리더, 본부장과 같이 부른다. 자신이 지향하는 직종이 있더라도 회사의 요구로 다양한 보직을 맡을 수 있다. 대학교수가 학교의 행정보직을 겸직하는 것과 같다.

✔ **직위** Job Position

해당직에서의 계층적 위치를 표현하고 급여수준의 차이를 암묵적으로 내포한다. 대리, 과장, 차장, 부장, 이사, 상무, 전무, 부사장, 사장과 같이 부른다.

예를 들어 어떤 이는 컨설턴트의 직종을 가지면서 특정 프로젝트의 매니저 직책을 맡고 있는 부장급의 사람이 될 수 있다. 기업에서의 직종 · 직책 · 직위를 설계하기 위해서는 아래와 같은 절차를 밟을 것을 가이드한다. 일례로 임베디드 소프트웨어를 만드는 가상의 주식회사 ABC의 경우를 설명해보겠다.

✔ **Step 1. 회사가 속한 업종에 맞는 직종을 먼저 설계하여야 한다.**

직종에 따라 직위의 한계가 존재할 수도 있다. 예를 들어 소프트웨어 프로그래머 Software Programmer는 책임 Senior이 끝이고 상무 레벨은 없도록 설계할 수 있고, 소프트웨어 아키텍트 Software Architect는 선임 Advisory 레벨부터 시작할 수 있다. 아래는 직종의 예이다.

- 연구원 Researcher
- 소프트웨어 아키텍트 Software Architect
- 소프트웨어 엔지니어 Software Engineer
- 재무전문가 Financial Specialist
- 영업전문가 Sales Specialist

✔ **Step 2. 회사의 부서를 구분하고 직책을 설계한다.**

각 직책의 최고 위치가 소위 C레벨의 직책이 된다. 직책은 해당 임직원이 지향하는 직종에 상관없이 회사의 필요에 따라서 임무를 부여할 수도 있다. 장기적으로는 소프트웨어 엔지니어의 길을 가고 싶지만 시장을 이해하기 위하여 1~2년 제품마케팅을 맡아볼 수도 있는 것이다. 아래는 조직도에 나타나는 직책의 예이다.

- 영업담당/팀장/본부장/COO
- 마케팅담당/팀장/본부장/CMO
- 개발담당/팀장/본부장/CTO
- QA담당/팀장
- 고객지원담당/팀장/부서장/CSO
- 재무담당/CFO
- 기타 전문직: 비서

✔ **Step 3. 직위 · 직급에 대한 레벨을 정한다.**

아래의 직급은 글로벌 회사들이 표준적으로 쓰는 직위이다. 관리자가 아닌 전문가의 경우는 영문 직위 뒤에 영문 직종을 연결하여 기재(예: Principal Architect)하는 것이 일반적이다. 각 직위에 맞는 총 허용직원 수를 회사의 비즈니스 규모에 연동되도록 설계하여 인원 충원의 통제점으로 삼는 기업도 많다.

관리자 직위 호칭(예)	전문직 직위(영문)	전문직 직위(한글)
이사	Executive	전문위원/상무보,이사대우
부장	Principal	전문부장/수석연구원
차장	Senior	전문차장/책임연구원
과장	Advisory	전문과장/선임연구원
(대리)	(접두어 없음)	주임/전임연구원
(사원)	Associated	연구원
	Trainee	

이상의 직종 · 직책 · 직위는 회사의 주춧돌을 놓는 작업과 같이 매우 중요한 일이다. 장기적인 회사의 성장을 담보하기 위해서라도 회사의 업에 대한 연구를 철저히 하여 설립초기부터 직종 · 직책 · 직위를 완벽하게 설계하여야 한다. 호칭제도의 단추가 잘 꿰어져 있어야 다음 단계인 개인의 목표관리와 역량계발 계획이 원활하게 추진될 수 있다. 직종 · 직책 · 직위를 설계하는 것이 인사관리의 시작점이라 단언한다.

14
임무를 명확하게 오픈하라

직원의 직종·직책·직위 체제 및 호칭제도가 확정된 이후에는 아래 그림의 순서처럼 직원들의 R&R Role & Responsibility, 즉 직책·직위에 따른 임무를 정의하는 단계로 넘어간다. 일단 R&R이 확정되면 이는 KPI Key Performance Indicator와 연결되어 성과관리의 연간 프로세스가 시작된다. 한편, 정의된 R&R을 가지고 회사가 필요로 하는 핵심스킬이 도출되어 스킬로드맵을 디자인할 수 있다.

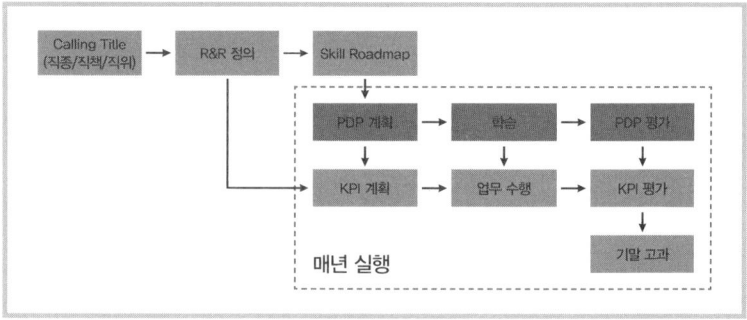

정의는 분명하게, 의미는 열어두어라

엄밀한 의미의 R&R은 직종과 직접적인 연관성은 없다. 직종은 직원의 장기적 경력비전에 대한 것이고, R&R은 현재 맡고 있는 직책·직위에 걸맞은 임무를 명확히 정의하는 것이다. R&R을 직책·직위별로 세분화하면 대개의 경우 10~20 종류에 이르는데, 인사부는 직책·직위별로 여러 장의 표준 R&R 문서를 작성하여 R&R 교과서를 수백 페이지 만들고 싶어 한다. 인사부 직원이 너무 많다는 것을 반증하는 쓸데없는 짓이다. 임무의 범위를 세분화한다는 것은 "기재한 일만 하라."는 메시지를 간접적으로 내포하기 때문이다. 즉, 폐쇄형 작업범위Closed Work Scope가 되어버린다. 이러한 문화에 익숙한 직원은 상급자가 지시하는 일에 대해 "이 일은 제 R&R에 없어요!"라는 말을 하기도 한다. 무언가 잘못된 것이다.

R&R의 직무정의는 최고경영자 혹은 부서장(인사관리자급)의 일이다. 인사부는 단지 참조내용을 서비스하는 것이 바람직하다. 인사관리자는 부서의 목표달성을 위하여 소속 직원들에게 기대하는 업무의 내용을 잘 정의하여야 한다. 내 경험에 비추어 보면 R&R은 1페이지면 족하다. 그 내용도 워드 문서보다는 PPT 문서로 10줄 이내로 작성하는 게 좋다. 주된 일Major Job과 부수적인 일Minor Job로 구분하여 각 3~5개 정도면 된다. 각 업무의 비중을 주 업무와 부 업무의 비율로 나누어 주된 일의 세부항목 비율을 기재할 수도 있다. 주 업무는 핵심직책업무이고 부 업무는 핵심업무의 효율을 높이는 과업과 유관부서와의 협력업무가 된다.

과업의 내용을 포괄적으로 표현함으로써 직원의 창의적이고 자발적인 업무참여를 유도하는 게 바람직하다. R&R은 실수의 책임을 물으려는 목적이 아니라 조직 전체의 시너지가 발생하도록 각각의 주된 역할을 정의하는 의사소통 툴이다. "중요한 것은 일이 되는 것이다." 기관포병이 전사하면 소총수가 기관포를 잡는 것이 원칙이지 소총만 잡고 있는 것이 자신의 전체 임무가 아니다. 목적은 전쟁에서 이기는 것이기 때문이다. "R&R에 없는 일을 시킨다."는 푸념을 하는 직원은 R&R의 용도가 불변의 업무경계를 정하기 위한 것이 아니라는 사실을 알아야 한다.

완성된 R&R은 팀장의 경우 반드시 유관부서장에게 리뷰를 받는 것이 좋다. 업무상 관련된 부서장이 동의하지 않는 임무가 있다면 논의하여야 하고, 유관부서장의 관점을 업무내용에 반영하여야 전사적인 시너지가 생길 수 있기 때문이다. 참고로 단순한 샘플 R&R을 첨부한다.

제품 마케터 R&R

성명: 홍길동 (2011년)

Major(70%)	Minor(30%)
〉 Product Marketing Manager (70%) 1. Field 동향 및 요구 분석 2. Field 마케팅 계획 3. 제품 개발 기획 및 R&D 협의 4. 신제품 출시 및 프로모션 수행 5. 경쟁사 동향 및 제품 벤치마킹 〉 Channel Manager (30%) 1. 채널 Life Cycle Management 2. 해외 솔루션 Recruiting	〉 마케팅 계획 대비 성과 분석 〉 Field 특성을 고려한 제품 컨텐츠 제공 〉 마케팅 이벤트 및 세미나 지원 〉 Management Reporting

Initiated by _____ Reviewed by _____
　　　　　　　Employee's name　　　　　　　　　　　　　1st line Mgr.
　　　　　　　　　　　　　　　　　　Approved by _____
　　　　　　　　　　　　　　　　　　　　　　　　　　2nd line Mgr.

ⓒ copyright by Dominic Lee. 2008

희망이 담긴 스킬로드맵을 디자인하라

직원의 업무내용에 따른 R&R이 정의되면 이를 기반으로 직원의 직종에 따른 스킬로드맵Skill Roadmap을 디자인하는 게 좋다. 대개의 회사들은 스킬로드맵을 가지고 있지 않다. 가지고 있다고 하더라도 직원들의 희망을 반영하지 못하고 있다면 적절한 인사관리 효과를 기대하기 어렵다. 장기적으로 발전할 회사를 만들고 싶다면 일찍부터 직원발전에 관심을 가지고 직원들의 희망을 반영한 스킬로드맵을 만드는 것이 바람직하다. 이러한 회사는 직원들의 이직 유혹을 사전에 방지하는 경쟁력을 갖춘다.

어떤 회사들은 인사부에서 직종별 스킬로드맵을 확정하곤 하는데 가능하면 같은 직종을 가지고 있는 직원들과 워크숍을 통해 직접 정하는 게 좋다. 3~4년마다 워크숍을 통해 스킬로드맵을 갱신한다면 직원들도 회사에 감사할 것이고 인적역량 향상효과도 높아질 것이다. 스킬로드맵의 디자인은 다음 장에서 설명할 그룹의사결정방법론을 이용하여 작업하는 것이 효과적이다.

✔ 스킬로드맵으로 추천할 만한 단계는 다음과 같다.
- 직종별로 요구되는 스킬을 브레인스토밍하여 도출한다.
- 도출된 아이디어를 피시본Fishbone, 103-104p 참조 차트로 작성한다 (구조화된 테이블로 만들어도 좋다).
- 요구 스킬별로 이를 만족시킬 수 있는 교육과목명을 정의한다.
- 중복된 교육과목명을 정리하여 체계화시킨다.
- 분류된 교육내용을 1, 2, 3단계 난이도로 구분하여 완성한다.
- 교육과목을 사내교육, 외부교육, 자습과목, 부적절 등으로 색깔 분류한다.

- 관련된 임직원들과 함께 리뷰하고 동의를 구한다.
- 합의된 안을 공지한다. 외부교육의 경우는 강좌일정을 확보하거나 회사이름으로 계약을 맺어 비용효과를 도모할 수도 있다.

의지가 담긴 자기계발계획서를 작성하라

호칭시스템, R&R 정의, 스킬로드맵이 확정된 후에 직원들은 이에 기반하여 매년 자기계발계획서 Personal Development Plan, PDP를 작성하여 제출하고 이행하는 과정을 거쳐야 한다. 기본적으로 자기계발은 회사의 책임이라기보다는 직원 개개인의 의지에 따른다는 공감대가 형성되어야 한다. 인사부는 어디까지나 지원의 역할을 맡고 있는 스텝조직일 뿐이다. 인사관리자는 부서직원들이 회사의 성과달성은 물론 장기적인 개인역량의 발전을 체험할 수 있도록 지원을 아끼지 말아야 한다. 단, 그 역량도 조직의 성과달성에 직간접적으로 부합하는 스킬일 경우에만 지원해 주어야 타당하다. 나는 직원이 원하는 교육내용이 현재 수행하는 일과 부합하지 않더라도 본인이 가지고 있는 회사 내에서의 장기적인 경력관리계획에 관련된 것이라면 지원을 아끼지 않았다. (PDP 양식은 저자의 블로그 창업경영 메뉴에서 자세히 볼 수 있으니 참고하기 바란다.)

회사의 규모가 커져 100여 명 정도 되면 이러한 PDP 프로그램을 코디네이션하여 CEO를 보좌할 스킬매니저를 별도로 발령하는 것을 권하고 싶다. 회사 엔지니어의 롤 모델이 될 만한 부서장이 부 업무로 맡게 하는 것도 좋다. 좋은 스킬매니저는 CEO의 보배다. 스킬매니저는 다음과 같은 일에 CEO를 보좌하여야 한다.

- ✔ 전 직원의 PDP 예산/실적관리
- ✔ PDP 계획/평가 일정관리 및 로깅
- ✔ 외부 및 해외교육의 참가신청 리뷰 및 동의
- ✔ 외부교육 일정 및 교육기관과 연락 담당
- ✔ 직원의 스킬 레벨관리 및 향상 진척도 측정관리
- ✔ 매년 직종별 필수역량 혹은 필수교육 내용 확정
- ✔ 전문자격증 취득현황 모니터링 및 보고
- ✔ 그 외 회사의 스킬에 대한 전반적인 관리업무

기대가 담긴 성과지표를 부여하라

주요성과지표인 KPI는 임직원의 성과목표를 나타내는 용어이다. 연말 연초에 사업계획을 수립한 후 일반적으로 다음 단계에서는 임직원에게 매년 기대하는 KPI를 부여한다. 직책에 따라 2년간의 장기 성과지표를 부여할 수도 있지만 대개 1년 단위로 계획한다. KPI로 회사는 직원에게 거는 기대를 분명하게 소통할 수 있다. KPI를 작성할 때는 다음에 유의하여야 한다.

- ✔ 회사(또는 CEO)의 목표를 먼저 작성하고 이를 부서장과 의사소통한다.
- ✔ 다음으로 부서장 스스로가 생각하는 KPI를 직접 작성하도록 하는 게 좋다. 자발적 참여와 독창성을 살릴 수 있다.
- ✔ 부서별 KPI안을 타 부서장도 알게 하고 피드백을 받는 것이 바람직하다. 부서 간의 협조사항이 있을 수 있기 때문이다.
- ✔ 부서장의 KPI안이 확정되면 팀장/팀원의 KPI 작성을 전개한다.
- ✔ 모든 KPI안의 원본은 본인이, 사본은 상사와 인사부서에서 보관한다.

- ✔ 개인별 KPI는 회기년도 초 한 달 안에 마감하는 것이 바람직하다.
- ✔ 인사관리자는 분기 혹은 적어도 반기에 한 번씩 직원들의 KPI 진척사항을 리뷰하고 조언하도록 한다.
- ✔ KPI 문서는 1 페이지면 족하다. 참조 페이지를 첨부하더라도 두 장을 넘지 않도록 한다. 계획과 평가를 한 장의 KPI 문서로 통일하라.
- ✔ KPI 수정은 중간에 수시로 변경이 가능하지만 상반기를 지나 수정하는 것은 좋지 않다. 더 이상 고치지 못하는 마감일을 정하라.
- ✔ 모든 지표는 측정 가능해야 한다. 평가 시에는 근거자료를 첨부하여 평가 점수를 산정한다.

잘 작성된 KPI는 다음과 같은 세 가지 질문에 답할 수 있어야 한다. 첫째, 당신의 고객은 누구인가? 둘째, 당신의 고객은 무슨 지표로 당신의 성과를 평가할 수 있는가? 셋째, 당신의 역량을 향상하기 위하여 어떤 스킬을 발전시켜야 하는가? 이에 대한 답변이 되지 않는 KPI는 제대로 작성되었다고 말할 수 없다.

다음에 첨부한 자료는 CFO에 해당하는 부서장의 KPI와 이를 BSC Balanced Score Card 개념으로 작성한 경우의 실제 사례이다. 제시한 사례는 평가항목이 다소 많지만 작성자의 의지를 그대로 받아들였다. 일반적으로 평가항목은 3개를 넘지 않는 것이 좋다. 5~8개가 되더라도 성과지수가 상호 연관되어 있기 때문이다. 과거에는 재무적 성과에만 집착했는데 이제 재무적 성과의 모태가 되는 직원역량·프로세스·고객만족을 같이 챙기는 BSC가 성과관리의 표준모델이 되어가고 있다. BSC는 창립 초기보다는 설립 3~5년이 지나 인사관리의 여력이 생긴 업체에서 더욱 효과적으로 접근할 수 있다.

1. 2008년 Performance Plan(부서장 KPI)

부서명 : 경영지원실
성   명 : 홍길동

목표	평가지표(KPI)	측정방법	가중치		최종평가	
			최초	수정	점수	가중점수
영업이익 목표달성	• 영업이익률 • 목표 영업이익	• 달성 영업이익/달성 매출액 ≥ XX% • 목표 영업이익 XX억(20%), XX억(25%), XX억(30%)	30%			
책임회계 시행	1. 분기별 Biz Unit 성과 측정 2. MGMT Acc. Reporting 3. Expense Control Plan	[분기별 Reporting 산출여부] • Biz Unit 성과 Reporting : d +30days • MGMT Acc. Reporting : d +30days • Expense Control Plan에 의한 예산관리 : 필요 시	20%			
구매 및 원가경쟁력 강화	1. 지표에 의한 구매관리 2. 효과적 자산관리	• 보안설비 구매액/원격 관제매출액 ≤ XX% • 자산관리 BPR 시스템화 및 내재화 정도	15%			
Generation of cash flow	1. 연말 순현금 규모 2. 매출채권 평균회수기간	• 기말 순현금(현금성 자산 – 차입금) ≥ XX억 원 • 매출채권 평균회수기간 ≤ XX일	15%			
사내 시스템 및 프로세스 개선	1. SLM 구축 및 측정지원 2. 회계 자산 시스템 업그레이드	[기한 내 구축/측정 및 업그레이드 여부] • SLM 구축 및 측정 지원 • 표준계약서 Full Set • 신 회계시스템 구축 • 자산 시스템 업그레이드	10%			
Learning & Growth	1. 스페셜리스트 역량 강화 2. CFO 역량 강화	• 스페셜리스트별 외부 교육 및 자체 세미나 시행 여부 • CFO 전문교육 이수 여부	10%			
총점			100%			

Confirmed by _____/_____/2008_   Approved by _____/_____/2008_
CC. CHO   CFO

2. Balanced Scorecard Perspectives

Perspectives	Objectives	Measures	Targets	Initiatives
Financial	Shareholder Value	ROE=당기순이익/자기자본	XX%	• 수익성 지표 관리
	Profitability	• 영업이익률 =영업이익/매출 • 목표 영업이익 달성 XX억 원	XX% +XX억 원	• Incentive Policy, Expense Control
	Generation of cash flow	기말총현금=현금성자산+차입금	+XX억 원	• Credit 평가 Methodology • AR 평균회수기일 ≤ XX일
	책임회계 시행	Management Reporting	분기 말+30days	• MGMT Acc. Reporting • Biz. Unit 성과 Reporting • 관리회계시스템
Customer	서비스 품질 향상	내부 SLM 시스템 구축지원/측정 여부	X월 말	• 투자지원 및 지표 측정
	고객 신뢰도 향상	표준계약서 full set 완비 여부	X월 말	• 표준계약서 full set 시행
Internal Business Process	원가경쟁력 강화	XXX. BPR 시스템 구현 및 프로세스 내재화	≥X0%	• BPR 시스템화/내재화 교육
	구매 효율화	SVC용 자산구매율=구매액/서비스매출	≤XX%	• 보유 장비 가동률 관리
Learning &Growth	장기 성장 인프라 구축	XXX시스템/新 회계시스템 구축	1M	• 예산 확보(Package/외주 고려)
	스페셜리스트 역량 강화	외부교육/자체 세미나 수행 여부	각 2회 이상	• 외부교육 1회, 세미나 1회 이상
	CFO 역량 강화	CFO 전문교육 이수 여부	2회 이상	• M&A, Management Acc.

15
합의를 이끌어내는 강력한 기술

　　조직 내의 다양한 그룹의 사람들과 공동주제로 토의를 하거나 사업계획을 논의할 경우에 우리는 특히 두 가지 어려움을 겪게 된다. 빅 마우스Big Mouth, 혼자 떠들어대는 것와 킬링 프레이즈Killing Phrase, 말하고 싶은 기분을 죽여버리는 이야기가 그것이다. 직급이 높거나 너무 외향적인 이들의 빅 마우스가 건설적인 토의를 어렵게 하는 것이 첫 번째 어려움이다. 그리고 내성적이지만 참신한 아이디어를 가진 사람이 킬링 프레이즈에 의해 말문을 닫아버리는 경우가 두 번째 어려움이다. 나는 20여 년 전에 호주 강사로부터 이 두 가지 문제를 극복하는 강력한 팀 회의방법을 터득하여 지금까지도 잘 활용하고 있다. 나는 그 방법을 '그룹의사결정방법론Group Decision Making Process, GDMP'이라고 부른다. 내가 가진 스킬 중에 단 한 가지만 후학들에게 전수하라고 한다면 나는 기꺼이 GDMP 방법론을 손꼽을 것이다.

　　GDMP는 3단계의 프로세스로 진행된다. 1단계 브레인스토밍, 2단계 구조화 테크닉Fishbone Diagram, 3단계 델파이 테크닉Delphi, 소수의견도 살리는 투표 테크닉의 세 과정을 거쳐 합의된 실행계획까지 확정하게 된다. 만약 당신이 이를 내재화한다면 비즈니스에 사용할 강력한 보검을 손에 넣은 것과 진배없다.

왜 만났는지 미래지향적으로 물어라

팀 미팅의 목적은 크게 두 가지로 나눌 수 있다. 첫째는 목표를 달성할 실행계획을 수립하는 것이고, 둘째는 발생된 이슈의 원인을 찾는 것이다. 전자를 과제중심적 미팅이라 하고, 후자를 문제중심적 미팅이라고 한다. 어떤 팀 리더는 "어떻게 하면 내년도 목표 100억을 달성할 수 있을까?" 식의 질문을 던지고 어떤 팀 리더는 "왜 올해 실적이 50억밖에 안 되느냐?" 식으로 질문을 던진다. 사회심리학자들은 후자의 접근보다는 전자의 접근을 추천한다. 문제중심적 접근은 과거지향적이다. 항상 문제가 던지는 사고의 한계를 넘어설 수 없다. 반면 과제중심적 접근은 미래지향적이다. 참석자의 창의적인 발상을 불러올 수 있다.

사소한 준비물 + 감성스킬

GDMP는 칠판이 있는 그룹회의를 위한 회의실, 소그룹끼리 마주보도록 놓인 테이블, 손바닥만 한 포스트잇 개인별 1권, 팀별 전지 3장 이상, 전지를 붙일 테이프, 적색·노란색·청색의 삼색 원형스티커, 삼색 화이트보드 마커, 개인별 유성펜 한 자루 등의 물리적 준비물이 필요하다. 그러나 이 준비 못지 않게 성공적인 미팅을 위해 준비해야 할 필수적 요건이 하나 더 있다. 바로 회의를 매끄럽게 진행할 퍼실리테이터Facilitator이다. 퍼실리테이터는 회의나 워크숍처럼 여러 사람이 공유한 목표를 효과적으로 달성할 수 있도록 회의과정을 설계하고 참여를 유도하여 좋은 결과를 도출해내는 사람이다. 따라서 훈련받은 퍼실리테이터는 GDMP를 성공적으로 진행하기 위해 꼭 필요하다. 퍼실리테이터에게는 뛰어난 감성지능과 커뮤니케이션 스킬이 필요하다.

한 개의 뇌보다 열 개의 뇌가 빠르다
준비가 되었다면 이제 팀미팅을 진행해보자. 미팅은 적어도 5명 이상은 되어야 효과적이다. 노련한 퍼실리테이터가 없다면 팀장이 역할을 대신한다. 결과물을 쉽게 옮길 수 있도록 전지 2장을 붙여 벽면에 마련한다. 그 위에 모두가 볼 수 있도록 커다란 포스트잇에 토의하고자 하는 과제를 적어서 우측 중앙 끝에 붙인다. 그리고 참석자들에게 제시된 과제를 달성하기 위한 아이디어를 브레인스토밍하도록 요청한다. 브레인스토밍은 아래와 같은 룰을 지켜야 한다.

- ✔ 포스트잇 한 장에는 하나의 아이디어만 쓴다. 아이디어는 주어나 목적어+실행동사로 표현되어야 한다. (예: xxx를 실시한다) 이를 실행아이디어라 부르자.
- ✔ 처음 5분간 풍성한 아이디어를 마구 써내도록 한다. 나온 아이디어가 1인당 평균 5개 이하라면 시간을 좀 더 주고 아이디어를 더 써내도록 압박한다.
- ✔ 진행 중에 토론은 없다.
- ✔ 사고의 확장을 촉발할 스토리를 계속 던진다. (예: 내부자원에 국한하지 마시고 외부자원도 생각하세요!)
- ✔ 제시된 아이디어에 대한 어떠한 평가도 해서는 안 된다.
- ✔ 모든 사람들이 적극 참여하도록 유도하여야 한다.
- ✔ 제출된 포스트잇을 전지 왼쪽에 붙인다.

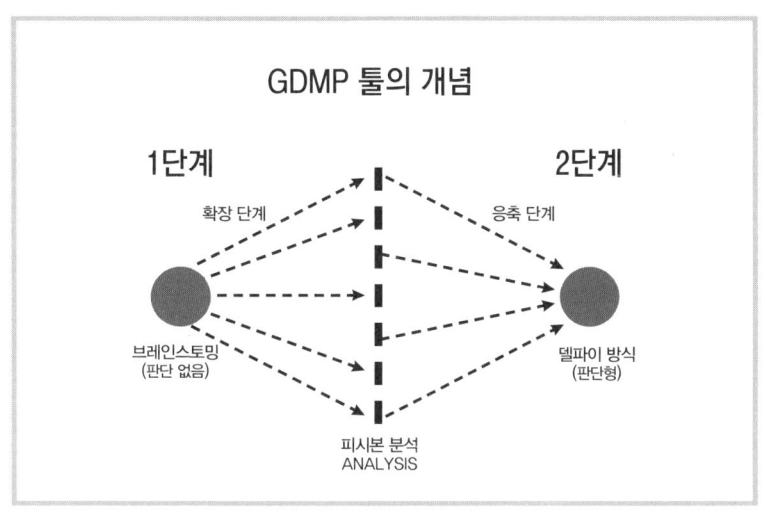

생각을 구조화하라

브레인스토밍을 마치면 다음은 GDMP 방법론에서 가장 힘든 단계인 구조화 단계이다. 이 단계의 테크닉은 일본의 TQM(총체적 품질관리) 방면에서 구루 중의 한 사람인 가오루 이시가와 Kaoru Ishikawa가 창안한 피시본 Fishbone, 차트가 생선뼈처럼 생겨서 일컬어진 이름 차트를 사용한다. 창안자의 이름을 따서 이시가와 차트라 부르기도 하고, 미국에서는 원인 & 결과도 Cause & Effect Diagram라고도 부른다.

피시본 차트를 이용하는 방법을 그림과 세부과정을 통해 상세하게 살펴보자. 잘 따라가면 흐트러져 있는 생각들을 구조화할 수 있다. 다음 페이지의 그림처럼 과제를 우측머리로 하여 중간에 긴 수평선 등뼈를 그린다. 그리고 팀원들이 왼쪽에 모아 붙여 놓은 포스트잇을 하나씩 떼어내어 분류를 시작한다.

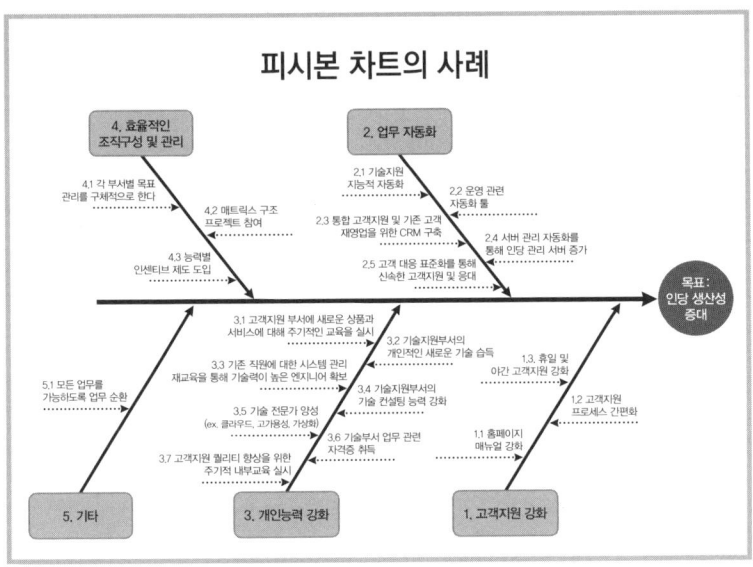

✔ 유사한 실행아이디어는 작성자의 동의를 구하여 하나만 남긴다. 한 장에 기록된 복수의 실행아이디어는 작성자에게 두 장으로 분리하도록 요구한다.

✔ 너무 자세한 실행아이디어는 작성자들의 동의를 구하여 한 단계 높은 포괄적 개념으로 재작성한다. 유의할 사항은 반드시 작성자들의 동의를 구해야 한다는 것이다. 해당 아이디어를 쓰지 않은 제3자 의견은 2차적 참조사항이다.

✔ 제출된 포스트잇을 생선뼈의 위 또는 아래 구역에 붙이되, 옆의 가지뼈들은 모든 분류가 완성된 다음에 연결하여야 수정이 없다.

✔ 유사한 실행아이디어의 집합을 대변할 실행카테고리명(레벨 1의 개념)을 포스트잇에 써서 끝단에 붙이고 그 밑에 종속된 실행아이디어(레벨 2의 개념)들을 위치시킨다.

✔ 과업달성을 위한 카테고리는 5~8개로 한정하고, 하나의 실행카테고리 밑의 실행아이디어 역시 5~8개를 넘지 않도록 한다.

- ✔ 만약 레벨 2의 실행아이디어가 8개를 넘으면 두 개의 실행카테고리 항목으로 분리한다. 실행카테고리 역시 8개가 넘어가면 또 다른 전지를 만들어 새로운 피시본을 그릴 수 있다. 그러나 가능하면 8개를 넘기지 않는 것을 원칙으로 하자.

다수의 의견에 집중하라

그리스의 도시국가 델파이에는 전쟁과 예언의 신인 아폴로의 신전이 있다. 이곳은 아폴로 신으로부터 신탁을 받는 신전으로, 신전의 뒤편에는 커다란 굴이 있다고 알려져 있다. GDMP에서 우선순위를 정하는 방법을 '델파이 테크닉'이라 부른다. 델파이를 채용한 이유는 "불특정다수의 의사결정은 신의 섭리를 드러낸다."는 믿음에서 출발하였기 때문이다. 민심이 천심이라는 우리 말과 같다. 합리적으로 추출된 다수의 의견 속에 좋은 길이 있다고 믿는다.

피시본이 완성되면 많게는 64개, 적게는 20~30여 개의 실행아이디어가 도출된다. 회사의 한정된 자원으로 모든 아이디어를 다 실행에 옮길 수는 없으니 가장 중요한 것을 선택해야 한다. 최종으로 결정된 3~5개의 아이디어가 전체의 아이디어에 어떤 형태로든 연관되어 있으니 실행항목이 적더라도 걱정할 필요는 없다. 다음과 같이 진행한다.

- ✔ 참석자 모두에게 적색·노란색·청색의 원형스티커를 각각 1장씩 부여한다. 적색·노란색·청색은 각각 3, 2, 1점으로 할당한다. 인원이 적 경우에는 5, 3, 1점을 부여하여 격차를 늘린다.
- ✔ 모든 팀원이 가장 중요하다고 생각하는 실행아이디어부터 적색, 다음은 노란색, 다음은 청색 순으로 붙이되 한 가지 실행아이디어에 중복해서 붙이지 말아야 한다. 동전형 색지스티커는 문방용품점에서 쉽게 구할 수 있다.

✔ 아이디어는 포스트잇 위에 붙이는 것이 좋다. 그래야 포스트잇을 옮겨도 점수 산정이 가능하다.
✔ 모두 할당된 스티커를 붙이면 각 포스트잇의 점수를 환산하여 표시한다.
✔ 이렇게 산출된 점수의 1위부터 3위, 여력이 있다면 5위까지를 1차 실행아이디어로 결정한다.
✔ 소수의견: 등수에 들지 않은 아이디어 중에 팀원 누군가가 적색스티커를 붙인 것이 있다면 무시하지 말고 항시 기록을 남겨두고 참고할 수 있도록 한다. 이런 소수의견이 상황을 돌파할 비방이 될 수도 있다. 나는 조직에서 소수의견을 어떻게 받아들이는가로 조직의 성숙도를 판단한다.

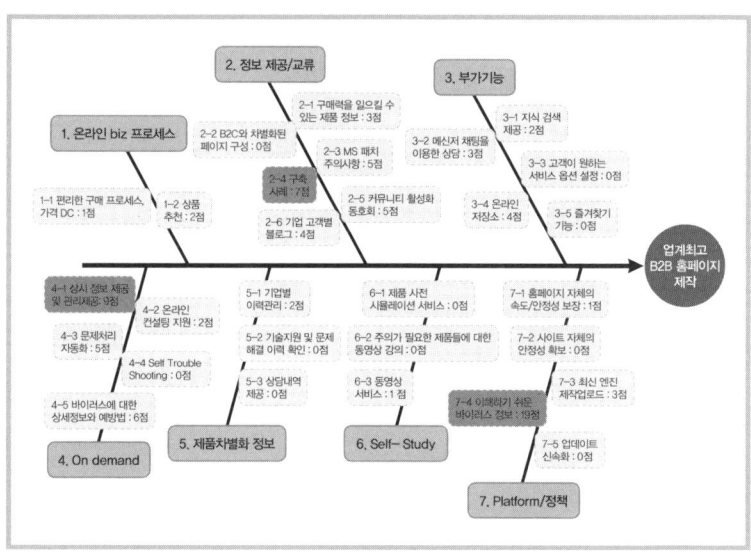

구체적으로 계획을 세우고 담당자를 지정하라

선정된 실행아이디어에 관리번호를 부여한다. 해당 실행아이디어에 적어도 세 개씩 서브 태스크Subtask를 결정하고 누가 언제까지 실행할지를 정하라. 서브 태스크를 당장 결정하기 힘들다면 담당자라도 정하여 향후 태스크를 연구해오는 일정이라도 정해야 한다. 아래는 간단한 실행계획이 기록된 서브 태스크 테이블의 예이다.

순위	실행아이디어 및 서브 태스크	납기	담당자

1	1. 이해하기 쉬운 바이러스 정보 제공
	  1-1. 편집위원 선정
	  1-2. 원고 초안 작성
	  1-3. 웹 등재
		3/21
		5/15
		7/30
			방정현
			금기대
			고은비

2	2. 온디멘드 상시정보 제공 및 관리기능 제공
	  2-1. 정보 ITEM 선정
	  2-2. 정보관리기능 구조화 및 UI 설계
	  2-3. 용역 파트너 선정
		3/말
		4/말
		5/30
			정익수
			임상래
			김광수

3	3. 안전한 IT환경 구축사례
	  3-1. 표준 양식 디자인
	  3-2. 성공사례 조사
	  3-3. 사례 작성 및 웹 등재
		3/27
		6/30
		8/30
			정준우
			정백민
			김철규

    GDMP 방법론을 따라가다 보면 아이디어의 생성과 선정과정이 민주적으로 진행됨을 알 수 있다. 예전에는 몇 시간씩 토론하여도 결론이 나지 않던 일들이 단 30분, 혹은 1시간 안에 실행계획까지 도출되는 신기한 체험을 하게 될 것이다. 과정이 민주적이기 때문에 GDMP 방법론을 기업에 도입하려면 기업문화의 변화가 선행되어야 한다. 직원존중의 문화, 오픈된 조직문화로 변화해야 한다. "열려 있다면 배움은 양방향이고, 지혜는 배가 된다."는 말을 새겨야 한다.

    한 가지 유의할 사항은 버클리대 어빙Irving I. Janis 교수가 경고했던 '그룹사고Groupthink의 문제'이다. 즉, 단체가 정한 내용은 도덕적으로 옳고 결정은 불가침이라는 생각, 가정에 대한 재고 무시, 동의하지 않는 자에 대한 증오, 의식을 품는 사람에 대한 압력, 무기명·무책임의 환상에 빠지지 않도록 유의하여야 한다.

비즈니스 핵심 스킬

효과적인 회의는 당신에게 달려 있다

조직이 크고 복잡할수록 부서 간 회의가 많아진다. 회사가 잘 돌아가지 않을수록 회의도 많아진다. 회사가 관료적이면 하루 종일 회의만 하다가 실행을 옮길 시간이 없어지는 경우도 있다. 효과적인 회의를 진행하기 위해서 회의의 주최자는 다음의 네 가지 질문에 답해야 한다.

- 회의의 목적이 무엇인가?
- 왜 하는가?
- 회의의 성공을 판단할 산출물은 무엇인가?
- 참석자들은 누구를 초대해야 하는가?

회의소집시간에 합의하였고 일정이 통보되었다면 참석대상자는 5분 전에는 회의장에 착석해야 한다. 회의에 항상 늦게 얼굴을 들이미는 사람이 일을 열심히 해서 늦는다고는 아무도 생각하지 않는다. 성실하지 못하다는 인상만 줄 뿐이다. 당신이 사장이라면 이야기가 달라질 수도 있지만 말이다. 회의가 시작되면 대개 주최자가 진행을 맡게 된다. 유의할 사항은 다음과 같다.

1. 회의 준비사항을 체크한다. 음료, 빔, 칠판, 배포물 등.
2. 참석자를 소개한다.
3. 미팅의 결과인 산출물을 설명한다. 필수적인 산출물이 있다면 그것은 반드시 결론을 내야 함을 강조하라.
4. 마침시간을 정하고, 시간을 넘길 경우의 대안을 설명하라.

5. 미팅의 원칙(돌아가면서 발표하기, 휴대폰 전원 끄기 등)에 대하여 다짐하라.
6. 결과를 요약하고 실행계획을 합의하라.

회의를 마치고 동료들끼리 삼삼오오 모여 "작년과 똑같은 이야기가 반복되고 있지만 바뀐 것이 하나도 없다."고 푸념하는 것을 듣곤 한다. 경영자의 리더십도 문제이지만 이러한 자괴감은 팀 전체의 문제이기도 하다. 실행과제를 게시판에 게시하고 진행사항을 지속적으로 체크하는 기업문화가 없다면 회사에는 패배감에 젖은 직원만 남게 될 것이다.

16
조직적으로 학습하라

자아성찰 프로그램인 애니어그램의 기본과정 프로그램에 아내와 함께 참석한 적이 있다. 조그만 빌딩 강의실에 다양한 성장 배경을 가진 25명 정도의 사람들이 모였다. 주말 오후 반나절씩 이틀 참석하는 워크숍이었다. 첫날부터 대뜸 숙제 같은 질문을 받았다. 질문은 이런 것이었다. "나는 누구인가?" 물음에 대한 답을 스스로 쓰는 것으로 시작되었다. "나는 _____이다."라는 문장의 밑줄에 자신을 설명할 수 있는 내용을 여러 줄 쓰는 일은 생각보다 쉽지 않았다. 나는 이정규, 결혼한 남자, 두 아들의 아버지, 회사 대표, 일주일에 한 번씩 회사에서 외박하는 사람, 영업을 오래 한 사람, 등산/캠핑/카약/와인/차를 좋아하는 사람, 매일 공부하는 사람, 호기심이 많은 사람, 멘토가 되려는 사람, 잠을 잘 자는 사람, 여행을 즐기고 균형을 중히 여기는 사람. 12줄을 간신히 채웠다. 글을 채워넣고 보니 내가 참 상상력이 모자라는 사람이 되었다는 생각이 들었다.

답을 다 쓰자 강사는 이제 참석자 모두 돌아가면서 자신이 쓴 내용을 읽어보라고 했다. 앗! 시킬 줄은 몰랐다. 그러면 좀 더 폼 나는 내용을 쓸 걸, 아뿔싸 하는 생각이 들었다. 첫 번째로 젊은 여성이 일어났다. "나는 죽고 싶은 사람이다. 나는 항상 우울한 사람이다. 나는 친구가 피하는 사람이다." 듣는 이가 걱정될 정도로 고단한 삶을 살아가는 듯, 그녀는 자신에 대해 차분히 읽어 내려갔다. 강사는 자신의 상처를 남에게 솔직하게 고백함으로써 오히려 치유할 수 있다고 말해 주었다. 그 말에 마음 깊이 동의한다. 자신의 상처와 열등감을 털어 놓는 순간 마음의 짐이 덜어지는 경험은 나도 겪어보았기 때문이다. 강사가 다음 분에게 순서를 넘겼다. 다른 중년의 여성이 생글거리며 일어섰다. "나는 행복한 사람이다. 나는 항상 즐거워야 되는 사람이다. 나는 주위 사람이 좋게 생각하는 사람이다." 아니, 이렇게 대비가 될 수 있을까? 모두 자기성찰을 위해 자발적으로 교육에 참여한 사람들일 텐데 마음의 색깔이 저마다 달라도 너무 다르다. 이렇게 다른 사람들이 모이면 매사에 부딪히고 힘겨울까? 아니, 배울 것이 더 많다.

학습이 소통이다, 서로 다름을 학습으로 다스려라
회사를 경영하면서 가장 어려움을 느끼는 점은 직원 간의 갈등을 푸는 일이다. 동류同類는 동류同流를 부른다. 어느 조직이든 시간이 지나면 마음의 공명이 있고 없음을 서로 알아보고 상대에게 호불호의 마음을 가지게 된다. 통하는 사람과 있으면 마음이 편하고 불통하는 사람과 있으면 거북해서 그 자리를 빨리 떠나고 싶어진다. 이는 아주 자연스럽고 인간적인 현상이다. 문제는 이것이 조직의 건강한 생존에 독이 된다는 것이다. 비슷한 성정의 사람들로만 이루어진 조직은 겉으로는 좋아 보이지만 환경변화에 쉽게 부서져버린다. 익숙하지 않은 도전에 대한 대안을 조직 안에서 찾을 수 없기 때문이다.

이러한 문제를 극복하기 위하여 조직이 갖추어야 할 기업문화가 학습조직이다. MIT의 피터 센지Peter M. Senge 교수는 "학습조직이란 구성원들이 진정으로 원하는 결과를 얻기 위해서 끊임없이 자신의 능력을 확장시키고, 새롭고 폭 넓은 사고를 하며, 미래의 비전을 달성하겠다는 공동의 열망이 자유롭게 추구되고, 함께 학습하는 방법을 지속적으로 배우는 조직"이라고 정의했다. 멋진 글로 정의가 잘되어 있지만 쉬운 말이 아니다. 나는 학습조직을 아래와 같은 세 가지 요건으로 정의한다.

- ✔ 상대의 다름이 틀림이 아니라는 오픈마인드를 가진 조직문화
- ✔ 누구에게든 서로 배움을 청하고 동료로부터 배우는 조직문화
- ✔ 항상 새로운 시도를 하고 끝없이 지식을 내재화하는 조직문화

한 기업의 기술과 전략은 쉽게 훔쳐갈 수 있다. 그러나 내재된 기업문화를 훔쳐갈 수는 없다. 회사가 재난으로 다 부서져버렸다고 하더라도 구성원이 건재하면 기업은 금방 정상운영을 할 수 있다. 기업의 구성원 모두가 위와 같은 학습문화를 체화하였다면 조직은 끊임없이 성장하고 구성원들의 충성심도 높아질 것이다. 각자 다른 개성과 사고관과 능력을 가진 직원들은 학습문화를 통해 소통하고 화합하며 조직을 키워나갈 수 있다. 모자라는 CEO가 종업원 간의 무모한 내부 경쟁을 부추기고 갈등을 증폭시킨다. 팀끼리 경쟁하는 조직 안에서는 어떠한 정보도 공유되지 않으며 학습의 시너지 효과도 기대할 수 없다.

어떻게 학습하는 조직으로 만들 것인가?

학습조직을 만들어가기 위해 세 가지 절차를 제안한다. 첫째, 직원이 자발적 학습프로그램을 만들고 참여하게 하는 프로그램을 구축하라. 예를 들면 스터디 그룹, 도서 지원, 외부강사 초대, 정기적인 세미나 프로그램, e-러닝 프로그램의 사용환경들이 고려될 수 있다. 둘째, 롤 모델이 되는 스킬매니저를 임명하고 학습문화 성숙도 지표와 지식축적의 인프라를 관리하라. 스킬매니저는 필수스킬의 선정, 유료교육의 효과성 평가, 전사 직원 스킬지표 평가 및 목표관리, 지식관리시스템의 도입 및 운영 등을 주관할 수 있다. 셋째, 내재된 학습이 비즈니스 성과와 연결되도록 촉진하는 보상프로그램을 운영하라. 학습내용의 문서 및 출판, 신규사업의 구상, 교재의 제작 및 판매, 구루 프로그램 및 등록된 지적재산권에 대한 보상 등이 고려될 수 있다.

영화 〈죽은 시인의 사회〉 중에서 오래도록 기억에 남는 장면이 몇 군데 있다. 한 장면은 교실 밖의 공터에서 학생들이 스스로 발을 맞추어 걷는 상황을 통해 획일화의 위험을 경고하는 장면, 또 다른 장면은 학생들을 책상 위에 오르게 하여 세상을 다른 시각으로 바라보게 하는 장면이다. "내가 왜 이 위에 섰는지 이유를 아는 사람? 이 위에 선 이유는 사물을 다른 각도에서 보려는 거야. (중략) 어떤 사실을 안다고 생각할 때 그것을 다른 시각에서도 봐야 해. 바보 같고 틀린 일처럼 보여도 시도를 해봐야 해." 키팅 선생의 대사가 지금도 선명하게 남아 조직의 학습문화에 대한 메시지로 울린다. 바람직한 학습문화의 적은 바로 획일화의 추구이다. 오직 같은 관점을 가진 사람에게만 곁을 내 주는 리더는 큰 화를 불러 일으킨다. 그들에게는 키팅 선생과 같은 개방된 관점이 필요하다.

임진왜란의 교훈을 후대에 전하고자 지은 유성룡 대감의 《징비록》에는 이순신 장군과 원균의 태도에 대한 코멘트가 나온다. "이순신이 한산도에 머무르고 있을 때 운주당이라는 집을 지었다. 그는 그곳에서 장수들과 함께 밤낮을 가리지 않고 전투를 연구하면서 지냈는데, 아무리 졸병이라 하여도 군사에 관한 내용이라면 언제든지 와서 자유롭게 말할 수 있게 했다. 그러자 모든 병사들이 군사에 정통하게 되었으며, 전투를 시작하기 전에는 장수들과 의논하여 계책을 결정하였던 까닭에 싸움에서 패하는 일이 없었다." 반면 원균은 이순신 장군이 시행한 제도를 모두 바꾸고 신임하던 장수와 병사들도 다 쫓아냈다. 운주당에는 첩을 데려다 놓아 울타리를 치고 지내므로 얼굴을 볼 수도 없었고, 술주정이 다반사라 지휘관으로서의 품위와 명령이 지켜지질 않았다고 한다. 이순신 장군은 자신의 능력뿐만 아니라 타인의 능력과 지혜까지 구하는 오픈된 학습문화를 가지셨던 위대한 분이었다. 딥 스마트가 본받아야 할 자세이다.

17
괴상하고도 비상한 프로젝트 관리비법

한때 내 꿈은 컨설턴트였다. 배움의 열망이 컸던 시절인 94년, 나는 일본 동경에서 두 미국인 컨설턴트로부터 교육을 받았다. 일본 수강생들과 함께 영어로 수업을 들었는데 영어에 대한 핸디캡 때문인지 그들은 거의 질문도 하지 않았고 강의 후 강사와의 교류도 없었다. 나는 강사들에게 수업 후 만남을 제안해 바에서 맥주를 겸한 저녁식사를 함께했다. 맥주 몇 잔이 돌고 분위기가 화기애애해졌을 때, 나는 미리 생각한 질문을 던졌다. "훌륭한 컨설턴트가 되기 위해서는 무엇이 필요한가요? 선배님께서 25년 이상 컨설팅을 하시면서 깨달은 귀중한 무언가가 사금처럼 남아 있을 터인데, 제게 전수해 주실 수 없습니까?" 질문을 받은 한 컨설턴트가 씨익 웃으며 물었다. "오늘 맥주값 네가 다 낼 것이냐?" 내가 선뜻 예스를 외치자 그는 한동안 주저하며 골똘히 생각하다가 입을 열었다. 나는 잽싸게 테이블에 놓여 있던 냅킨을 펴고는 키워드를 받아 적었다. 역시 좋은 말씀은 이런 자리에서 전수되는구나!

그분의 말씀은 이러했다. 자신이 깨달은 훌륭한 컨설턴트는 세 가지 지침을 잘 지키면 된다는 것이다. 이는 컨설턴트뿐만 아니라 조직을 관리하는 팀장이나 프로젝트 매니저에게도 마찬가지로 유용한 가르침이라고 했다. 그러면서 이렇게 덧붙였다. "이 지침은 너무 심오해서 일반 사람들한테는 오해를 불러일으킬 수 있으니, 자네만 알고 있게!" 나는 그때 냅킨 위에 메모한 그 가르침을 지금도 외우며 명심하고 있다. 비록 그것이 컨설팅에 관련된 교훈이었지만 조직관리에 있어서나 프로젝트를 관리하는 데 있어서 동일한 지침으로 활용될 수 있다고 믿는다. 세 가지 지침은 다음과 같다.

> **프로젝트 관리, 이렇게 하자**
>
> - 내일 할 수 있는 일을 오늘 하지 마라!
> - 남이 할 수 있는 일을 네가 하지 마라!
> - 받은 만큼만 일해라!

세 가지 지침을 듣는 순간 나는 머리를 한 대 얻어맞은 것처럼 망연자실해졌다. 성실과 정직과는 거리가 멀게만 느껴지는 괴변처럼 들렸기 때문이다.

조바심을 내지 말고 기한 내에 제대로 하라

하나씩 살펴보자. 먼저 내일 할 일을 오늘 하지 마라 Don't do what you can do tomorrow! 많은 컨설턴트는 내일 할 수 있는 일임에도 조바심에 미리 그 일을 앞당겨 하려는 습성을 가졌다. 이는 프로젝트 구성원을 과로에 시달리게 만들 수 있다. 사람-일수 Man-Month 기반으로 금액을 산정한 프로젝트의 경우 납기보다 일을 일찍 마치는 것은 고객으로 하여금 서비스 금액에 의문을 갖게 만든다는 것이다. 때때로 컨설턴트가 고객의 과제를 즉시 해결할 방법을 제시할 수 있더라도 계약된 기간에 맞추어 해답을 내는 것이 더욱 현명하다는 코멘트도 덧붙였다.

컨설팅에는 프로세스 컨설팅과 콘텐츠 컨설팅이 있다. 전자는 컨설팅 방법론에 기초하여 고객과의 인터뷰와 워크숍을 통해서 단계별로 해결책을 찾아가는 것이다. 이는 실제로 과제를 안고 있는 클라이언트가 해답도 가지고 있다는 가정에서 출발한다. 프로세스 컨설팅은 퍼실리테이터라는 컨설팅 전문가가 성공의 핵심이다. 이들은 유사한 컨설팅 경험을 통해서 어떻게 과제에 접근하고 길을 찾아야 하는지 아는 훈련이 잘된 사람들이다. 이들의 가이드에 따라 일을 진행하면 클라이언트들 스스로 해답을 찾아 결론에 도달한다. 최근에 각광받는 '트리즈TRIZ' 창의성 방법론이 이런 유형에 속한다. 러시아에서 개발된 트리즈는 문제를 해결하는 창의적 방법을 체계적으로 제시하여, 이를 따라가다 보면 새로운 해결책을 찾는 데 도움을 얻을 수 있다. 특히 엔지니어링 문제를 풀 때 많이 활용된다.

반면 콘텐츠 컨설팅은 과제를 보면 도사처럼 '척 보면 해법을 아는' 컨설팅이다. "용접이 왜 잘 안 되는지 모르겠어요.", "왜 시스템이 자꾸 다운되는지 모르겠어요."와 같은 일들이 이러한 과제에 해당된다. 해당 분야에 오랜 경험을 가진 이들은 실무자의 작업을 옆에서 관찰함으로써 이러한 문제에 대한 해결책을 바로 제시할 수 있다. 그들은 도사처럼 즉시 문제를 집어서 해결해내기도 한다.

그러나 비즈니스 컨설턴트들이 도사처럼 공짜로 문제를 해결해 주고

"착하게 잘 살도록 해라!"하고는 뻥! 연기처럼 사라진다면 돈을 벌 수 없다. 이들은 "아! 문제가 쉽지는 않습니다. 그러나 해결은 할 수 있을 것 같습니다. 저에게 독립된 방과 약 1달간의 시간을 주십시오. 반드시 해결토록 하겠습니다!"라고 말한다. 물론 컨설팅 계약금액과 함께 말이다. 이들은 방문을 잠가 놓고 안에 처박혀 책상 위에 문서를 높게 쌓아 놓은 채 시간을 때울지도 모른다. 그리고 이들은 정해진 시간을 다 채우고는 문을 박차고 나오며 외친다. "드디어 문제를 해결했습니다! 철판의 단면각도가 5도 이상이어야 합니다.", "시스템 부팅 프로그램의 파라미터가 -f가 아니라 -p여야 합니다." 이들이 이렇게 행동하는 이유는 뭘까? 오랜 시간을 보내지 않고 계약도 안 하고 바로 해법을 이야기해 준다면 클라이언트가 기꺼이 돈을 주기를 꺼린다는 것을 잘 알고 있기 때문이다.

타인의 존재가치를 남겨두어라

남이 할 수 있는 일을 네가 하지 마라Don't do what others can do! 이 말의 의미는 뭘까? 프로젝트팀은 다양한 경력과 역량을 보유한 다기능팀이어야 한다. 다기능팀이란 서로 다른 역할을 가진 사람이 전체 업무를 분업으로 나누어 갖고 최선의 결과물을 만들어내는 팀이다. 마치 영화제작팀과 같다. 기획, 대본, 소품, 재무, 감독, 배우, 섭외, 의상, 조명, 촬영, 액션 등등의 서로 다른 역량과 업무를 담당하는 사람들이 하나의 목적을 위하여 협력한다. 이러한 다기능팀에서 남이 맡은 일을 내가 해버리면 상대방의 존재가치를 떨어뜨림은 물론 자신의 과업을 위한 시간을 허비하게 된다. 또한 조직의 구성도 최적화되어 있지 않다는 것을 반증한다. 남이 해야 하는 일을 내가 하고 있다는 것은 프로젝트팀의 구성 자체에 문제가 있다는 것이니 해당 직무에 맞는 적절한 역량과 경험을 갖춘 프로젝트팀이 구성되도록 초기 인원 선발단계부터 관리자가 참여해야 한다.

영업전선에 있을 때 다섯 명의 영업사원이 같은 팀에서 일한 적이 있다. 각자 담당고객이 달랐다. 담당고객에게서 생기는 매출이 개개인의 목표였다. 내가 잘하기 위해 한정된 기술인력의 지원을 독점으로 받으려고 안달했다. 모든 팀원의 매출 총합이 팀장의 매출 목표였다. 팀장은 팀원들 간의 팀워크를 강조했지만 사실상 팀원은 동료가 아니라 경쟁자였다. 영업제안서도 공유하지 않았다. 팀은 인사관리의 용이성 차원에서 5명으로 묶어진 이유 외에는 서로 아무 도움도 되지 않았다. 회식비를 공유하는 것 말고는 특별한 가치가 없었다. 프로젝트팀은 이와 같아서는 안 된다. 프로젝트팀은 특정 클라이언트의 가치를 증대시키는 프로세스에 관여된 직원들, 예를 들면 마케팅, 영업, 개발, 기술지원, 유지보수, 긴급대응, 법률, 행정 담당자들이 같이 일 할 때 팀이라 부를 수 있다. 이것이 고객중심적 조직이다. 많은 회사가 이를 잊고 단순히 내부 인사관리를 쉽게 하는 차원에서만 조직을 만든다.

추가해주는 것을 미덕으로 생각하지 마라

받은 만큼 일해라Don't overwork above what you got paid! 언뜻 들으면 이기적으로만 들리는 이 말의 참뜻을 살펴보자. 서비스 초기에 분명치 않던 고객의 요구사항은 시간이 지나갈수록 더욱 많아지기 마련이다. 고객 협상력이 떨어지는 프로젝트 관리자는 추가적인 수익이 없는 과도한 일을 멤버들에게 전가시키는 경향이 있는데 그럴수록 고객의 요구는 더욱 거세진다. 이는 프로젝트의 납기를 지연시킴은 물론 수익성과 직원의 사기를 떨어뜨린다. 이러한 관리자 밑에서는 팀원들이 결국 오래 버티지 못하고 프로젝트 중간에 이직을 하고 만다. 설령 책임감이 큰 팀원이라 할지라도 프로젝트 종료와 함께 품에 고이 간직해둔 사직서를 던지게 될지도 모른다.

컨설팅부서장을 맡고 있을 때였다. 한 대기업에 파견 나가 있던 팀의 직원들로부터 불만의 소리가 접수되었다. 팀 리더가 고객의 요구사항을 거르지 않고 자꾸 받아들이는 바람에 너무 힘들다는 것이다. 직접 나가 확인해보았다. 고객을 만났다. 팀장에 대하여 아주 높은 만족도를 보였다. 이야기를 잘 들어주니 그런 평가는 예상된 결과였다. 팀원을 만났다. 당장 그만두고 싶다고 하소연한다. 그나마 책임감이 있는 직원마저도 이 프로젝트가 끝나자마자 그만두겠다는 것이다.

그런데 팀장은 팀원들에게 불만이었다. 서비스가 진행되면서 고객의 요구사항이 바뀌는 것은 당연한데 요구사항이 계약초기와 달라졌다고 수용하지 않으면 장기적인 비즈니스 관계가 되겠냐는 것이다. 그러면서 내게 팀장이냐 팀원이냐, 결정하라고 한다. 팀장을 내보낼 수는 없었다. 프로젝트 종료 후에 3명이 그만두었다. 그러나 그 팀장도 일을 계속 맡길 수 있는 신뢰를 잃었다. 소문 때문에 팀원 누구도 그 팀장과는 일하고 싶어 하지 않았기 때문이다.

그 프로젝트 팀장의 접근은 균형감각이 없었다. 프로젝트의 리더는 고객과 팀원, 그리고 회사 사이에서 프로젝트의 성공은 물론 계속사업에 대한 책임을 져야 하는 야전군 사령관이다. 고객의 요구를 계속 수용하면서 팀원의 관리에 실패하면 새로운 직원을 뽑는 대체비용은 급격히 늘어날 것이다. 고객과 팀원에게도 이해를 구하는 과정이 필요하다. 결국 리더의 균형감이 무엇보다 중요하다.

다른 세 가지 대응원칙을 반드시 기억하라

다시 이야기를 처음으로 돌아가자. 대화를 나눈 그 외국 컨설턴트로부터 위의 세 가지 구결을 듣고 나는 잘 이해했다고 전했다. 그러자 강사는 이야기의 반만 했다며 세 가지 대응원칙을 덧붙였다. 위의 원칙은 대응원칙들과 반드시 균형을 이루어야 한다는 것이다. 그렇지 못하면 오히려 더 큰 문제를 유발한다고 주의를 주었다. 물리학에 반물질이 있듯이 전술한 원칙과 아래의 원칙이 균형을 잘 유지해야 한다는 뜻이다.

- ✔ 첫째, 내일 할 수 없다면 반드시 오늘 한다.
- ✔ 둘째, 남이 할 수 없다면 가르쳐서 해내거나 당신이 직접 해야 한다.
- ✔ 셋째, 일을 더 했다면 보상을 요구한다.

이제야 말이 좀 그럴듯하게 들리는가? 또 하나씩 풀어보자. 첫 번째, 일정을 맞추기 위하여 오늘 해당 과제를 완료해야 한다면 반드시 해내야 한다는 것이다. 두 번째, 타인에게 과업 위임을 할 수 없다면 해낼 수 있도록 교육을 해 준다. 만약 시간에 쫓긴다면 내가 직접 해내야 한다는 뜻이다. 세 번째, 계약된 공수 이상의 과업을 수행하였다면 그 대가를 요청하거나 추후 2차 사업에서 보전토록 고객을 감성적으로나마 빚쟁이로 만들어야 한다는 것이다. 앞에서 살펴보았던 다소 엉뚱하게 들리는 세 가지 원칙보다 위의 세 가지 원칙이 좀 더 이해하기 쉬울 것이다. 앞의 세 가지 원칙이 쉬웠다면 당신은 분명 내공이 출중한 딥 스마트로서의 자질이 있다.

이상의 컨설턴트의 세 가지 행동지침은 조직의 관리자나 선임직원들에게도 유용한 가르침이 될 수 있다. 당신이 1년이 넘도록 매일 저녁 야근을 하는 관리자 밑에 있다면 빨리 그 팀을 벗어나는 게 좋을 것이다.

징기스칸의 명언에는 이런 말이 기록되어 있다고 한다. "예순베이는 참 훌륭한 용사다. 아무리 오래 싸워도 지치지 않고 피로할 줄 모른다. 그래서 그는 모든 병사가 자기 같은 줄 알고 성을 낸다. 그런 사람은 지휘자가 될 수 없다." 이 말을 읽고 나는 징기스칸이 어떻게 알렉산더가 정복한 왕국의 3배가 넘는 영토를 수백 년 동안 통치할 수 있는 굳건한 왕국의 시스템을 만들었는지 조금 이해할 수 있었다. 리더는 조직을 구성한 인간의 속성을 이해하고 잘 유지 관리하면서 목표를 향해 끈기 있게 매진할 수 있도록 하는 강력한 통찰력과 감성관리를 필요로 한다. 이러한 리더십이 없는 관리자는 훌륭한 전사는 될 수 있어도 수백, 수천, 그 이상의 병사들을 통솔하는 훌륭한 지휘관은 될 수 없다. 훌륭한 팀원보다도 훌륭한 관리자가 되는 것이 더욱 힘들다.

간혹 가다가 위의 원칙들을 전달해 주었던 후배들이 수년이 지나서 그 이야기를 다시 해올 때 나는 섬뜩함을 느낀다. 대개는 메시지를 잘못 이해하고 있었기 때문이다. 다른 사람이 그 친구들의 말을 들으면 메시지를 굉장히 왜곡해서 받아들인다. 이유는 뒤에 따르는 세 가지 대응원칙은 사라지고 앞의 원칙만 기억하고 있기 때문이다. 그들이 기억하는 원칙은 "오늘 할 수 있는 일도 내일로 미루고, 내가 할 일도 남에게 미루고, 받은 만큼만 일하라!"라고 곡해하게 만든다. 이 말을 내가 했다고 친절하게 알려 주면서 말이다.

이후로 나는 이 원칙들을 여간 똑똑한 후배가 아니면 전수하지 않는다. 중국 무협지에 자주 등장하는 말 중에 '주화입마走火入魔'라는 말이 있다. 자격이 못 미치는 무사가 무림비급을 연마하다가 혼을 놓고 정신병이 들어 미쳐서 돌아다니는 상황을 이르는 말이다. 오늘 나는 글로써 당신에게 고수로부터 배운 무림비급을 전달하지만, 잘못 수련하여 주화입마에 빠지는 일이 없어야 한다.

18
시스템을 여는
키 메시지를 가져라

고객을 모시고 처음 미국에 출장을 가본 때가 1988년 7월이었다. 렌터카에서 포드사의 차를 빌려 탔다. 운전은 영업사원인 내가 해야 했다. 미국차를 처음 몰아본 나는 당황했다. 핸드브레이크가 보이지 않았다. "이상하다. 오른쪽에 있어야 하는데……." 왼쪽 발로 밟는 풋 브레이크가 잠긴 것을 몰랐다. 차의 힘이 좋으니 차는 잘 나갔다. 그런데 또 이상했다. 10분 정도 운전했는데 어디선가 타는 냄새가 났다. 차를 세우고 내려서 살펴보았더니 앞바퀴에서 무럭무럭 연기가 피어오르고 있는 게 아닌가? 조금만 더 달렸더라면 불이 날 뻔했다. 편의점에 들렀다가 다시 시동을 걸려고 하니 이번에는 핸들이 돌지 않았다. 렌터카에 차가 고장 났다고 전화해 새 차를 받았는데 알고 보니 핸들을 살살 돌려 풀면 될 일이었다. 좌충우돌 미국 부적응기는 여기서 끝나지 않았다. 호텔로 들어가 욕조에 물을 받으며 TV를 보았다. 서울에서는 볼 수 없는 화끈한 프로그램들에 정신이 팔려 있었는데 이상한 낌새에 정신을 차리고 보니 침실까지 물이 흥건히 차 있는 게 아닌가! 깜짝 놀라 욕조의 물을 잠그러 뛰어갔다. 바닥이 물에 잠겨 첨벙첨벙 소리가 났다. 미국의 욕실바닥에는 배수구멍이 없다는 것을 그때 알았다. 접착제로 붙여진 카펫 타일을 뜯어 물을 짜느라 그날 새벽까지 잠을 못 잤다. 다음날 아침 일찍 도망치듯 체크아웃했다. 처음 맞닥뜨린 미국의 시스템은 나를 창피한 실수투성이로 만들었다. 그 호텔 직원의 욕지거리를 상상하면 지금도 얼굴이 붉어진다. 시스템은 가끔 이렇게 사람을 바보로 만든다.

당신은 키 메시지를 갖고 있는가?

한 선배는 전문가의 자질에 대해 이렇게 말했다. "어떤 사람의 특정분야에 대한 지식과 경험이 얼마나 심오한지 확인할 수 있는 방법은 내용을 얼마나 짧은 시간에 이해하기 쉽게 설명할 수 있는가에 있다." 가끔 전문가를 자처하는 사람들이 "나는 이 분야에 대해 며칠이라도 강의할 수 있다."고 자랑하는 것을 보았다. 그들이 오랜 강의를 마친 후에 지금까지 한 이야기를 초보자라도 이해할 수 있도록 5분 메시지로 요약해 달라고 하면 대부분 난감해 한다. 지식은 많지만 5분 만에 일반인도 이해할 수 있도록 핵심을 설명하지 못하니 정말 깨우치고 말씀하는 것인지 의구심이 든다. 전문가가 되기 위해서는 자신이 몸 담은 분야의 키 메시지를 갖는 것이 중요하다.

그래서 나는 수년 동안 학습한 컴퓨터 아키텍처의 키 메시지를 후학들에게 5분 안에 전달해야 한다면 다음의 세 가지를 전해야겠다고 오래 전부터 생각해왔다. 관련 종사자들이 이 법칙들을 제대로 익히고 응용한다면 어떤 시스템을 도입하거나 구축할 때 남다른 분별력과 식견을 가질 수 있다고 굳게 믿고 있다.

변하지 않는 시스템 이론을 기억하라

- 삼정립의 법칙
- 복잡성 불변의 법칙
- 복잡성 증대의 법칙

첫째는 삼정립三鼎立의 법칙이다. 최인호의 소설 《상도常道》에서는 '솥 정鼎'의 세 다리를 재물, 권력, 명예의 개념으로 사용하였다. 시스템에서 세 다리는 하드웨어, 운영체제, 어플리케이션으로 구성되어 있다. 컴퓨터의 성능은 항상 이들 세 가지 요소가 공히 같이 발전하여야 최적화될 수 있다. 그러나 특정 벤더들은 이 중 하나의 기능만을 높여 놓은 다음 총체적 성능이 좋아졌다고 주장한다. 이들은 편향된 벤치마킹 수치를 제시하면서 사용자를 현혹시킨다. 혹자는 이러한 접근을 벤치마케팅Bench-Marketing이라고 부른다.

일례로 64비트 CPU가 시장에 처음 나왔을 때가 그랬다. 최초에는 64비트 컴퓨터가 무엇인지 정의도 분명치 않았다. 나중에 메모리 어드레싱, 레지스터의 사이즈, 시스템 버스 등이 32비트에서 64비트로 확장된 것을 일반적으로 64비트 아키텍처라 정의하였다. 어떤 업체는 이 중에 일부만을 64비트로 디자인한 것을 전부인 양 소비자를 현혹하기도 했다. 나중에는 모두 64비트화된 컴퓨터가 나왔지만 사용자의 어플리케이션 성능은 예전의 32비트와 마찬가지였다. 결국 64비트 컴퓨터는 운영체제, DB와 어플리케이션, 컴파일러 등이 모두 64비트를 지원할 때까지 성능을 혁신적으로 개선하지 못하였다. 식물학에 '최소양분률의 법칙'이 있다. 식물의 성장은 가장 적은 필수 영양소에 종속된다는 이론이다.

컴퓨터의 성능도 이와 같아서 여러 컴퓨터 자원이 고도화되었다고 하더라도 어느 한 부분이 예전과 같다면 전체 성능의 개선은 허구일 수 있다.

둘째는 복잡성 불변의 법칙이다. 물리학에서 에너지 불변의 법칙이 있듯이 IT의 경우도 "사용자가 편해지면 기계가 고생한다."는 법칙이 존재한다. 그래픽으로 사용자 인터페이스가 편리해지고 어플리케이션의 성능도 현격히 개선되었는데 동일한 기계 사양으로도 지원이 가능하다는 벤더의 주장 역시 거짓이다. 컴파일러가 최적화되어 동일 사양의 기계가 갑자기 몇 십 퍼센트 정도의 성능 향상을 보여 줄 수는 있으나, 어플리케이션의 기능이 개선된 소프트웨어를 예전의 하드웨어에서도 동일한 스피드의 성능으로 사용할 수 있다고 말하는 영업사원의 말은 의심해야 한다. 그러므로 사용자가 예전에 비해 월등한 기능과 효익을 바란다면 컴퓨팅 자원에 더 많은 돈을 투자해야 한다. 한편, 기존의 하드웨어가 주변장치나 CPU에 있어서 균형이 안 잡힌 제품인 경우에는 주변장치의 추가(수평 확장)나 CPU의 개수 추가(수직 확장)를 통하여 성능을 최적화시킬 수 있고, 큰 부담 없이 업그레이드된 어플리케이션을 운영할 수는 있다. 그러나 비용 지불의 희생이 없는 효익은 IT의 세계에서도 있을 수 없다.

셋째는 복잡성 증대의 법칙이다. 컴퓨팅 자원이 많아지면 관리복잡도 역시 당연히 올라가는 것이 상식이지만, 이는 선형적 증가가 아니라 $n(n-1)/2$의 공식으로 복잡해진다. IT 업계에 종사하는 전문인들은 이 공식을 반드시 외울 것을 권한다. 자원이 2개일 경우의 연결점은 1이지만, 5개이면 10, 10개이면 45개의 연결점이 필요하다. 관리포인트가 얼마 안 될 때는 사람의 힘으로 처리가 가능하지만 관리대상이 수백, 수천이 되면 아키텍처가 바뀌지 않고서는 관리할 수 없다. 그러므로 한 기업의 어플리케이션의 복잡도가 증가하고 있음에도 초기의 시스템 아키텍처로 모두 해결할 수 있다는 벤더의 주장은 순진하거나 고객을 기만하는 일이다.

이러한 복잡성 증대의 원칙은 IT에 국한되지 않고 일반적인 사회현상을 설명할 수도 있다. 소기업이 번창하다가 이러한 복잡도를 잘 관리하지 못하여 쓰러져버리기도 한다. 내가 알고 있는 많은 소프트웨어 패키지 기업도 초창기에 급격한 매출 증대로 즐거운 비명을 외치다가 고객수가 많아짐에 따라 발생하는 인건비, 커뮤니케이션비용, 인프라비용, 품질관리비용 등의 복잡도 비용을 관리하지 못하고 쓰러졌다. 이들 기업이 듣는 고객의 소리는 처음에는 "융통성 있게 고객의 요구를 잘 반영한다."라는 말이었지만 나중에는 "회사가 커지더니 이제는 불러도 안 오는구나!"라는 말로 바뀐다. 이는 경영자에게 조만간 해결해야만 하는 커다란 도전으로 작용할 것이다. 이를 극복할 수 있는 방법은 탁월한 관리역량, 효율적인 프로세스, 그리고 신기술의 도입이다.

사람을 기억하는 시스템을 만들어라

일은 사람이 한다. 직원들이 일에 익숙해지면 시간당 처리하는 일의 양도 많아질 수 있다. 관리자가 적재적소에 직원을 할당하고 적절한 교육을 실시한다면 학습효과가 높아짐에 따라 일의 효율이 증가할 수 있다. 관리자의 탁월한 관리역량이 있다면 가능한 일이다. 그럼에도 손작업이나 기억에 의존하여 관리할 수 있는 일의 범위는 제한되어 있다. 이때는 표준화된 프로세스가 디자인되어야 한다. TQM과 같은 프로세스를 도입함으로써 사람이 저지를 수 있는 실수를 줄이고 생산성을 도모할 수 있다. 그러한 후에 새로운 기술의 도입을 검토한다.

신기술의 도입은 많은 비용을 요구한다. 업무 표준화가 선행되지 않으면 비용만 들이고 효과를 거두지 못하는 일이 비일비재하다. ERP(전사적 자원관리)시스템이 그렇다. 어떤 회사는 성공하고, 어떤 회사는 부작용 때문에 도입된 시스템을 폐기해버린다. 풋내기에게 권총을 주었더니 총구를 들여다 보다 되려 총에 맞아 죽는 경우와 같다. 시간이 필요하고, 과정이 지나야 비로소 가능한 일이 있는 것이다.

사람이 바뀌었다고 해서 프로세스가 같이 사라져버린다면 완벽한 시스템이 아니다. 그러나 시스템을 구축하면 많은 경우 사람을 잊어버린다. 사람을 잊어버리는 시스템은 더더욱 좋은 시스템이 아니다. 시스템을 유지시키고 더욱 성숙하게 만드는 일은 결국 중간관리자의 몫이다. 중간관리자를 없애면 시스템도 생명을 유지할 수 없다.

19
내려놓음과 여유가
창조를 낳는다

1995년 10월경 "대학가에 인터넷 카페가 처음 선보였다."는 기사가 실렸다. 지적 호기심에 이끌려 홍대 앞의 인터넷 카페를 찾아갔다. 그곳에서 만난 한 대표의 명함에는 'Chief Dreamer'라는 직함이 찍혀 있었다. 구태여 한글로 번역한다면 '최고 몽상가' 정도가 될까? 우리는 두부김치에 소주잔을 나누었다. 나와 동갑내기였던 그의 인터넷에 대한 확고하고도 열정적인 모습은 지금도 내 머리에 선명하게 남아 있다. 그는 "인터넷 세계가 우리나라에 진정한 경제적 민주화를 구현하는 이상향의 세계"라고 역설하였다. 그가 CEO나 대표이사라는 현실적 직함을 내려놓고 꿈을 꾸는 소임을 직책으로 정한 이유는 무엇일까?

내려놓으면 새로운 것을 얻는다

2001년 가을 삼성동 근처 일식집에서 안철수 박사와 저녁을 함께한 적이 있다. 유명인사와 독대하여 식사를 하니 나로서는 영광이었다. 그에게 안철수연구소를 설립하게 된 배경을 들었다. 심장부정맥 전공 의학도였던 그는 실험을 위해 정말 많은 토끼들을 죽여야 했다. 컴퓨터로 부정맥 신호처리를 위해 어셈블러 프로그래밍을 배웠고, 이것이 그가 컴퓨터 바이러스 백신을 만드는 동기가 되었다. 컴퓨터 악성바이러스가 등장할 때마다 백신을 간절히 기다리는 사람들에 대한 생각 때문에 여러 날을 과로하였다고 한다. 그는 의사로서의 기득권을 내려놓음으로써 우리나라가 컴퓨터 백신의 자주권을 가질 수 있게 만들었다. 만남을 가진 다음해 나는 안랩에 합류했다.

업계 후배인 류한석 씨가 공동번역한 책을 보내왔다. 톰 드마르코 Tom DeMarco가 지은 《슬랙Slack》이라는 책이다. 드마르코는 책의 초반부에서 숫자 맞추기 퍼즐 그림으로 자신이 전하려는 메시지를 압축해서 설명했다.

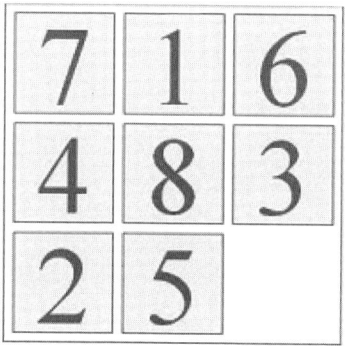
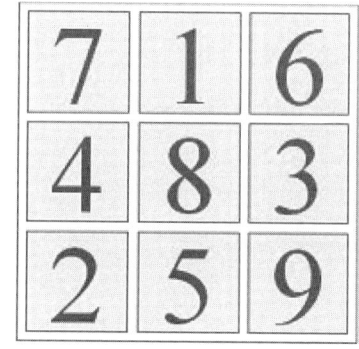

오른쪽의 퍼즐은 왼쪽의 공간에 비하여 12.5%의 생산성을 증대시켰을지 모르나 더 이상 움직일 수 있는 자유도가 없다. 기업이 추구하는 최적화·생산성 증대의 노력이 결국은 조직의 여유를 없애버려 외부 도전

에 융통성 있게 대응하지 못하는 문제를 야기한다는 설명이다. 결론적으로 극한의 최적화는 조직의 변화와 재창조를 방해한다는 것이다. 개인에게도 내려놓음의 미학이 있듯이 조직에게도 내려놓음은 장기적 성장의 원동력이 된다.

조직의 워터라인을 체크하라

GE는 매년 저성과자를 5% 내지 10%씩 해고시키는 정책을 가지고 있다. 이러한 정책은 강도의 차이는 있겠지만 여타 다국적기업에도 전파되어 시행되고 있다. 평가기준이 상대평가이기 때문에 매년 5%의 저성과자들은 항상 생기기 마련이다. 잘리지 않으려면 직원들의 내부 경쟁은 피할 수 없다. 언제 나갈지 모르는 직원에게 조직에 대한 충성심을 기대할 수 없다. 이직률도 높아진다. 그나마 정보시스템을 통한 철저한 프로세스 관리가 없다면 지적자산은 쌓이지도 않는다. 직원들이 자신이 획득한 가치 정보를 입력하려는 발심이 생길 턱이 없기 때문이다. 한 3년 정도 배우고 다른 회사로 이직하는 경력 세탁만을 도모할 뿐이다. 이러한 조직문화에서는 사람은 없고 숫자와 프로세스만 남는다.

개인의 미래가 없는 조직 안에서 창조는 없다. 더욱이 회사의 규모가 커지면 커다란 항공모함처럼 빙산을 향해 돌진하면서도 방향을 틀지 못한다. 창조적 소수자들이 위험을 이야기하지 않으니 조직의 경영진들이 스마트하지 못하면 이러한 조직은 언젠가 빙산과 충돌하여 침몰할 것이 틀림없다.

그러므로 조직은 긴장감을 유지하되 직원들에게 1년 내내 변함없는 불안감을 조장해서는 안 된다. 속도는 유지하되 균형을 놓치는 일이 없어야 한다. 직원들에게 자존감을 빼앗아서는 안 된다. 그들의 창의성을 자극하고 생각할 시간과 여유를 주어야 한다. 1년 내내 OT와 격무로 시달리게 해서는 창의성을 기대할 수 없다. 내가 아는 한 임원은 일을 열심히 한다. 항상 늦게까지 일하고 직원들과 새벽까지 술을 먹어도 다음 날 일찍 나와 자리를 지키는 것을 리더십으로 생각한다. 직원들에게 자기만큼 열심히 일하라고 목청을 높인다. 예전에는 이런 분들을 보면 "의지력이 대단하다."는 생각을 했지만 이제는 "오래 못 살겠구나."라는 가여운 생각이 먼저 든다. 술을 적게 마시든지 다음날 오전에는 쉬는 것이 더욱 현명한 일이다.

해양법에 소위 만재흘수선Plimsoll Line이란 것이 있다. 워터라인Water line이라고도 부르는 만재흘수선은 영국의회 의원인 사뮤엘 프림솔Samual Plimsoll이 처음으로 고안했다고 한다. 19세기 중엽 대륙 간의 교역이 활발해지면서 한 번의 출항으로 단번에 큰 이문을 남기려는 선주나 선장이 많아졌다. 이들 때문에 배에 많은 화물을 한꺼번에 싣고 무리한 항해를 하다가 폭풍우에 침몰하는 일이 자주 발생했다. 이를 방지하기 위해 프림솔은 안전한 항해를 담보할 최대 적재량을 외부에서도 알아볼 수 있도록 영국을 오가는 상선의 외벽에 워터라인을 그리라고 강제했다. 워터라인이 물 밖으로 보이지 않는다면 출항을 금지시키거나 패널티를 주었을 터이다. 여유가 없이 눌러 담는 방식은 성공도 이익도 이루어내지 못할 뿐더러 침몰만이 기다리고 있다. 어떤 정신 나간 사장은 직원의 과로사를 자랑하기까지 한다. 조직의 리더가 주주의 이익극대화이건 자신의 이익극대화이건 지나치게 목표지향적이기만 하고 직원들의 안위와 계속사업을 등한시한다면 관리자로서의 자격이 없다.

조직의 리더는 매년 재무적 목표는 물론 자신이 맡고 있는 조직의 워터라인을 숙지하여 어떠한 근거로 여전히 안전계수를 지키고 있다는 것을 항시 설명할 수 있어야 한다. 인당 OT시간, 인당 휴가사용일수, 직원이직률, 현금흐름, 고객이탈률, 제품불량률 등과 같은 워터라인에 대한 이해는 전혀 없으면서 매출달성만 자랑하고 있다면 조직은 언제 침몰할지 모른다. 창조적 여유를 도모하기 위한 몇 가지 방책을 살펴보자.

- ✔ 초과근무를 강제하지 말고, 해야 한다면 언제 끝날지 알게 하라.
- ✔ 빨리빨리 속도를 조장하기보다는 즉각적인 대응과 민첩성을 도모하라.
- ✔ 직원들의 자발적 참여를 방해하고 자존심을 깨는 슬로건을 제거하라.
- ✔ 직원들과 동의되지 않은, 수단 없이 부여되는 목표치를 제거하라.
- ✔ 회사 내부의 경쟁상황을 제거하고 외부에 집중하라.
- ✔ 지속적 학습문화를 만들고 직원 개개인의 가치 증진을 지원하라.
- ✔ 예상되는 외부적 도전을 감시하고 변화를 설계하는 팀을 운영하라.

다산 정약용은 18년 동안 강진에서 유배를 당했다. 비록 자의가 아닌 타의로 관직을 내려놓았긴 하나 유배기간 동안 수백 권의 책을 저술하여 후학들에게 귀중한 지식을 전했다. 천주교사화로 집안은 쑥대밭이 되었지만, 관직을 내려놓음으로써 위대한 기록들이 가능했다. 그곳에서 그는 소치 허련, 초의선사, 김정희와 사귀며 《동다기東茶記》를 쓰는 등 우리나라 다도의 역사를 만들었다. "해야 할 일을 하면서도 그 결과에 대하여 마음을 비우는 자들이 진정한 영웅임을 나는 배웠다."는 오마르 워싱턴의 말에 다산과 같은 내려놓음과 달관이 만들어내는 위대함을 떠올린다. 그리고 딥 스마트에게 필요한 빈자리에 대해 생각하게 된다.

20
트렌드가 당신에게
독이 될 수 있다

내가 IBM에 입사한 건 1986년이었다. 당시 IBM은 메인프레임 사업의 호조로, 컴퓨터업계에서 오랜 기간 왕좌로 군림해오고 있었다. 항상 포춘 500대 기업의 최상위에 위치했다. 특허도 수년간 세계 1위를 차지했다. 회사가 보유한 수만 권의 매뉴얼과 DB에서 비즈니스와 IT의 모든 정보를 얻을 수 있었다. 입사 동료들은 자긍심을 가질 만했다. 그 중에는 대기업의 사원으로 수년간 일하다가 경력을 포기하고 신입사원으로 입사한 동기도 여럿 있었다. 동남아 왕국의 귀족자제들이 입사하여 우리와 함께 홍콩에서 교육을 받기도 했다.

당시 홍콩의 교육센터에는 자동차 크기만 한 고성능 복사기가 있었다. 수백 페이지 분량을 총알 같은 속도로 프린팅하고 자동으로 소팅해주는 기계였다. 제록스Zerox가 컴퓨터사업에 뛰어들면 똑같이 복사기사업에 뛰어들겠다고 경고하기 위해 만들었다는 IBM 복사기였다. 이러한 위협으로 제록스는 컴퓨터사업을 포기했다. 사업초기에 제록스는 경영난에 처해 IBM에 자사의 특허를 팔러 온 적이 있었다고 한다. 그러나 이 이야기를 다 들은 평가자는 제록스 사장에게 나가는 문을 친절히 안내해 주었다. "내 안에 필요한 기술이 다 있다!"는 자만심의 표상이었다. 그런 IBM이었지만 1993년, 몇 달 만에 40만 명의 직원을 25만 명으로 줄이는 혹독한 체중감량을 감내해야 했다. 그 후로 IBM에는 이전의 자만심은 더 이상 없다.

무엇이든 따라잡을 수 있다고 자만하지 마라

1994년 11월, 나는 본사에서 주관하는 세미나에 참여하기 위해 미국의 올란도에 있었다. 세미나 토픽 중에서 15년이 지난 지금까지도 잊을 수 없는 차트가 있다. 강사와 그분의 회사명은 잊었지만 그 한 장의 차트는 지금도 손으로 그릴 수 있을 만큼 생생하다. 차트에 담긴 주제는 자만심지수로 표현되는 기업의 자존심과 흥망성쇠에 대한 메시지였다. 강사가 주장하는 메시지는 이러했다. "한 기업의 직원들이 회사의 소속원으로 가지는 자만심이나 자존감이 최고조에 이른 후 대략 3~5년 후에 그 회사는 가장 큰 재무적 어려움에 처한다." 그 차트에는 내가 소속한 IBM과 동종업계 경쟁사들의 자만심지수가 함께 표시되어 있었다. IBM은 그 전인 1990~1991년에 가장 높은 자만심지수를 가지고 있었고, 다른 경쟁사는 자만심지수의 꼭짓점을 향해 올라가고 있었다. 당시 우리 회사는 이미 어려운 상황이었다. 자만심지수가 오르던 경쟁사 역시 수년 후에 어려움을 겪었다.

이 메시지를 접한 이후로는 경영을 하면서 직원들로부터 "우리 회사가 자랑스럽다."는 이야기를 들을 때마다 고마운 마음과 함께 걱정도 밀려온다. 왜냐하면 용어상 자존감과 자만심은 분명 구별될 수 있는 개념이지만 직원들이 극도로 유의하지 않는다면 자존심과 자만심의 표징은 고객의 관점에서 모두 불쾌한 자만심으로 비춰질 수 있기 때문이다. 자만심이 높은 회사의 직원들은 그들의 주머니에 누가 돈을 넣어 주고 있는지 자주 잊는다. 이러한 성향은 기업의 자기파괴습관으로 나타나곤 한다. 대개는 고객보다도 내부 절차를 우선시 하는 경우로, 사소한 고객이슈를 돌보지 않아서 주요 고객을 놓쳐버린다. 기업이 자만심을 갖게 되는 원인을 이해하기 위해서는 기업의 라이프사이클을 이해해야 한다.

기업은 언제 자만해지는가?

다음의 '신기술 순환 사이클' 그림은 제조업계의 흥망성쇠의 변화를 잘 설명해 줄 수 있는 모델이다.

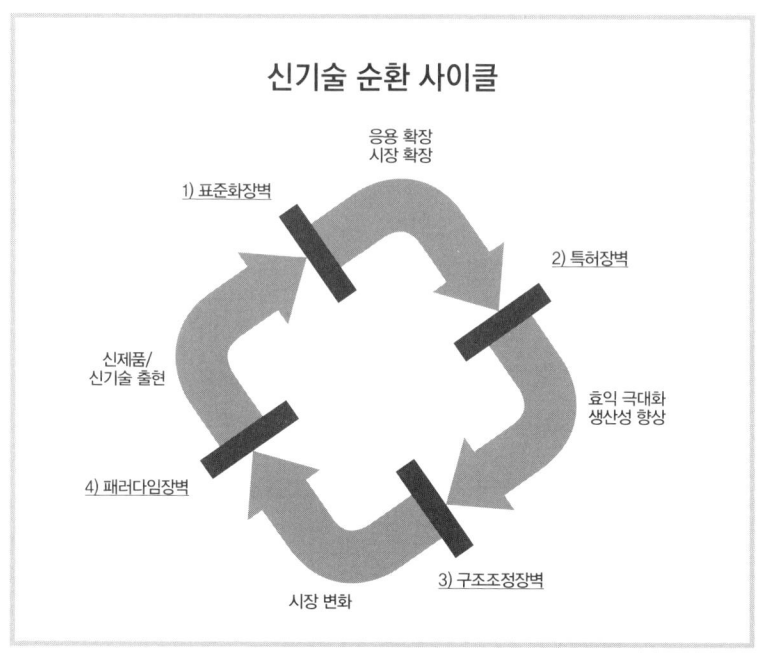

신기술 제품의 비즈니스 사이클은 신제품 출현 – 응용 확장 – 효익 극대화 – 시장 변화의 4단계로 설명된다. 기업이 생존하기 위해서는 시간의 차가 있겠지만 반드시 각 장벽을 넘어 다음 단계로 진입하여야 한다. 그 장벽은 표준화장벽, 특허장벽, 구조조정장벽, 패러다임장벽이다.

1) 표준화장벽: 도입기

우선 신기술과 신제품이 시장에 출현하였다고 가정하자. 새롭게 시장에 등장한 신제품 혹은 신기술이 지속적인 성공을 거두기 위해서는 표준화의 장벽을 넘어야 한다. 자사의 신기술이나 신제품이 시장에 널리 수용되고 사용되기 위하여 반드시 거쳐야 할 관문이 된다. 표준화는 사실상의 표준과 법률상의 표준으로 크게 구별할 수 있다. 사실상의 표준이란 업계와 소비자의 수용정도가 심대하여 특별히 법률적으로 표준을 정하지 않았다고 하더라도 표준과 마찬가지의 효력을 갖는 것을 말한다. 윈도우 오퍼레이팅 시스템과 같은 것이다. 한편, 법률상의 표준은 법에 의하여 강제되거나 전문가 혹은 소비자집단과 같은 압력단체에 의하여 정하여진 것으로 KS 마크나 IEEE 국제표준과 같다. 표준화에 실패한 제품은 그 제품이 기술적인 측면이나 기능적인 측면에서 아무리 월등하다고 해도 제한된 특정 시장에서 근근하게 명맥을 유지하다가 결국 시장에서 사라진다.

이러한 운명을 피하려면 비록 자사의 신기술이 뛰어난 기술적 우위를 가질 수 있다고 하더라도 그 기술을 채용하려는 동조자나 협력자를 구해야 한다. 그래야 일정 규모 이상의 볼륨, 즉 규모의 경제를 도모할 수 있다. 자사 기술의 독점적 권리를 주장하는 것을 뒤로 미루고, 이들 업체의 도움으로 시장의 크기를 키우는 것이 가장 시급한 일이기 때문이다. 일례로 소니Sony의 베타 비디오테이프 기술에 우위를 점한 JVC Japan Victor Co.의 VHS 비디오 기술이 그렇고, 최근에는 안드로이드, iPhone, MS Window Phone과 같은 모바일 플랫폼의 시장경쟁이 이러한 움직임을 반영한다. 표준화의 장벽을 성공적으로 넘으면 응용 확장 혹은 시장 확장 단계가 기다리고 있다.

2) 특허장벽: 성장기

표준화의 장벽을 성공적으로 넘어선 신기술과 신제품은 두 번째 응용확장의 단계로 접어들고, 신제품은 급속한 도약성장을 하게 된다. 시장의 규모가 어느 정도 확대되면 업체들은 이제 시장 점유율의 우위를 차지하기 위한 노력을 시작한다. 이때 원천기술을 보유한 업체는 자사의 지적재산, 즉 특허기술(법률적 이권)에 대한 권리를 서서히 주장한다. 일례로 지금까지 낮은 로열티를 부과하던 정책을 바꾸어 높은 특허 로열티를 요구하거나 무단으로 자사의 기술을 도용한 업체에 대한 특허 소송을 갑자기 시작하게 된다. (참고로 미국의 경우 특허법에 의하면 제품특허이건 공정특허이건 간에 일반적으로 20년간 보호되며, 디자인 특허는 14년간 보호된다.)

    비록 원천기술을 소유한 업체가 특허장벽으로 견제한다고 하더라도 경쟁기업이 이에 대처할 수 있는 대안은 얼마든지 있기 마련이다. 특허를 침해하지 않는 우회기술의 개발, 생산인프라의 효율증진을 통한 제품의 원가절감, 유통채널의 경쟁력을 통한 물류비용의 감소, 판매를 촉진하는 획기적인 마케팅전략과 같은 다양한 정책을 생각할 수 있다. 예를 들어, 여러 업체가 생산한 노트북의 키보드가 서로 같지 않은 것도 이러한 디자인 특허를 피하려는 업체들의 끊임없는 노력의 일환이다. 비록 신기술 업체가 원천기술의 비교 우위에 있다고 하더라도 비기술부분의 경쟁우위가 없다면 결국 시장 점유율의 싸움에서 밀리게 되고, 3단계인 효익 극대화의 단계에 접어든다.

3) 구조조정장벽: 성숙기

효익 극대화 단계에서 시장의 성장은 정체되는 성숙기에 접어든다. 원천기술을 소유한 업체와 후발업체와의 가격경쟁은 더욱 심해진다. 수익(P) = 매출(R) - 비용(C)이다. 응용 확장 단계에서는 매출 증대가 가장 중요한 관리포인트였지만 이미 성숙기에 접어든 시장에서는 비용절감이 더욱 중요한 관리대상이 된다. 비용절감의 방법으로 우선 떠오르는 용어는 BPR Business Process Reengineering이다. 1990년 마이클 해머Michael Hammer는 〈하버드비즈니스리뷰〉지에서 〈정보처리 기술을 이용한 경영혁신〉이라는 논문을 발표함으로써 'BR(비즈니스 리엔지니어링)'이라는 용어를 유행시켰다. 물론 BPR은 비용절감만을 목적으로 하지는 않지만, 90년대 초의 미국에서 BPR은 대량해고와 같은 의미로 받아들여진 적도 있었다.

비용절감 문제는 품질, 납기단축 등과 같이 경영자들의 오랜 화두 중의 하나이다. 기업의 비용절감 문제는 전형적으로 다음과 같은 세 가지 단계의 경영상태 악화과정상에서 발생한다.

✔ **스텝 1: 수익성 악화 단계.** 경쟁 심화에 따른 가격 경쟁으로 기업의 수익구조가 악화된다. 주식회사의 경우 수익을 내지 못하면 주주에게 현금배당을 할 수 없게 되고 시장에서의 주식가격은 급락한다. 결국 기업은 주식발행을 통한 운영자금 조달이 거의 불가능해진다.

✓ **스텝 2: 자본조달 불능 단계.** 주식발행이 어려우면 기업은 담보부채권이나 고리의 무담보부채권을 통하여 자본조달을 계획하지만, 수익이 없는 기업의 채권 역시 이자나 원금을 기대하기 어려우니 거래가능성은 희박하다.

✓ **스텝 3: 자본 잠식 단계.** 부동산과 같은 고정자산의 처분을 통하여 자본을 조달하려 하지만, 이마저 담보가 설정되어 있다면 결국 특허나 소프트웨어 기술과 같은 지적자산을 처분하기 시작한다.

위의 경영 악화 단계는 순차적인 개념이 아니라 동시다발적으로 발생되는 것이지만 자산의 처분과 대규모의 감원은 동시에 고려되는 사항이다. 물론 상황이 악화되기 이전에 회사를 여러 개로 나누어 비핵심 분야를 매각하거나, 타사에 M&A되는 것이 훨씬 현명한 결정이 될 수도 있다. 대개의 경우 회사를 이렇게 구렁텅이로 끌고 가는 궁극적인 책임은 최고경영자에게 있지만 불행하게도 그 결과는 회사의 모든 임직원에게 시련으로 닥친다.

4) 패러다임장벽: 쇠퇴기, 그리고 새로운 탄생

BPR은 분명 비부가가치 업무를 줄이는 효익 극대화의 방법 중 하나가 될 수 있지만 불행하게도 유망한 신규사업의 탐색을 돕는 방법론은 아니다. 만약 업체의 주력제품이 사향산업에 속한 경우 BPR은 회사의 생존기간을 1년에서 2년으로 연장 가능할지언정 이를 회생시킬 수는 없다. 때문에 맥킨지의 유명한 컨설턴트였던 오마에 겐이치Ohmae Kenichi는 BPR을 일컬어 '안개 속에서 빙산을 향하여 돌진하는 타이타닉호에서 왼쪽 갑판의 벤치를 오른쪽 갑판으로 옮기는 것과 같다. (중략) 기업이 진정으로 필요한 것은 우선 배를 멈추고 작은 보트로 옮겨 타서 배의 항로 앞쪽에 무엇이 있는지 확인하는 것이다.'라고 논평한 적이 있다. 그러므로 궁극적으로 신기술에 기초한 신제품만이 경영난에 빠진 회사를 구원하는 장기적인 해결책이 될 것이다. 이를 토마스 쿤Thomas S. Kuhn이 주창한 패러다임 시프트Paradigm Shift장벽이라 부른다. 소비자의 구매 패러다임이 한 번 바뀌면 예전의 시장은 사라진다. LP판의 자리를 빼앗았지만 다시 MP3 디지털 컨텐츠 때문에 사라져가는 CD와 인터넷무료전화로 어려움에 봉착한 국내 통신사의 상황 등이 이러한 주장을 반증한다. 기업의 자만심이 높을 때 빠지는 가장 큰 위험은 바로 고객의 구매 패러다임이 바뀐 것을 인지하지 못하는 자가당착이다. 패러다임 이전의 3단계에서의 판단미숙은 상대적으로 위험도가 적다. 그러나 4단계에서의 판단오류는 회사의 이름을 업계에서 영원히 지워버릴 수 있다. 그러므로 회사를 살리는 궁극적인 역량은 기술도, 전략도 아니다. 현재의 트렌드를 읽고 다가올 트렌드의 앞물살에 재빨리 올라타는 능력이다.

마케팅의 논란 중에 '고객지향의 경영'이 있다. 제품의 개발이나 판매 시 고객의 니즈를 명확히 파악하여 시장즉응성을 높이자는 관리적 경영전략을 강조한다. 이에 대응하는 '고객선도의 경영'은 신기술이나 신제품이 결국 전에 없던 새로운 고객의 니즈를 창조할 수도 있다는 관점에서 위험도가 높더라도 과감히 새로운 구매시장을 창출하자는 리더십 경영전략을 강조한다. 두 가지 전략이 모두 중요하지만 상대적으로 볼 때 고객지향 면에서는 응용 확장 → 시장 변화 단계까지, 고객선도 면에서는 시장 변화 → 응용 확장 단계까지 더욱 강조되어야 한다고 생각한다.

PART

3

비즈니스의 판단기준을 만들어라

좋아하고 사랑하면 판단하지 않는다.
아니 판단하지 못한다.
그 때문에 위험에 대비하는 기회를 놓친다.

21
발효와 부패를
구별하라

　　　　미국 캘리포니아의 베이 에어리어Bay Area 가까이에 북쪽으로 '나파 밸리', 태평양 쪽으로 '소노마 밸리'라는 포도재배 지역이 있다. 와인 매니아가 아니더라도 많은 관광객들이 들르곤 하는 곳이다. 한 번은 소노마에 방문했는데 이동시간을 아끼려다 우연히 켄우드Kenwood라는 포도농장에 들어섰다. 바의 카운터에서 와인 시음을 돕는 중후한 서양 남자와 이야기를 나누게 되었다. 전직이 FBI였다는 그는 내게 늑대얼굴을 음각하여 새긴 잭 런던Jack London 카베르네 소비뇽 와인을 권해 주었다. 그러면서 소설가 잭 런던을 아냐고 물었다. 책이라고는 경영서적만 주로 읽는 내가 미국의 문학작가를 알 턱이 없었다. 그가 말하길 잭 런던은 코리아에도 갔었다는 것이다. "언제요?" 하니 1900년도 초반인 것으로 기억한다고 했다. 당시는 교통편도 불편했던 구한말인데 와인브랜드에 등장하는 미국작가와 우리나라의 인연이 뭘지 궁금해졌다. 그가 설명해 준 잭 런던은 매우 천재적인 작가로 미국보다는 유럽에서 더 잘 알려져 있고, 말년에 켄우드 포도농장 근처에서 작품을 써서 켄우드 농장의 중고가 와인브랜드에 이름이 쓰였다고 한다. 병에 음각으로 새겨진 늑대개의 모습은 잭 런던의 작품인 《야성의 부름 The Call of the Wild》에서 영감을 받은 것이다.

취미 속에서도 비즈니스 이해요소를 끌어낼 수 있다

귀국하자마자 잭 런던에 대해 찾아보았다. 잭 런던은 40세의 나이로 요절했다. 어린 시절 굴 도둑, 통조림공장 노동자, 선원, 부랑자 등 온갖 밑바닥 경험을 하다가 26세부터 글을 쓰기 시작했다. 죽기 전까지 주옥같은 소설들을 토해내듯 많이 써냈다고 한다. 그리고 러일전쟁 당시 종군기자로 한국에 4개월간 머무르기도 했다. 그를 잊지 않고 싶은 심정으로, 가까운 고객이나 친구에게는 지금도 늑대개의 모습이 선명한 켄우드의 잭 런던 카베르네 소비뇽과 메를로를 선물한다. 돌이켜보면 이 인연이 와인을 취미로 갖게 된 결정적인 계기가 되었다. 호기심을 갖고, 새로운 관계를 만들면 그 속에서 삶을 윤기나게 해 줄 취미를 이끌어낼 수 있다.

와인바에서는 돈을 내는 사람, 혹은 와인에 조예가 있는 사람이 와인을 시음한다. 소믈리에 Sommelier가 와인을 오픈하면 먼저 코르크의 상태로 보관상태를 파악한 후 와인을 따르도록 시킨다. 잔을 조심스럽게 들고 하얀 접시에 비추어 보거나 불빛에 비추어 색깔과 부유물을 확인한다. 잔을 약간 회전시켜 유리잔에 흘러내리는 포도주의 점도를 본다. 그 다음 코를 잔 깊숙이 들이대고 가득 차 있는 아로마를 깊이 들이마신다. 천천히 잔을 기울여 와인을 한 모금 마신 후 입속에서 액체를 굴리면서 맛을 음미하며 목구멍으로 넘긴다. 이제 고개를 끄덕이고는 소믈리에를 바라보면서 품위 있는 톤으로 말한다. "좋아요! 서빙하세요." 초심자에게는 당황스럽고 신기하기도 한 약 30초 내외의 과정을 멋지고 부드럽게 진행하려면 취미에도 어느 정도의 내공이 필요하다.

주위에 와인에 대하여 잘 아는 친구가 몇 명 있지만 그들이 없는 자리에서는 내가 뽐내듯 와인을 테스팅한다. 와인바에서는 단골손님이 와인을 물리면 손님의 체면을 생각해서 엉터리 평가도 그대로 받아 준다는 것을 나중에 알게 되었다. 비밀첩보원 007이 아름다운 본드걸 앞에서 라벨을 감춘 와이너리의 레이블과 수확년도를 정확히 알아맞히는 작업은 웨이터를 매수해서나 가능한 일이다.

와인을 알아갈수록 와인의 속성에 대한 재미있는 사실들도 알게 되었다. 그리고 진정으로 멋이 우러나고 풍부해지기 위해 와인을 즐기고 공부하면서 취미 속의 철학을 삶의 전반에 연계할 수 있었다. 그 중 하나가 발효와 부패에 관한 이야기다. 그 속에서 비즈니스 요소도 이해하게 되었다.

발효의 균형감을 이용하라

즐기는 취미에 대한 지식과 경험이 많으면 많아질수록 그 취미를 더욱 잘 즐길 수 있겠지만, 그러한 공부가 부담으로 다가온다면 이미 취미가 아닐 것이다. 그래서 와인 고수에게 조언을 구하면 오히려 "본인이 편한 대로 마시세요."라는 다소 황당한 대답도 듣곤 한다. 그래도 한 가지만 가르쳐 달라고 조르니 나름대로의 핵심비법을 들려주었다. 바로 와인의 향에 관한 것이다. 와인은 향기를 맡았을 때 볏짚 썩는 냄새나 식초냄새가 나면 상한 것이다. 특이한 것은 발효가 잘 안 되어 부패된 보이차普洱茶의 경우도 자사호에 차를 넣고 뜨거운 물을 부으면 똑같이 볏짚 썩는 냄새 혹은 지린내가 난다. 나는 이것을 깨우치는 데 3년이 걸렸다.

부패도 발효도 다 미생물이 일으킨다. 사람에게 이롭게 썩으면 발효이고, 사람에게 해롭게 썩으면 부패이다. 부패는 유기물을 자연상태에 놓아두면 발생한다. 그러나 염도와 같은 특정한 조건을 맞추어 부패균을 억제하면 몸에 유익한 발효균이 활성화되어 먹기 좋은 김치도 되고 치즈도 된다. 따라서 부패 여부를 판단할 정확한 기준을 가지고 있어야 한다. 기업의 경영활동도 와인의 발효처럼 적절한 조건이 형성되도록 관리해 주어야 운영이 잘될 것이다. 그러한 기업도 때에 따라서는 위험에 봉착하여 부패할 수 있다. 관리자들은 직원들의 담당업무가 잘 돌아가고 있는지, 어떤 문제에 봉착했는지 판단할 지표나 기준을 가지고 있어야 한다. 와인의 향에 관해 연구하다 부패에 관해서도 알게 되었고 이를 통해 경영철학도 배웠다.

그동안의 경험과 학습에 근거하여 기업의 대표적인 업무 분야인 기업운영, 연구개발, 마케팅, 재무 등에 관련된 판단기준을 제시할 지표와 노하우를 공유하고자 한다. 이러한 아이디어의 상당 부분은 업계의 선배들이 내게 전수해 준 정보와 노하우에서 얻어진 지혜이다. 딥 스마트가 되기 위해서는 다양한 멘토의 지혜라 여기고 열심히 자기 것으로 수련하기 바란다.

22
세포와 머리는 판단이 다르다

졸업 전에 입사가 확정되어 운전면허증을 따기로 마음먹었다. 취직이 되면 자가용을 사서 미래의 여자친구와 멋진 데이트를 하겠다는 꿈을 꾸었다. 그러나 자동차면허를 처음부터 너무 쉽게 생각한 것에서 불행은 시작되었다. 나는 무려 일곱 번 만에야 합격했다. 첫 번째 면허시험은 지각 때문에 떨어졌다. 시험 당일 갑작스럽게 회사 일이 생겨 고사장에 10분 늦었다. 뛰면서 "잘 이야기하면 시험장에 들여보내 주겠지!"하고 생각했지만 오산이었다. 두 번째 시험은 아주 일찍 갔다. 전공이 기계공학인 덕에 내 생각에는 높은 성적으로 합격했다. 그런데 집으로 가던 중 사람들이 우르르 다른 곳으로 몰려 가길래 "어디 가세요?"하고 물었더니 코스시험을 보러 간다는 것이다. 필기, 코스, 주행시험을 한꺼번에 본다는 것을 그때야 알았다. 코스는 나중에 응시하면 되는 줄 알았는데, 응시하려면 또 돈을 내야 한다고 했다. 본전이 아까운 생각에 코스시험장에 섰다. 떨어지더라도 한번 해보자고 생각한 것이다. "아버지가 차를 운전하는 모습을 옆에서 유심히 보아오지 않았는가? 클러치를 바꾸면서 천천히 엑셀을 밟으면 된다! 별거 아니야!" 긴장도 되지 않고 떨리지도 않았다. 담담하게 차에 앉았다. 그런데 출발을 할 수가 없었다. 이상했다. 클러치가 심하게 떨려서 도저히 운전할 수가 없었다. "선생님! 차가 이상해요!" 조교가 차에 앉더니 내 얼굴을 빤히 쳐다보았다. "여보쇼! 당신 다리가 떨리지, 클러치가 떨려요? 차는 이상 없습니다. 더 연습하고 오세요. 불합격!" 그때 나는 깨달았다. 머리와 심장이 떨지 않아도 내 세포는 떨고 있다는 것을.

세포는 모든 것을 알고 있다

진화생물학자 리처드 도킨스Richard Dawkins의 책을 읽었다. 그의 말에 따르면 인간은 "다음 세대에 자신의 DNA를 전달하고 싶어 하는 단위세포의 집단적 협업의 산물이고 생체기계"일 따름이다. 또한 우리 몸의 세포는 머리의 지배만을 받는 것이 아니고 생존과 생식에 관한 독자적인 의사결정을 하는 객체라는 것이다. 도킨스의 주장이 맞다면 아마도 내 머리는 응시료를 아끼려고 태연한 척 운전대를 잡으려 했지만, 내 몸의 세포는 "아이고 주인을 잘못 만나 생식(결혼)도 못하고 이제 죽게 되었구나!" 하고 덜덜 떨었던 모양이다.

  기업도 마찬가지다. 사안의 중요성을 이해하고 시의적절한 판단을 하려면 상황을 판단하는 틀과 기준이 필요하다. 그렇지 못하면 위기에 봉착한다. 경영진(머리)은 아무 문제 없는 줄 알고 위기를 일상적인 방법으로 처리하다가 결국 파국에 봉착한다. 그렇지만 고객접점의 직원(세포)들은 알고 있다. 회사가 난관에 봉착했다는 것을 말이다. 똑똑한 직원들은 재빨리 회사를 갈아탄다. 애사심과 주관이 있는 직원은 직언을 하다가 마음의 상처를 입는다. 헛똑똑이는 정치와 아첨을 통해 자신의 입지를 강화하다가 결국은 침몰 직전까지 회사를 몰고간다.

의사결정의 레벨을 구분하라

기업의 목적은 생존과 성장이라고 한다. 유기체인 기업이 생명을 유지하고 성장하기 위해서는 세 가지 레벨의 의사결정활동을 한다. 일상적인 업무절차에 관련된 운영적Operational 의사결정, 기업의 주요활동에 관련된 관리적Managerial 의사결정, 회사의 미래를 결정할 전략적Strategic 의사결정이다.

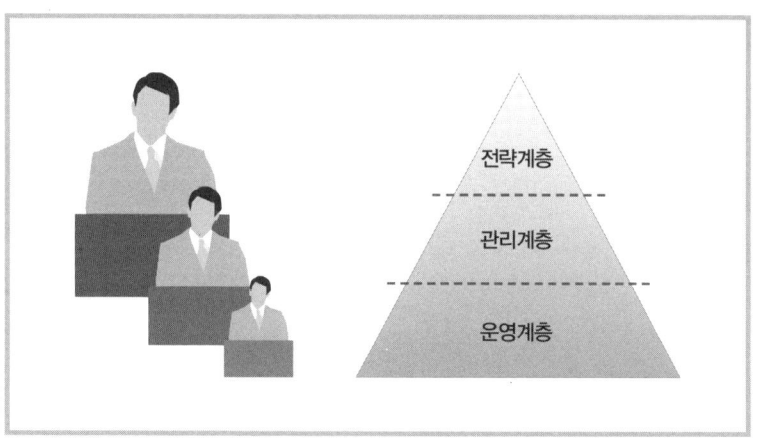

회사가 성숙해짐에 따라 경영진은 직원들과 관리자들에게 운영 및 관리적 의사결정의 권한을 위임하고 전략적 의사결정에 에너지를 집중해 나가야 한다. 운영적 의사결정은 잘 검증된 프로세스로써, 관리적 의사결정은 노련한 관리자를 양성함으로써 커버가 가능하다. 하지만 전략적 의사결정은 불확실성이 높은 이유로 많은 리스크를 내포하고 있기 마련이다. 전략적 의사결정은 결국 불확실성 하의 의사결정이다. 이를 위해 불확실성을 분석하여 의사결정을 돕는 여러 가지 툴들이 제안되고 있다. 체크리스트, 그룹의사결정방법론, 시나리오 접근, 의사결정나무 등등. 스텝들은 이러한 툴을 이용한 사업기획서를 의사결정권자에게 보고하지만 CEO들은 정작 직관에 의존해 의사결정을 한다. 이제부터 세 가지 계층의 의사결정에 유용한 핵심 화두를 이야기하고자 한다.

23
운영수준을 판단하라

운영적 의사결정은 프로세스를 정의하여 직원들에게 학습시킨 후에 일임하는 것이 좋다. 특히 소기업의 경우에 직원들은 면피 차원에서 지속적으로 사장에게 의사결정을 미루려고 한다. 그러나 비록 사장이 경험이 많다고 하더라도 비슷한 사안에 대하여 반복적으로 의사결정에 개입하다 보면 직원의 발전도 없어질 뿐더러 자신도 전략적 의사결정에 써야 하는 시간을 빼앗기게 된다.

조직은 5단계로 성숙해진다

기업이 제대로 운영되고 있는지 판단하는 데 있어서 나는 '알드모ArdMo'라는 키워드를 활용하고 있다. 이는 '험프리Humphrey의 5단계 성숙도 모델'로 알려져 있다. 조직의 발전 혹은 성숙의 단계를 초기Ad hoc – 반복Repeatable – 정의Defined – 관리Managed – 최적화Optimized 단계로 구분한 것이다. 이 개념은 TQM 분야는 물론 소프트웨어 공학과 CMMI Capacity

Maturity Model Integration의 기본모델로도 응용되고 있다.

> **프로세스 운영의 성숙도 모델: ARDMO**
> - Ad hoc(그때그때 달라요!)
> - Repeatable(반복 단계)
> - Defined(정의 단계)
> - Managed(관리 단계)
> - Optimized(최적화 단계)

초기 단계는 한 번 해본 것이고, 반복 단계는 동일한 업무를 반복하여 수행하는 단계이며, 정의 단계는 아래의 F-A 차트와 같이 참조할 프로세스 맵과 성과지표를 정의하여 수행하는 단계이다.

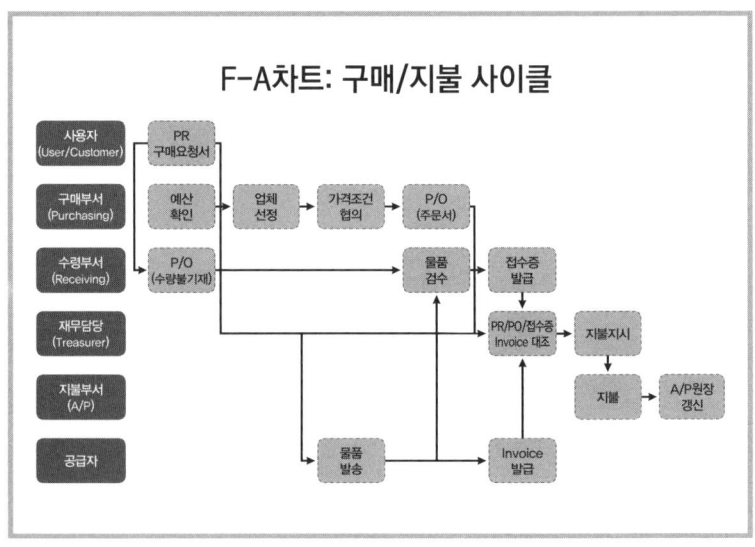

F-A : Function(기능)-Activity(활동), A/P : Account Payable

관리 단계는 매년 주요활동의 성과지표를 측정하고 이를 향상시키기 위한 품질활동을 수행하는 단계이다. 마지막으로 최적화 단계는 혁신적 운용모델로 인정받는 단계가 될 수 있다. ArdMo의 5단계는 회사를 경영하는 데 있어 업무 프로세스나 서비스 품질의 향상을 위한 목표관리에 매우 효과적인 툴을 제시한다.

직원별로 필요한 기술 단계가 다르다

ArdMo의 5단계는 구조화가 필요한 여러 가지 내용에 유사한 형태로 변형하여 활용할 수 있다. 일례로 엔지니어 업계에서도 기술 레벨로 아래의 5단계를 많이 수용하고 있다. 아래의 지표를 이용하여 직원별로 회사가 필요로 하는 해당 스킬 레벨의 점수 환산이 가능하다. 이를 직원 전체의 점수로도 산출할 수 있으며 해마다 목표관리에 이용할 수도 있다.

- ✔ 1단계: 용어만 이해하는 단계
- ✔ 2단계: 도움을 받아 업무를 수행하는 단계
- ✔ 3단계: 도움 없이 일을 수행할 수 있는 단계
- ✔ 4단계: 남을 가이드할 수 있는 단계
- ✔ 5단계: 업계 최고이거나 새로운 것을 창조하는 단계

만족도 설문서나 비교 척도를 정의할 때 최댓값을 홀수(3, 5, 7, 9)로 만들어야 한다는 이야기를 들어본 적이 있는가? 그래야 중간값이 2·3·4·5로 똑 떨어지기 때문이다. 종이에 눈금을 그려놓고 보면 이해하기 쉽다. 최댓값을 10으로 하는 눈금(스케일)의 경우는 0부터 시작해야 중간값이 5가 되지 1부터 시작하면 중간값은 5.5가 된다. 어떠한 일

이든 현재보다 나은 미래를 목표로 할 경우 3단계는 너무 적고 7, 9, 10단계는 관리포인트가 너무 많다는 느낌이 든다. 이 경우 ArdMo는 아주 훌륭한 기준을 제공하여 준다.

 ArdMo를 잘 이해하고 있다면 어떤 회사를 방문하여 몇 가지 질문을 던져보는 것만으로도 특정 업무분야의 회사성숙도 수준을 가늠하는 능력도 가능해진다고 생각한다. 회사가 프로세스 맵과 성과지표를 제시한다면 3단계 수준은 된다. 수년간의 연간지표와 개선률을 문서로 바로 제시하는 수준이면 4단계는 된다고 볼 수 있다. 이런 것이 없다면 그 회사는 2단계 밑의 미성숙 수준일 가능성이 매우 높다. 간단한 5단계이지만 오랜 경험과 학습이 없다면 통찰력을 얻기가 쉽지 않다. ArdMo를 의미 있는 키워드로 기억하길 바란다.

QC 7 툴로 관리하라

새로운 조직을 맡으면 직원들과 함께 부서의 업무에 결정적인 의사결정툴이나 분석툴을 학습하여 'Top 10 마케팅툴', 'Top 7 컨설팅툴'과 같은 식으로 교재를 작성하고 공유한다. QC 7 툴은 'Top 10 의사결정툴'의 항목으로, 이전 부서장들을 달달 외도록 시킨 Quality Control(품질관리)의 핵심 툴이다. 아무리 좋은 툴도 자주 사용하지 않으면 소용이 없다. 담당분야의 업무에서 핵심 툴을 뽑아내어 문서화하고 공유하는 개방된 학습문화를 갖길 바란다.

1. 파레토 차트 Pareto Diagram: 특정 모집단에서 가장 큰 영향을 미치는 변수를 먼저 찾아 주고 영향도를 파악하는 툴이다. 개선활동의 전후 비교에 도움이 되고, 체크시트와 함께 활용되어 작성된다.

2. 특성요인도 Cause & Effect Diagram: GDMP 내용과 동일

3. 체크 시트 Check Sheet: 측정하고 관리해야 할 테스트항목의 리스트로, 모집단에서 차지하는 빈도를 산정할 때도 사용한다.

4. 히스토그램 Histogram: 시스템의 특성이 A시점과 B시점 사이의 변화궤적을 추적할 때 사용한다. 특정 시점의 단면은 대개 정규분포곡선이다.

5. 산점도 Scatter Diagram: 독립변수와 종속변수상의 관계를 점으로 표시하여 상관관계가 있는지 파악하는 데 사용한다. 관계가 +1이면 양의 상관관계, -1이면 음의 상관관계를 나타낸다.

6. 계층화기법 Stratification: 구조화 테크닉의 하나로 관찰모집단을 분류하는 기법이다.

7. 관리도 Control Charts: 골디락스처럼 프로세스상 허용되는 최대·최소를 통제한다. 예외관리 기법에 활용된다. 품질이 높아질수록 최대·최소의 간격을 더욱 좁혀서 품질수준을 높이도록 한다.

* QC 7은 전래되어오던 SPC 6에 가오루 이시가와가 피시본을 넣어 개선한 툴로서 비즈니스 프로세스상의 모든 품질관리에 활용되고 있다.

24
임계질량을
감지하라

양자물리학에서 '임계질량Critical Mass'이란 핵분열을 일으킬 수 있는 방사능물질의 최소질량을 말한다. 에너지를 얻기 위해 핵연료를 준비하여도 일정한 수준에 이르지 않으면 우리가 기대하는 현상이 발생하지 않을 때 '임계질량에 이르지 못한다'고 설명한다. 일반인들도 많이 쓰는 "2% 부족하다."는 말과 같다고 생각하면 된다. 관리자는 조직의 임계질량을 늘 감지해야 한다.

사회생활을 하는 동안 평직원에서 시작하여 팀장, 사업부장, 본부장, 사장까지 거쳐 왔다. 그동안 작게는 네 명에서 많게는 백여 명의 직원을 관리해왔다. 섣부른 말일지 모르겠지만, 경험상 관리자는 아래로 2단계의 직원까지만 직접적인 관리가 가능하다고 생각한다. 조직이 수천 명 혹은 수십만 명일지라도 CEO는 아래로 단 2단계의 관리자와 어떤 관계를 유지하는가에 따라 조직의 성공을 결정짓는다고 단언한다. 이러한 주장은 첫째, 관리범위의 룰과 둘째, 시간한계성의 룰에 대한 판단에서 기인한다. 역량의 차이는 있겠지만 한 사람이 관리할 수 있는 사람은 무한정 늘어날 수 없고, 사람이 늘어날수록 개별적으로 이야기를 나눌 시간은 점점 줄어든다.

관리의 범위와 시간의 한계를 인지하라

처음 관리자가 되었을 때, 가장 효율적으로 관리할 수 있는 팀원의 규모는 5명이라고 배웠다. 우리나라에서는 조선시대에 다섯 집씩 묶어 오가작통伍家作統으로 통제했던 역사가 있다. 북한에서도 5호담당제를 통해 지역조직을 통제했던 것을 보면 5개라는 관리단위가 가장 효과적이라는 주장은 매우 설득력이 있다. 최근에는 많게는 15명, 혹은 그 이상의 부하직원을 관리하도록 하는 회사도 있기는 하지만 정보시스템의 지원이 받쳐주지 않는다면 불가능한 일이다. 그러므로 나는 5~8명의 부하직원이 가장 효율적인 관리범위라는 판단을 가지고 있다.

그렇다면 CEO는 옆으로는 5~8명, 아래로는 2단계까지 5×5=25에서 최대 8×8=64명의 임원 및 부서장을 관리할 수 있다는 이야기가 된다. 그보다 더 관리하고 있다고 주장하는 사람은 내게는 아무도 관리하고 있지 않다는 이야기처럼 들린다. 매일 한 사람씩 상담을 하더라도 3개월 정도가 소요되기 때문이다. 그 이상 외연을 넓힐 수 있겠지만 인원이 많아지면 양방향보다는 일방적인 메시지 전달로 의사소통의 양상이 변하는 것이 보통이다. 직원 64명의 이름을 외우기도 쉽지 않다. 직원의 이름을 모른다는 이야기는 관리도 못한다는 이야기와 같다.

조직관리를 이해하려면 수평분화와 수직분화의 개념을 이해해야 한다. 1인 창업이라면 회사의 모든 일을 사장이 해야 한다. 서구에서는 장인들의 가내공업이 이렇게 시작되었다. 구두 장인은 제품의 디자인, 가죽의 구매, 구두의 생산, 판매, 유지보수, 재무, 재고관리까지 모두 해야 했다. 1인 기업이 성장하게 되면서 CEO는 스텝을 고용하고 수평분화를 시작했다. 생산담당, 디자인담당, 판매담당, 창고담당, 운반담당 등으로 일이 나누어진 것이다. 부분별로 각 담당자의 숫자가 늘어남에 따라 예전에는 '십장'이라고 불리던 관리자의 수직분화도 병행하여 시작되었다. 사업이 고도화되고 대규모화됨에 따라 수직분화는 더욱 심화되었다. 십장 10명 위에 또 다른 부서장이 생기는 것이다. 이러한 수직분화의 심화는 대량생산 체제에는 합리적이었지만 수직적 의사소통의 지연이 발생하고 시장환경에 대한 발 빠른 대응이 불가능해졌다. 이 문제를 해결하기 위해 기업들이 채택한 대안은 첫째, 한 사람의 관리자에게 여러 명의 직원을 맡기는 수직조직의 수평화와 둘째, 고객접점의 직원들에게 의사결정의 권한 위임 셋째, 그룹웨어, KMS Knowledge Management System 와 같은 정보시스템 구축을 통한 의사결정 프로세스의 신속화 및 지능화였다.

조직구조는 20, 40, 100, 200, 2000, 20000에 바꾸어라

문제는 어떠한 시점에 CEO가 조직구조의 변화에 대하여 고민하고 실행에 옮겨야 하는가? 하는 것이다. 이에 대하여 아래의 화두로 내게 가르침을 준 선배가 있었다.

조직변화관리 시 기억하라

이십, 사십, 일백, 이백, 이천, 이만에 바꾸어라!

그는 증대하는 기업의 직원 수를 조직변화의 척도로 삼았다. 이러한 관점은 학문적 기초를 제시하기 곤란한 경험적 판단이니 향후 심도 깊은 학술적 연구를 기대한다.

1) 조직의 수가 20명 내외이면

'오너의 카리스마'로 관리가 가능하다. CEO는 모든 직원의 이름을 외우고 있고, 각 직원들과 정서적 일체감을 유지할 수 있다. 중간관리자가 없더라도 CEO와의 스토리가 많기 때문에 강한 유대감으로 위기를 잘 헤쳐나가기도 한다.

2) 조직의 수가 40명 내외이면

'관리기능의 분화'가 필요하다. 사장 이외에 중간관리자가 필요하고 이때에는 프로다운 재무담당 부장을 고용해야 한다. 주먹구구식 재무관리로부터 벗어나 체계적인 회계절차를 마련하여야 한다. 이에 대한 대비가 없다는 증거로, 이 시기에 예상보다 비용이 더 많이 드는 현상에 대하여 CEO는 이해할 수 없다고 이야기하곤 한다.

3) 조직의 수가 100명 내외이면

'사업 다각화 비즈니스 모델'을 고려하여야 한다. 즉, 수평과 수직적 조직 확장을 도모해야 한다. 부서장도 5~8명 정도 있어야 하고, 단일품목을 넘어 포트폴리오를 다양화시킨 장단기 사업모델을 가지고 있어야 한다. 이 시기에는 관리복잡도가 급격히 증가하기 시작한다. S/W 업체의 경우 버전관리가 안 되어 한심한 실수를 반복하기도 한다.

4) 조직의 수가 200명 내외이면

'사업부문의 분화'가 시작된다. 이 시점에 임원급의 본부장을 영입하여야 하고 부문별 책임경영을 시작하여야 한다. 대기업에서의 관리경험과 프로세스를 이해하는 임원이 좋다. 기업문화 구축과 프로세스의 효율화가 경영의 화두가 되는 단계이다. 이 시기를 극복하지 못하면 부서별 이기주의가 팽배해진다. 한편으로 '굴러온 돌'과 '박힌 돌'이라는 갈등의 용어가 분출되는 시점이다. 아프기는 하지만 변화에 적응하지 못하고 끝까지 저항하는 '초기 개척자'에게 새로운 경력의 기회를 고려토록 강권해야 할 상황이 오기도 한다. 관찰해본 결과, 몇몇 벤처기업들이 이 단계를 극복하지 못하고 쓰러지는 모습을 보았다. 기업문화와 프로세스가 표준화되지 못하면 고객이 많아질수록 회사는 더욱 어려움에 빠진다. "어쭈! 돈 벌더니 불러도 안 오네?"라는 말을 고객이 내뱉기 시작하는 시점이다. 많아진 고객 수가 관리복잡도를 기하급수적으로 증대시켜서 수익의 증가보다 비용의 증가가 더욱 커지는 문제를 해결하지 못하기 때문이다.

5) 조직의 수가 2,000명 내외까지 가려면

'제조사업모델'이 없다면 불가능하다고 배웠다. 규모의 경제가 따라주어야 가능하다는 것이다. 2,000여 명의 직원을 가지려면 여러 가지 여건이 충족되어야 한다. 산업 내의 수직적 시장 통합이 활성화되고, 회사 내의 능동적 학습문화가 정착되어야 달성 가능하다고 한다.

6) 조직의 수가 20,000명 내외까지 성장하려면

'글로벌 시장 진출'이 필요한 시점이다. 단순한 영업과 마케팅만이 아니라 연구개발과 디자인, 상품기획 등이 해외로 나가야 하고 생산라인도 현지화가 되어야 한다. 글로벌 브랜드로서의 입지가 없이는 불가능한 일이다.

위의 화두는 직원 규모에 따른 경영의 의사결정 측면에서 많은 통찰력을 제공할 것이다. 각 단계의 직원 수에 대해서 회사가 속한 업종과 상황에 따라 이견이 있겠지만 그 추이는 유사하리라 생각한다.

중국 고사에 "뛰어난 장수는 수십만 명의 병사를 통솔하면 족하지만 훌륭한 왕은 이러한 장수들의 마음을 얻어 능히 수천만 명의 군사를 부릴 수 있다."는 메시지가 있다. 딥 스마트는 직원들과 조직의 임계질량을 항상 감지해야 한다. 그리고 가지고 있는 인적자산 속에서 최대한 시너지를 끌어내기 위해 중간관리자들과 많은 스토리를 만들어야 한다. 스토리를 만들려면 자신의 가장 소중한 자원인 시간을 그들에게 내어 주어야 한다. 딥 스마트의 경영은 관계를 위한 시간관리에서 출발한다.

25
귀 기울이되
함부로 바꾸지 마라

IBM에서 제조업체의 산업전문가라는 직책을 여러 해 동안 맡은 적이 있었다. 나는 사용자들이 CAD/CAM/CAE/CIM로 알려진 엔지니어링 소프트웨어를 잘 선택하고 효과적으로 사용하도록 하는 기술영업을 했다. 당시 전략적으로 국내외 전문가를 투입하여 실제 상품 개발을 위한 프로젝트를 수행했다. 효과를 인정한 고객사의 중역으로부터 두 번의 감사패를 받는 보람도 있었다. 자연히 나는 동시공학과 품질경영TQM에 대해서도 관심을 가지게 되었고 동시병행설계 관련 책도 출간할 수 있었다.

일상의 표준 프로세스를 잘 운영하는 것은 실무자의 일이지만 관리적 의사결정의 경우에는 부서별 인력, 자금, 시간에 대한 투자 우선순위를 정하고 기회비용에 관련된 판단을 하는 것이 관리자의 주요 사안이 된다. 나는 부서장이 해당 사업에 대하여 세 가지 질문에 답할 수 있다면 사업계획을 승인하였다.

✔ 투자 대비 효익이 있는가?
✔ 단기적 수익이 없더라도 2~3년의 라이프사이클 차원에서 수익성을 보장해 줄 수 있는가?
✔ 수익도 나지 않을 가능성이 많지만, 실패하더라도 회사의 자산으로 남을 학습이 가능한가? 물론 이 경우 회사가 충분히 감내할 수 있는 재무적 역량이 있어야 할 것이다.

내게 연구개발 실무를 전수한 멘토는 삼성전자의 컬러TV 개발팀 허헌 팀장으로 겸손하고 합리적인 분이었다. 그분이 내게 전수한 연구개발 관리의 핵심 화두는 두 가지였다. 첫째는 상품기획력 강화이고, 둘째는 초기설계 보증이다. 지금도 나는 이 두 가지를 연구개발의 화두로 삼으며 회사의 연구개발팀에게도 거듭 강조해오고 있다.

> **연구개발 관리 시 기억하라**
> · 상품기획력을 강화하라
> · 초기설계를 보증하라

고객의 소리가 잘 팔리는 제품의 근거이다

첫 번째 상품기획력 강화의 목적은 결국 '잘 팔리는 제품'을 재빨리 기획하는 데 있다. 잘 팔리는 제품에 대한 아이디어는 구매자인 고객의 소리를 어떻게 잘 수용하느냐에 달려 있다. 이 같은 목적을 거스르는 장애요인은 너무도 많다. 부적절한 목표고객의 선정, 개발 지연으로 출시 시점을 놓친 디자인, 부서장의 해외출장에 따른 의사결정의 연기, 고객 구매요건의 오해, 기술지상주의, 역량이 부족한 기획자 등이 그렇다. 이를 극복하는 대안으로 우선 생각할 수 있는 것은 구매자인 고객을 초기부터 제품기획에 참여시키는 것이다. 비행기나 컴퓨터개발의 경우 이러한 전략으로 성공한 여러 사례들이 많이 알려져 있다.

한편 유의할 사항이 있다. 여태껏 시장에 선보이지 않은 최초의 상품을 기획할 경우 구매자로부터의 피드백 메시지가 실제로 제품을 출시하였을 때의 반응과 다를 수 있다는 점이다. 이와 같은 위험을 피하는 방법은 목표고객을 심사숙고하여 선정하는 방법밖에 없다. 어떤 업체의 경우는 고객이 알지 못하는 제품에 대하여는 할 말이 없다고 간주하고 고객의 말을 듣지 않겠다는 전략을 갖기도 한다.

변경이 없는 설계를 지향하라

두 번째 초기설계 보증의 목적은 '변경이 없는 설계'를 지향한다. 설계 변경은 개발납기를 지연시키고 개발비용을 높인다. 납기를 놓치면 경쟁자에게 시장을 빼앗기고 투자비도 날아간다. 전형적인 설계 공정은 순차적 개발방식이다. 순차적 개발문화에서는 부서 간의 의사소통이 단절되어 있기 마련이다. 원류공정에서 변경된 설계사양은 후공정의 담당부서에 전파되지 않아서 제작 불능이 되거나 부품과 생산설비를 다시 주문하고 제작하는 일이 다반사이다. 간혹 후공정에서 임의로 설계 변경을 하여 초기에 기획된 상품과 다른 엉뚱한 제품을 만들기도 한다. 이러한 설계 변경을 없애려면 개발에 관련된 모든 조직들이 한 팀으로 협업하는 문화와 환경이 조성되어야 한다. 가능한 한 같은 물리적 공간에서 직접적인 의사소통을 하도록 배려되어야 하며, 제품의 라이프사이클 전반에 걸쳐 공동책임을 져야 한다. 이러한 조직을 미국에서는 타이거팀, 다기능팀Multi Functional Team, Cross Functional Team, Multi Disciplinary Team 등으로 부르고 있다.

비록 위와 같은 연구개발의 화두를 알고 있다고 해도 생산성 향상을 위한 혁신 프로젝트의 경우에는 언제나 빠지지 않는 세 가지 성공요인이 있다. 첫째, 잘 정의된 방법론과 툴 둘째, 최고경영자의 의지 셋째, 외부 전문가의 도움이다. 실무자들이 이 세 가지 접근전략을 담보하고 진행한다면 성공하지 못할 프로젝트는 없을 것이다. 단지 복잡도에 따라 시간이 걸릴 뿐이다. 최근에는 제조사보다도 인터넷 및 모바일 소프트웨어를 개발하는 회사의 임직원을 접촉할 기회가 많다. 이들에게 위의 두 가지 의사결정 화두에 대한 의견을 물어보면 대부분 깊이 동조한다. 20여 년 전에 전수받고 학습한 키워드가 여전히 유효하니 신기하고 고마운 일이다.

26
가장 초기부터
공유하라

예전 영업사원 시절에 선임이 술자리에서 우스갯소리로 이런 비유를 한 적이 있다. 고객이 "당신네 기계는 너무 고장이 잘 난다." 하고 말하면 영업사원은 "우리 장비는 아주 민감해서 조심히 잘 다루어야 하는데……."라고 말해야 한다는 것이다. 더 풍자하면 "우리 기계는 아주 예민해서 선택된 몇 사람들만 사용할 수 있는 기계입니다. 어떻게 고장을 내셨어요?"라고 되려 고객을 야단쳐야 훌륭한 영업사원이라는 이야기이다. 물론 고객 앞에서 시도해본 적은 없다. '고장이 잦다'가 '기계가 민감하다'는 말로 변하듯 현상을 보는 기준도 말하는 사람의 입장에 따라 아주 다른 식으로 표현될 수 있는 것 같다.

조직 내에서도 사안을 보는 기준이 첨예하게 대립하기 쉽다. 경험에 비추어보면 보통은 개발부서와 영업부서가 그렇다. 두 부서는 어떤 문제가 발생하면 그 책임을 상대방에게 떠넘기는 것이 다반사이기 때문이다. "고객의 요구사항을 잘 이해하지도 못하고 고객의 무리한 요구를 무조건 수용한다!" 개발자들은 영업사원에게 볼멘소리한다. 반대로 영업자들은 "경쟁사 제품의 기능에 턱없이 못 미치고 개발기간은 항상 지연된다!"라고 개발부서에 불만을 표한다.

고객의 피드백을 어떻게 수용할 것인가?

영업본부장으로 일할 때 개발부서와 영업부서 간의 의견을 중재하느라 상당한 에너지를 소비했다. 부서의 영업사원들로부터 호된 비판을 받기도 했다. 영업본부장으로서 영업사원을 대변하지 않고 너무 개발자 편을 든다는 것이다. 이러한 현상은 결국 의사소통능력과 상대방의 업무에 대한 이해의 부족에서 비롯된다. 하지만 한 회사의 공동목표를 가지고 달리는 두 부서에서 경쟁이나 논란은 무의미하다. 서로 간의 언어나 수행 과정을 세부적으로 통일하고 이해하며 공유해야 한다. 그래서 나는 상품기획을 위해 공통의 화두를 만들었다.

상품기획 시 기억하라
필수기능, 부가기능, 혁신기능을 구분하라!

개발과 영업 간의 커뮤니케이션이 어려운 것은 양쪽이 사용하는 용어가 상대방에게는 생소하고 이해하기가 쉽지 않기 때문이다. 이를 해결하기 위해 내가 고안한 방안은 상품기획 단계에서 기능에 대한 정의를 구분하여 공유하는 것이다. 개발하려는 제품의 기능을 고객의 만족도와 기대수준에 따라 필수기능, 부가기능, 혁신기능의 세 가지로 분류한다.

1) 필수기능(기대수준 고, 만족도 저)
- 경쟁제품과 동일한 기능으로 차별화가 안 되는 기능이다.
- 과거에 없던 기능이 새로이 추가된다 하더라도 매출 성장비율은 변화가 없다. (매출 촉진효과 1.0으로 정함)
- 이 기능이 없으면 고객의 불만이 고조되고 매출은 기대할 수 없다.

2) 부가기능(기대수준 고, 만족도 고)
- 경쟁제품이 가지고 있지 않은 기능으로 이 기능에는 구매유도력이 있다.
- 새로운 기능이 추가되면 매출 성장비율이 증대할 것으로 예상한다. (매출 촉진효과 1.5배로 정함)
- 고객이 광고를 통해서 경쟁사와 차별화된 기능의 가치를 알아보고 선택하도록 유도해야 한다.

3) 혁신기능(기대수준 저, 만족도 고)
- 구매자가 인지하지 못하였던 탁월한 기능으로 조만간 강력한 구매유도력을 발휘할 기능이다. 일단 알고 사용한 이후에는 맛을 들여 경쟁사로 변경할 수 없는 매력적인 기능을 말한다. 경쟁사가 동일한 기능을 갖추기 위해서 상당한 노력이 필요하다.
- 판매와 함께 매출 성장비율의 획기적 향상을 예상한다. (매출 촉진효과 2.0배로 정함)
- 새로이 창조되어 고객이 아직 그 가치를 인지하지 못한 기능이다. 레퍼런스를 만들고 고객을 선도하고 따라오게 만들기 위해 노력을 기울여야 한다.

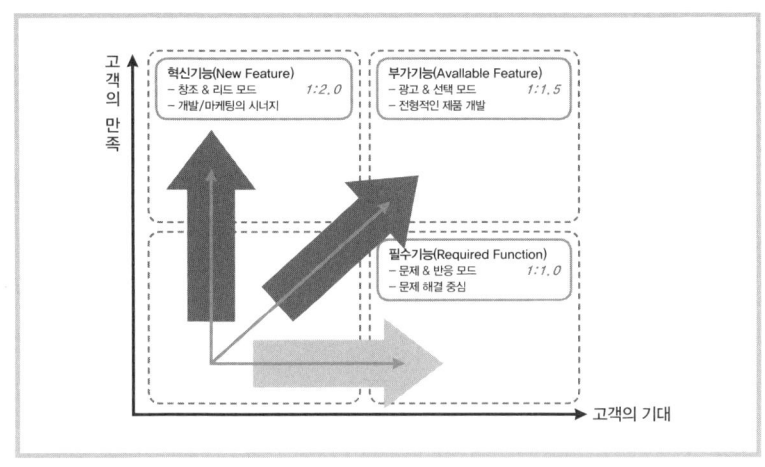

개발 초기부터 생각과 책임을 공유하라

나는 개발부서가 새로운 제품을 개발하여 시장출하를 요청할 경우 신제품의 새로운 기능이 위 세 가지 기능 중 어느 것에 속하는지를 설명하도록 요구했다. 개발자들은 당황했다. 경쟁사의 제품이 해당 기능을 가지고 있는지 모르는 경우도 있었고, 구매자가 해당 기능을 필수기능으로 생각할지 부가기능으로 생각할지 자신 있게 의견을 제시할 수도 없었기 때문이다.

당시 나는 신제품의 시장출하에 대한 가부를 결정하는 파워를 가지고 있었다. 마케팅부서가 내가 맡고 있는 영업본부 산하에 있었다. 예전에는 개발부서가 제품을 만들면 무조건 시장에 런칭해야 했지만 이제 이야기가 달라진 것이다. 이 때문에 개발팀은 예전과 다른 도전에 대응해야 했을 것이다. 왜냐하면 개발된 제품이 "팔릴 수 있는 제품인가?"라는 화두에 개발자들도 역시 답변해야 했기 때문이다. 이러한 화두는 예전에는 그들의 몫이 아니었다.

문제는 제품개발이 모두 끝난 후에 내리는 이러한 의사결정은 대부분의 개발비용이 이미 발생된 이후라는 것이다. 그렇기 때문에 나는 상품개발의 초기부터 영업대표들이 신제품 개발미팅에 참여하도록 강력하게 권하였다. 기획 단계에 참여하지 않은 영업대표가 다 만들어진 제품에 대하여 비판하는 것을 용납하지 않았다. 기획 초기부터 그들이 참여하여 기획된 제품은 더 이상 개발자만의 책임이 아니라 영업사원의 책임이기도 했기 때문이다. 기획 단계에서도 기능요건을 위의 세 가지로 구분하였음은 더 말할 나위가 없다.

당신이 혹시 영업팀이나 마케팅팀에 속해 있다면 이러한 툴은 자사 제품의 경쟁력을 구분하는 데 분명히 도움이 될 것이다. 요구했던 부가기능, 혁신기능이 포함된 제품이 출시된 경우는 약속한 증대비율이 반영된 매출목표를 수용하는 용기가 필요함은 물론이다.

신제품 개발에 관련하여 연구개발부서와 영업마케팅부서가 의사소통을 할 때 도움이 되는 또 다른 툴로는 품질기능전개기법Quality Function Deployment, QFD이 있다. 업계에서 그 효과가 이미 판명된 좋은 툴이다. (관심이 있다면 저자의 블로그를 참고하기 바란다.)

27
세 가지 가격을 파악하라

세상에 상품을 살 때와 팔 때만큼 입장이 달라지는 일이 없다. 팔 때는 돈을 많이 받고 싶고 살 때는 적게 주고 싶은 것이 사람의 마음이기 때문이다. 아담 스미스Adam Smith는 수요와 공급에 관한 평형을 유지하는 이러한 힘을 '보이지 않는 손'이라고 표현하며 경제활동의 주요한 동력으로 판단했다. 가격은 경제의 기본이자 핵심이다.

상품이나 용역을 판매해야 하는 업체의 경우 자사제품의 가격을 결정하는 일은 매우 중요한 일이다. 어려운 가격결정이론을 경영자가 모두 알 필요는 없지만, 경영자 입장에서 마케팅팀이 제안하는 판매가격을 검토하고 승인하려면 나름대로의 관점을 가져야 할 것이다. 제품의 가격결정 시에는 다음의 세 가지 고려사항을 확인하라고 조언하고 싶다. 첫째, 경쟁사 제품의 가격 둘째, 제품 제조원가 셋째, 구매자가 기꺼이 지불하고자 하는 값이다. 이 세 가지가 경쟁력 있는 가격결정에 가장 중요한 요인이라고 믿고 있다.

> ## 다음의 세 가지 가격을 파악하라
> 경쟁사 제품가, 제조원가, 고객이 기꺼이 지불할 가격!

가장 바람직한 가격은 어떻게 결정되는가

경쟁사 제품의 가격에는 크게 세 가지 종류가 있다. 명목가격, 할인가격, 특별가격이다. 명목가격은 '리스트 프라이스List Price'라고 부르는 표준가격으로, 힘 없는 일반 소비자에게 판매할 때 붙이는 가격이다. 할인가격은 지불하는 시간 혹은 구매물량에 따라 차등적으로 적용되는 가격으로, 대개는 유통채널사와 같은 파트너 가격이 된다. 구매물량이나 매년의 실적, 충성도에 따라 가격은 달라질 수 있다. 선진업체는 이를 가치기반 가격정책이라 부른다. 기본원리는 파트너사가 제조업체 대신에 지불하는 재무적 가치를 제품의 할인율이나 할인금액으로 환산하는 것이다. 파트너사가 보유한 영업사원의 수와 제품에 대한 이해의 정도, 현금결제 여부 등이 이러한 가치기반 할인율의 변수가 된다. 파트너사가 영업사원을 할당하고, 교육받게 하고, 어음대신 현금으로 결제하는 것은 모두 제조업체가 부담하지 않아도 되는 재무적 가치로 환산될 수 있기 때문이다. 특별가격은 그야말로 정상적인 상거래가 아닌, 특별계약조건으로 제시되는 가격이다. 대개의 경우 제조업체나 유통채널은 특별가격의 전제조건으로 구매자에게 대외비를 요구하기도 한다. 특별가격은 제조업체와의 상거래 질서를 무너뜨린다. 그리고 특별가격에 구매한 고객은 만족스러운 서비스를 요청할 수 없다. 이렇게 로스 – 로스Loss - Loss 게임이 될 수 있기 때문에 상시적인 가격이라고는 볼 수 없다. 그러므로 자사 제품의 표준가격을 결정할 때 경쟁사의 특별가격은 고려대상이 아니다.

특별가격은 해당 거래별로 평가하고 의사결정하는 것이 바람직하다. 경영자는 가격을 결정할 때 경쟁사의 명목가격과 할인가격을 제대로 벤치마킹하였는지 확인하여야 한다.

두 번째로 제품 제조원가를 고려하는 것은 마진율을 정하기 위해서이다. 대개의 경우 소프트웨어 및 서비스의 마진율과 하드웨어의 마진율은 달라져야 한다. 소프트웨어의 마진율이 원가의 50%라면 하드웨어는 원가의 4배 정도가 되지 않으면 계속사업을 유지할 수가 없다. 비즈니스 모델이 물리적으로 너무 다르기 때문이다. 직접 제조하는 경우와 수입하여 판매하는 경우의 마진율도 다를 수밖에 없다. 대기업의 경우 기업활동을 세분화하여 재무적으로 접근하는 '활동기준 원가관리기법Activity Based Costing'을 도입하곤 하는데, 이는 중소기업에서는 비용 면에서 효과적이지 않은 방법론이 될 수 있다는 것이 중론이다.

세 번째는 고객이 기꺼이 지불하고자 하는 기댓값이다. 이를 정의하려면 먼저 목표고객군의 특성을 분명히 해야 한다. 미국에서는 대개 500불 이상과 이하의 제품에 접근방법이 다르다. 미국의 상행위상 박리다매 제품과 가치지향 제품의 구분점이 500불이다. 그 이유는 상법에서 계약서 없이도 보호받는 기준이 500불 이하이고, 500불 이상의 거래가 보호받으려면 계약서를 제시해야 하기 때문이다. 혹자는 배우자의 승인 없이 살 수 있는 가격대가 500불 이하이기 때문이라는 재미있는 의견도 말한다. 애플의 iPAD가 500불 내외의 가격대로 책정된 이유도 이 때문이라는 생각이다. 500불은 배우자에게 나중에 보고해도 쫓겨나지 않을 최대한의 심리적 구매금액이 아닐까? 나도 그렇다.

수시로 변하는 가격을 주시하라

경쟁사의 제품가를 CP Competitor Price라 하고, 제조원가를 PC Product Cost, 고객의 기댓값을 BP Buying Price, 그리고 자사제품의 가격을 PP Product Price라고 명명할 때 바람직한 가격상황 중 하나는 CP〉BP〉PP〉PC이다. 비교를 위해서 다음의 그림처럼 자사의 계획 가격을 100으로 정하고 CP, PC의 위치를 화살표 위에 포지셔닝하는 툴을 사용하면 가격전략의 선정에 도움이 될 수 있다.

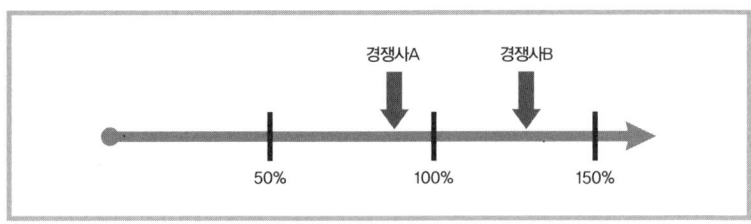

문제는 위의 가격변수가 시장상황에 따라 지속적으로 변화한다는 것이다. 경쟁사가 가격을 낮출 수도 있고, 고객의 기댓값이 떨어질 수도 있기 때문이다. 시장상황을 예의주시하고 가격전략에 융통성 있게 접근하기 위해서는 지속적인 경험을 쌓고 많이 만드는 '규모의 경제', 빨리 시장에 내놓는 '시간의 경제'를 꾸준히 경주할 수밖에 없다.

관리자는 마케팅팀장과 함께 영업사원들의 윈-로스 Win-Loss 리뷰 미팅을 적어도 분기에 한 번은 개최해야 한다. 영업사원들은 비즈니스의 실패 원인을 경쟁력 없는 제품의 가격으로 돌리기 일쑤이지만, 이를 무시하지 말고 경쟁사들의 가격정책을 예의주시할 필요가 있다. 가격을 전반적으로 낮출 수는 없겠지만 한시적이라도 융통성 있는 가격을 적용하거나 전략적 고객에게만 경쟁력 있는 가격을 제안함으로써 시장에서의 명목가격을 유지하면서 브랜드가치도 유지할 수 있기 때문이다.

친한 보험설계사 친구가 권유하는 보험상품이 경쟁상품에 비해 25%를 상회한다면 아무리 친한 친구더라도 구입을 망설일 것이라는 설문조사 기사를 본 적이 있다. 이런 이유로 제품을 경쟁사보다는 적어도 25%까지 비싸게 팔 수 없는 영업사원은 고객관리를 잘하지 못하는 것이라 말해왔다. 경쟁사보다 25% 비싼 가격은 영업사원이 만드는 인간관계의 부가가치 매출이다.

28
자신만의
수치를 가져라

　　　십수 년 전, 프로젝트 제안 작업을 위해 실리콘밸리에서 오랜 기간 일한 류동원 박사를 초대하여 함께 일 한 적이 있다. 그분에게서 정말 많이 배웠다. 평균 인건비 ×2.5배의 룰도 그때 배웠다. 류박사는 대상업체가 속한 업종의 평균인건비를 사전에 알고 있다는 전제 하에서 "한 업체의 경영상태 파악은 직원 수와 작년 매출, 단 두 가지의 질문만으로 충분하다."는 가르침을 주었다. 업체가 속한 산업의 평균인건비를 3,300만 원으로 가정할 때 여기에 2.5배를 하여 직원 수를 곱한 금액에 대비해서 전년도 매출이 비슷하거나 크다면 그 업체는 먹고살 만하다고 판단한다. 2.5배를 하는 것은 인건비 외에 약 1.5배의 금액이 직원 한 명을 유지하기 위한 최소한의 간접경비라고 간주해서이다. 물론 업종이나 취급하는 제품, 국가 등에 따라서 배수와 평균인건비는 달라진다. H/W업체는 S/W나 서비스업체에 비해 4~5배의 매출은 해야 한다. 마진 구조가 다르기 때문이다.

재무건전성 판단 시 두 가지를 질문하라

- 질문 1: 직원이 얼마나 되세요?
- 질문 2: 작년도에 매출은 얼마나 하셨어요?

경영자는 자신만의 수치를 가져야 한다

훌륭한 경영자는 자신만의 주요한 수치공식을 이용하여 그때그때 경영적 판단을 해낼 수 있어야 한다고 배웠다. 현장에서 발생하는 모든 사안에 대비하기 위해 두꺼운 경영서적을 가지고 다니며 판단할 수도 없고 보좌할 스텝을 항시 대동하면서 도움을 구할 수도 없기 때문이다. 사회 초년생인 나에게는 굉장한 혜안을 주는 가르침이었다.

2.5배의 룰을 벤처회사에 적용하는 것은 적절치 않다. 잘 알고 지내는 벤처투자회사의 전문가들은 벤처회사의 경우 설립 후 3년간의 제품개발 기간에는 예외 없이 이익이 발생하지 않는 것이 자연스럽다고 한다. 3년 이후에 제품을 사용하는 고객이 생기고 수익이 나기 시작하여 5년 차 정도에 투자금을 회수하는 손익평형점에 도달하면 잘된 것이다. 이런 벤처회사의 계속사업 가능성은 재무건전성에서 찾기보다는 경영자의 평판과 도덕성, 개발인력의 구성, 지적재산권의 확보와 비즈니스 모델의 독창성에서 보아야 할 것이다.

내가 자주 활용하는 또 다른 경영수치는 외상매출금 평균회수기간 A/R Turnover이다. 연간 매출액을 365일로 나누면 하루의 평균매출금액이 되고, 연말의 외상매출금을 일평균매출금액으로 나누면 상품을 팔고 현금을 받는 소요기간일이 산출된다.

> **외상매출금 평균 회수기간 =기말외상매출금/일평균매출액**

    4, 5년 전 경쟁업체인 H사의 외상매출금 평균회수기간을 전년도와 비교하여 살펴보니 그 기간이 90일에서 120일로 늘어나 있었다. 당시에 우리 회사는 60일 정도였다. 1, 2개월 어음결제가 일반적인 우리나라에서 120일이라는 기간은 그 회사가 자금운영에 어려움이 있다는 것을 반증한다.

    당시 나는 영업본부 직원들에게 "H사는 2~3년 안에 부도가 나거나 매각될 것"이라고 확언하였고, 그 일은 정말로 현실이 되었다. 나는 업계 평균보다 2배나 긴 외상매출금 평균회수기간을 가진 H사가 연말에 상품 밀어내기 혹은 매출 과대계상 등의 분식회계를 도모했을 가능성이 있다고 판단했었다. 이렇게 외상매출금 평균회수기간은 기업의 현금흐름 위험도를 평가하는 데 매우 효율적인 툴이 될 수 있다. 다만, 이 수치는 해당기업의 대차대조표와 손익계산서를 보아야 산출할 수 있다.

    공대 출신인 내가 처음 회계공부를 시작했을 때는 학업상의 문화적 충격이 있었다. 미적분만 어려운 줄 알았던 나는 간단한 사칙연산이 대부분인 회계원론의 차변/대변을 이해하는 데만 수개월이 걸렸다. 비록 회계사자격증이 있어도 회계업무를 주로 하지 않고 전문경영인 생활을 더 오래 한 내게 재무이론은 책을 꺼내 놓고 공부하지 않으면 이해하기 어려운 것이었다. 그러나 어려운 재무분석이론과 공식을 모른다고 흠이 될 것은 없다. 중간관리자들은 여기에 제시한 몇 가지 키워드만으로도 다른 회사의 재무건전성을 충분히 판단할 수 있다.

자사의 재무건전성은 세 가지로 관리하라

외부기업이 아닌 자사의 재무건전성에 대해 판단하기 위해 기업은 매년 회사의 핵심지표를 정할 필요가 있다. 성장에 집중할 경우에는 매출과 성장률, 생존에 집중할 경우에는 수익과 비용, 성장과 생존 모두를 살피고 싶을 경우에는 매출, 수익, 인당 생산성에 관련된 지표를 매주, 매월 스텝미팅 때마다 살피고 대응하는 것이 바람직하다.

관리기법 중에서 내가 많이 활용하는 세 가지가 있다. 목표관리Management by Objective, MBO와 예외관리Management by Exception, MBE, 원칙관리Management by Principle, MBP가 그것이다. MBO는 경영학의 오래된 키워드로 연구되어온 분야이고, MBE는 품질관리의 키워드, MBP는 경영철학이 많이 내포된 관리기법이다.

MBO는 임직원별로 주요성과지표KPI와 같은 형태로 매년 목표를 부여한 후 이에 따라 고과를 평가하고 직원에게 동기를 부여한다. 최근에는 직원의 자발적 창의력과 협업을 억제하는 측면이 있다는 비난을 받기도 한다. 경영자들이 대개 목표만 부여하고 학습기회나 툴을 제공하지 않는 이유 때문이다.

MBE는 조직의 표준 프로세스의 허용기준을 벗어나는 예외항목의 상하 임계치를 정하고 사안이 임계치를 벗어나는 경우만 예외관리하도록 한다. 제조공정에서 많이 사용되는 기법이지만 최근에는 영업·개발·재무관리 부분에서도 고객만족도관리, 버그관리, 비용관리 차원에서 널리 활용되고 있다. IT 시스템이 도입될 경우 자동알림기능을 통해 적절히 대응하여 기업의 위험도를 관리할 수 있다. 재무건전성 판단을 위한 지표의 산출과 이를 이용한 경영판단은 대표적인 예외관리 기법의 하나이다. 기업의 재무적 위험에서 가장 큰 것이 현금부족에 따른 부도위험이다. 돈이 들어오고 나가는 일에 관련된 미수금관리, 구매 및 지출관리는 특히 유의해서 처리해야 한다.

예외관리에 시각적으로 접근할 수 있는 테크닉의 예로 아래의 간단한 그림이 아이디어를 줄 수 있다고 생각한다. 한 기업의 4년간의 매출 추이는 그림 상단의 꺾은선 그래프처럼 도식화할 수 있다. 이때 매년의 원가, 총비용(원가+판관비), 이익의 추이를 분석하기 위해서는 매년의 매출을 100%(=1)로 동일하게 만들고(이를 전문용어로 '정규화'라고 부른다) 각각의 변화 추이를 화살표로 연결하면 전년도에 비하여 계정의 이상 변화가 드러난다. 비용요인이 전년도에 비하여 증가하였다면 빨간불이 들어온 것이라 할 수 있다. 그 요인은 설명 가능하여야 한다. 경영자가 이러한 재무적 변화를 감지하여 적절한 통제시점을 놓치지 않도록 체계적 관리를 해야 할 것이다. 발견된 현상을 설명할 수 없다면 이는 위기이거나 기회이거나, 둘 중 하나이다.

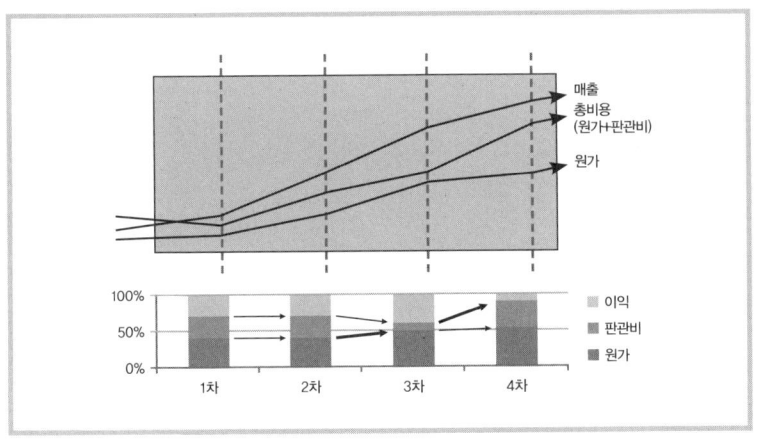

MBO와 MBE는 관리자에게 위임하고 경영자는 원칙관리인 MBP에 좀 더 신경을 쓰는 것이 좋다. 회사의 규칙을 수천 페이지의 매뉴얼로 만들어 놓고 참조하도록 하는 기업들이 많지만, 시장의 변화에 일일이 매뉴얼을 펼쳐 보면서 대응한다는 것은 시대에 맞지 않다. 오히려 기업이 반드시 준수해야 하는 몇 가지 원칙을 정하고 사안이 원칙에 합당한지 판단하는 능력을 기르도록 하는 것이 회사의 대응력을 높이는 일이다. 회사가 준용하는 원칙은 회사의 비전과 임무에 기반을 둔다. "우리는 고객의 만족을 최우선으로 행동한다."는 원칙을 가진 회사라면 고객이 반납기간을 하루 넘겨 반품을 요구한 상품을 일단 접수할 것이지, 매출만 생각하여 반납기간이 지났으니 지점장에게 문의해야 한다고 말하지는 않을 것이다.

29
직업윤리는
외줄타기와 같다

　현명한 사람은 종교와 정치를 주제로 논란을 벌이지 않는다. 기업경영에서도 말조차 꺼내기 쉽지 않은 주제들이 있다. 그 중 하나가 직업윤리에 대한 문제이다. "너희 중에 죄 없는 자가 먼저 돌을 던져라!"라는 성경구절과 맥을 같이하기 때문이리라. 비즈니스 세계에서 사업을 진행하다 보면 마치 담벼락에 올라 위태롭게 걸어가는 듯한 상황에 놓일 때가 많다. 담벼락 밑이 평평해서 순탄하게 보인다는 순간적인 판단에 잘못 뛰어내리면 더 큰 어려움에 직면하기도 한다. 내가 아는 어떤 이는 작은 실수로 큰 비난을 받기도 하고, 직장을 떠나야 하는 경험을 겪기도 했다. 이야기를 들어보면 이해되는 일들이거나 부하직원들의 관리에 대한 책임을 대신 지고 고초를 겪은 경우도 많았다.

　이 글을 쓴 목적은 내가 경험하고 알게 된 기상천외하고 다양한 윤리적 도전을 설명하고 익숙하지도 않은 윤리학을 강의하려고 하는 것이 아니다. 단지 프로페셔널을 지향하는 후학들이 혹시 맞닥뜨릴지도 모를 윤리적 도전의 함정에 빠지지 않을 작은 화두를 전달하고자 한다.

유혹은 반드시 보고하라

기업활동 중에 임직원들은 많은 유혹에 직면한다. 문제는 이러한 유혹이 합법적이기는 하지만 윤리적인 면에서는 의문이 제기되는 상황일 경우가 많다는 것이다. 나의 경우에는 유혹이 들어오면 다음의 세 가지 이슈에 걸리는지 자문해본다. 첫째, 내가 '갑'의 입장이 아닌데도 이러한 제안(선물)을 했을 것인가? 둘째, 내가 이 회사를 떠나도 이러한 제안을 받을 가능성이 있는가? 셋째, 내일 아침신문에 실려도 부끄럽지 않은가?

만약 이 세 가지 이슈에 답변할 수 없다면 유혹을 거절하려 노력하였다. 유혹은 집으로 배달된 몇 만 원짜리 명절 선물일 수도 있고 골프경기 초대일 수도 있다. 어떤 파트너는 회사 주식을 주겠다고 제안하는 경우도 있었다. 하지만 대개의 유혹은 이러한 세 가지 검증을 통과하지 못하였다. 그러면 집으로 온 선물을 돌려보내야 한다. 때로는 받은 선물을 도저히 다시 반송하기 미안한 사이도 있다. 대안으로 생각한 방법은 받은 선물보다 비싼 선물을 자비로 대신 구입하여 답례로 보내면서 이렇게 강조하는 것이다. "내 돈으로 사서 보냅니다." 그러면 다음에는 선물을 보내오지 않는다. 보내는 사람은 대개 회사 비용으로 구입하는 반면에 나는 자비로 보내니 그 부담을 스스로 느끼기 때문이다.

유혹이 들어올 때 가장 중요한 것은 반드시 이러한 사실을 상급 인사관리자에게 보고하여야 한다는 것이다. 기업윤리 지침의 원칙을 하나만 전수하라면 "판단이 어려운 일은 상급 인사관리자에게 보고하는 것"이다. 보고하는 순간 뜨거운 감자는 상급자에게 넘어간다. 상급관리자가

지시하는 대로 처리하면 된다. 직원 스스로 판단하여 대응하면 돌이킬 수 없는 낭패를 겪을 가능성이 높다. 이러한 일로 직장에서 안 좋게 떠나는 경우를 많이 보았다. 혹자는 법적으로 문제가 없는데 무슨 문제냐고 이야기한다. 합법적인 것이 윤리적이지 못할 수도 있다는 것을 잘 이해하지 못하는 듯하다. 법을 준수하면서도 정직하지도, 원칙을 지키지도, 신뢰를 지키지도, 공평하지도, 포용적이지도 않을 수 있다. 법으로 처벌되지 않는다고 하더라도 기업윤리는 이보다 더욱 높은 규범이다.

감사의 마음은 이해관계가 없어진 후 전하라

선물을 받는 경우도 문제가 되지만 영업사원이 고객에게 선물을 주는 것도 문제가 된다. 파트너사 대표인 이용직 씨는 "고객은 바람나기 직전의 애인과 같다."고 표현했다. 공감되는 말이다. 그러니 애인이 바람나지 않도록 손을 쓰고 싶고, 선물이나 부조리한 거래를 하고 싶은 발심이 생길 수 있다. 이러한 이유로 여전히 언론매체에는 정치인의 뇌물사건과 기업체의 비자금 이슈가 끊이지 않는다. 검찰은 항상 대가성이 있었느냐를 밝히려고 한다. 주고받는 거래였다는 것이 기소의 중요 포인트인 셈이다. 도대체 얼마의 선물이나 떡값이면 대가성이 '있다, 없다'를 판단할 수 있을지 잘 모르겠다. 그러므로 가능하면 쌍방 간에 이해관계가 없어진 다음에 감사의 보답을 전하는 것이 좋을 것 같다. 물론 마음은 언제나 표현해도 좋다. 진심은 항상 통하기 때문이다. 자신의 평판을 상대도 알고 있다면 이심전심 전달될 것이다.

 직업윤리의 키워드로 '공익, 성실, 객관성과 독립성, 책임완수'의 네 가지 판단기준을 잘 살피면 큰 위반은 없을 것이다. 이러한 기준은 미국 공인회계사들의 윤리기준을 채용한 것이다.

- ✔ 공익: 임직원의 활동은 공익과 사회적 신뢰를 저하하는 방향으로 추구되어서는 안 된다.
- ✔ 성실: 임직원은 개인적 수익이나 이득 추구를 회사의 사회적 책임에 앞세워서는 안 된다.
- ✔ 객관성과 독립성: 임직원은 회사와 이해의 상충관계가 있는 상황에 있어서는 안 된다.
- ✔ 책임완수 = 완벽추구: 임직원은 끊임없이 완벽하게 맡은 바 책임을 다하려는 개인적 노력을 해야 한다.

위와 같은 네 가지 원칙에 위배될 경우 임직원은 형법의 처벌은 받지 않더라도 민법의 저촉을 받게 되고 회사에서는 임직원을 해고할 파워를 가지고 있는 것이 상식이다. 회사와 임직원의 고용관계는 '듀 딜리전스Due Diligence' 혹은 '듀 케어Due Care'라고 하는 '신의와 성실'을 전제로 하기 때문이다. 딥 스마트는 누구보다도 원칙을 잘 이해하고 외줄타기에 능해야 한다.

일례로 내가 아는 어느 회사의 직원은 고객사의 IT 서비스를 위하여 파견근무하던 중에 고객의 제안으로 주말에 고객사에서 아르바이트를 하였다. 직원의 입장에서는 어차피 쉬는 주말에 자기 시간을 써서 고객사의 일을 했는데 무슨 문제냐 반문할 수 있다. 그러나 이는 심각한 직업윤리의 문제이다. 회사가 수행할 수 있는 사업기회를 직원이 의도적으로 가로챈 것과 같기 때문이다. 이 경우 직원은 회사와 이해의 상충이 없어야 한다는 '독립성의 원칙'에 관한 윤리규범을 어긴 것이다.

30
악마의 변론자와
사귀어라

전략적 의사결정은 회사의 명운을 달리할 의사결정이다. CEO가 책임지고 추진하는 일로, 단기적 불이익을 감수하더라도 미래에 투자하는 일이 될 것이다. 가장 높은 불확실성과 위험을 내포하기 때문에 전문경영인들도 이사회와 주주에게 의사결정의 근거를 제시하기 위해 외부 컨설팅업체를 이용하기도 하고, 잘되면 영웅 안 되면 회사를 망친 이유로 불명예 예편을 하기도 한다. 문제는 예상되는 리스크를 충분히 감안하고 계획하였는가 하는 것이다. 리스크를 예상하고 대비할 시나리오를 가지고 있다면 재무적 위험도를 낮출 수 있다.

모두 동의하는 일은 위험하다

두 얼굴을 가진 모델에 관한 이야기를 들어본 적이 있는가? 한 화가가 성화를 그리기 위해 성인(예수)의 완벽한 모델을 찾아내어 그림을 그렸다. 그리고 다음에는 악마(가롯 유다)의 완벽한 모델을 찾아 헤매었는데 마침 발견한 사람이 성인의 모델과 같은 사람이었다는 이야기이다. 세상에는 이처럼 동일한 것에 대하여 다른 시각을 가질 수 있는, 알 수 없는 이야기가 너무나 많다. 특히 기억되는 몇 가지 스토리를 들어보자.

- ✔ 감기는 만병의 근원이다. 아니다! 감기는 쉬면 낫는 병이다.
- ✔ 애완동물의 털은 아이들에게 해롭다. 아니다! 애완동물은 아이들의 질병 저항력을 향상시킨다.
- ✔ 자동화는 생산성을 향상시킨다. 아니다! 지나친 자동화는 변화에 대응하는 것을 어렵게 한다.
- ✔ 리더는 성공 스토리가 있어야 한다. 아니다! 과거의 성공이 미래의 실패를 부른다.
- ✔ 목표관리는 기업활동의 핵심이다. 아니다! 일방적인 목표설정은 조직의 창조력을 억제한다.

이런 식으로 들어왔던 이야기를 써내려간다면 몇 페이지도 채울 수 있을 것이다. 전략적 의사결정의 시점에 들이대는 스텝들의 의견이 이와 같다. 명심할 것은 스텝 간의 이견은 자연스러운 것이며 조직이 건강하다는 표징이라는 것이다. 만약에 당신의 조직에서 이와 같은 이견이 없이 사장의 의견만을 위해 건설적 이견이 통제되고 예스맨 일색의 문화가 잡혀 있다면 심각한 일이다.

반대자를 활용하라

로마 카톨릭에 '악마의 변론자 Devil's advocate, 라틴어로는 Advocatus Diaboli'라는 직책이 있다. 이는 1587년 교황 식스토 Sixtus 5세에 의하여 처음 도입되었다. 가톨릭의 시성·시복 재판에서 객관성을 담보하기 위하여 심사대상이 성인 혹은 복자의 반열에 들지 않도록 최대한 반론의 증거를 내밀며 악역을 담당하는 측을 일컫는 말이다. 엄밀히 말하면 자격이 있는 대상자를 선별하는 일에 기여하니 천사의 변론자이기도 하다. 아마도 심사대상을 모두 좋게만 보는 착한, 또는 마음 약한 심사위원들에게 혜안을 주기 위하여 고안된 묘책일 것이다. 반대자를 잘 활용하는 예이다.

전쟁에 나가 패전한 장수는 용서해도 방책과 경계에 실패한 장수는 목을 베었다는 삼국지의 이야기가 있다. 전략적 의사결정에서 방책과 경계에 대한 대표적 방안이 권한의 분권을 이용한 '반대자의 활용'이다. 이러한 역할을 할 인물이 없다면 미팅 전에 부서장 중 1명을 선정하여 악마의 변론자 역할을 하도록 정할 수도 있고, 외부 멘토를 내정할 수도 있으며, CFO에게 그러한 역할을 맡길 수도 있다. 쉽지 않은 일이다. 나는 CFO에게 지속적으로 사장을 견제하는 역할이 있음을 반복하여 강조하였고, 미팅 시에는 항상 의견을 듣고 전문가적 의견에 경의를 표하는 모습을 부서장들에게 보이려 노력했다.

IBM 선배로 알고 지내는 LG유플러스 고현진 부사장의 철학이 "천재도 없고, 기적도 없다."라는 것임을 신문을 보고 알았다. 아마도 "훌륭한 경영실적은 요행으로 이루어지는 것이 아니고 뛰어난 아이디어도 실행이 없다면 공염불"이라는 생각을 표출하신 것 같다. 나도 그분처럼 후학들에게 좋은 화두를 던지고 싶다. "조직관리의 핵심은 통일보다 다양성이고, 속도보다는 방향을 잡아가는 것"이라고 말이다.

주적이 분명한 군조직의 경우는 다양성보다는 일사불란하게 통일된 명령체계가 효과적이겠지만, 기업의 경우는 시장과 고객의 수요 변화에 대응하기 위하여 다양한 대안을 검토하고 의사결정을 해야 한다. 그러므로 자유로운 의사소통과 민주적인 커뮤니케이션 문화가 마련되어 있어야 한다. 그래야 제대로 된 사업방향을 정하고 한정된 자원을 집중할 수 있다. 다양성을 담보하기 위해서는 직위보다는 직책에 따른 업무수행 문화가 안정되어야 한다. 역시 이 모든 것은 섬세한 판단력과 예리한 통찰력으로 기업문화를 좌우할 수 있는 딥 스마트라면 가능한 일이다.

기업경영의 세 가지 키워드를 기억하라

IBM의 도움으로 회사를 다니면서 경영대학원을 마칠 수 있었다. 그것이 성장에 큰 도움이 되었다는 생각에 직원들에게 학습문화를 지속적으로 강조하였고, 감내할 수 있는 범위 안에서 교육 예산을 최우선으로 배려하였다. 중소기업 오너 사장 중에서 "직원에게 많은 교육투자를 하였더니 몸값을 키워서 대기업으로 가 버리더라."라고 말하며 직원들의 교육투자에 소극적일 수밖에 없다는 푸념을 하는 이들이 있다. 그러나 성장의 가능성이 직원 장기근무의 주요 원인이고, 비록 이직하였더라도 모회사에 대한 호의를 지닌 인적 네트워크가 확산되는 것이라고 생각한다면 학습문화 구현은 경영자의 최우선 관심사가 되어야 한다.

학습은 경영자에게도 평생의 과업이다. 학습을 어떻게 해야 할지 모를 때는 해당 분야의 용어를 제대로 이해하는 것에서 시작하는 것이 좋다. 경영자에게 정체성이 있다면 그들이 제일 먼저 체득하여야 하는 용어가 Q Quality, C Cost, D Delivery 라고 단언한다. 품질, 원가, 납기 세 가지는 시간이 흘러 우선순위가 달라진다 하더라도 경영자의 영원한 숙제이며 과업임이 틀림없다. 이들 세 가지를 통제한 후에나 고객감동, 사회적 책임을 도모할 수 있을 것이다.

---

1. **Q(품질)는 산포를 줄이는 것이다.**

    간단한 정의지만 이를 이해하고 현업에 적용하는 데는 수주일의 학습이 필요하다. 1980년대 꽃피운 일본의 품질경영은 2차대전 후 일본의 산업계 리더들이 에드워드 데밍Edwards Deming과 조셉 주란Joseph Juran과 같은 미국 품질경영의 구루들을 초청, 노하우를 전수받아 시작된 것으로 알려져 있다. 그들이 주창한 이론은 BPR, 6시그마, BPM 등의 여러 학문으로 전개되고 있지만 그 근본은 품질경영, 즉 TQM에서 출발하였다. 과거에는 품질향상(목표값의 산포를 더욱 줄이는 것)은 기하급수적 비용투자를 필요로 한다는 선입관이 만연했으나 "불량은 없앨 수 없다는 직원들의 안이한 마음에서 바로 불량이 발생한다."는 문화적 관점이 우세하다.

2. **C(원가)는 규모의 경제, 신기술, 생산성 증대, 관리능력 향상 등으로 절감할 수 있다.**

   이는 산업혁명 이후부터 줄곧 기업의 핵심과제였으며, 포드와 테일러 시스템 같은 소품종 대량생산을 통한 규모의 경제로 도모되었다. 과거에는 생산원가만 고려하였다면 다품종소량, 변종변량, 최종적으로 개별사양의 생산체제 그리고 환경규제가 강화됨에 따라 지금은 상품의 라이프사이클 전반에 걸친 환경 비용까지 검토해야 하는 상황이 되었다. 즉, 생산단계에서는 저렴한 대안이더라도 유지보수, 수거 및 폐기까지의 라이프사이클을 고려할 때 더 큰 비용을 유발시키지 않는지를 고려하여야 한다.

3. **D(납기)는 기회비용을 줄이는 차원에서 현재 가장 중요시되는 과제이다.**

   개발납기, 생산납기, 공급납기 등 시간의 경제가 규모의 경제보다 더욱 중요시되는 현대에서는 아무리 좋은 제품이라도 경쟁사보다 출하시점을 놓치면 안 된다. 자칫 개발비를 날리는 것은 물론 선발 경쟁사의 덤핑으로 파산의 위험도 감수해야 한다. 감성집약적인 소비재산업이 그렇고, 반도체산업이 또한 그렇다. 납기 단축의 핵심은 동시공학(디자인) 방법론을 통한 커뮤니케이션 비용의 절감에 있다고 단언할 수 있다. 회사의 덩치가 큰 기업일수록 IT시스템을 이용하지 않고는 커뮤니케이션 비용절감에 한계가 있다.

나빠진 생산성과 경영목표를 분석할 때마다 그 책임을 직원들에게 돌리고 싶은 것은 경영자들의 속성인 듯하다. 그때마다 나는 Q-C-D의 중요성을 가르쳐 주셨던 서강대 경영전문대학원 백종현 교수님의 말씀을 상기한다. "우리나라의 일부 경영자와 정치 관료들은 우리 근로자들의 생산성이 일본의 4분의 1, 미국의 3분의 1임에도 창피한 줄 모르고 집단이기주의에 빠져 있다고 합니다. 그러나 간과하지 말아야 할 것은 일본과 미국의 자본장비도(생산설비와 같은 장비의 투자액)가 우리와 현격한 차이가 있음에도 근로자에게 선진국 수준의 생산성을 요구하는 것은 적절치 않다는 것입니다. 이 같은 태도는 한 마디로 선진국은 포클레인으로 땅을 파고 있는데 우리 직원에게는 삽질을 시키면서 왜 선진국만큼

생산을 못하는가! 라고 비난하는 것과 같다고 할 수 있습니다." 경영자들에게는 자신을 경계하는 귀중한 가르침이라 생각한다. 이러한 이유로 품질관리의 대부인 데밍은 "목표할당량을 기술하는 작업표준을 제거하고 수단 없이 생산성만을 올리도록 강요하는 임의적인 수치목표와 포스터, 슬로건을 근무지에서 제거하라."고 말하였다.

PART

4

전문역량을 계발하라

자신을 가다듬고 중심을 잡아야 세상이 보인다.
끊임없이 자신을 계발하고 경쟁력을 만들어야
세상과의 접점에서 스파크가 일어난다.

31
행복을 위한
시간 만들기

심판자: 네 죄가 뭔지 너는 알고 있다.

빠삐용: 난 죄가 없소. 난 그를 죽이지 않았소. 증거도 없이 당신이 뒤집어씌운 거요!

심판자: 그건 사실이다. 너의 진짜 죄는 그의 죽음과 무관해.

빠삐용: 그렇다면 내 죄가 뭐란 말이요?

심판자: 네 죄는 인간이 저지를 수 있는 최악의 죄지. 바로 인생을 허비한 죄! 그 죄로 너를 고발한다.

빠삐용: ?……! 그렇다면 유죄요. 유죄, 유죄……. 유죄…….

영화 〈빠삐용〉에서 스티브 맥퀸이 흰 양복을 입고 사막을 걸어와 재판관과 대화를 나누는 꿈속의 한 장면이다. 비즈니스를 하는 사람으로서 시간관리에 대한 여러 책을 보고 노하우들을 접하지만 그럴 때마다 답답하다. 대부분 효과적인 시간관리로 생산성을 높이는 방법을 설명하고 있기 때문이다. 시간관리의 궁극적인 목적이 기계와 마찬가지로 생산성만을 높이는 것이라면 인간은 도대체 무엇을 위해 사는지 의문이 생긴다. 그렇기 때문에 시간관리를 논하기 이전에 우리는 반드시 자신의 지배가치에 대한 확고한 신념이 있어야 한다. 즉, 자신의 인생에서 무엇이 가장 중요한지 생각해보고 이를 우선시해야 한다.

모든 사람이 똑같은 지배가치를 가질 수는 없다. 통일된 지배가치가 없다면 시간관리의 통일된 방안을 제시한다는 것도 부적절한 접근일 수 있다. 그럼에도 불구하고 시간관리의 궁극적인 목적을 꼽는다면 "시간관리란 인생 전반에 걸쳐서 나를 행복하게 만드는 시간을 많이 만들어내는 관리기법"이라고 풀이하고 싶다. 이렇게 정의하면 단기적 성과를 위해 몸을 혹사시켜 건강을 해치는 태도도 적절하지 않고, 당장의 편함을 추구하다 나이가 들어 궁색한 삶을 꾸려야 하는 모습도 불편부당하다. 시간관리도 결국은 균형이 핵심이다.

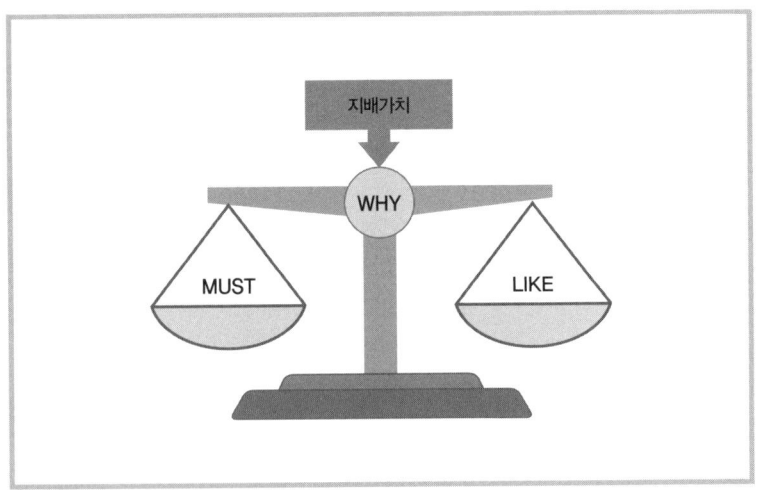

행복하게 일하기 위해 시간을 관리하라

시간관리의 핵심에 접근하려면 다음의 세 가지 질문에 답해야 한다. 첫째, 나는 왜 이 일을 하고 있는가? 둘째, 나는 이 일을 꼭 해야만 하는가? 셋째, 나는 이 일을 하고 싶어서 하고 있는가? 이상의 세 가지 질문에 답할 수 있다면 목표는 분명해지고, 목표가 분명해지면 지배가치를 선택할 수 있다. 그 다음은 균형을 맞추어야 한다. 그러므로 시간관리의 3요소를 목표, 선택, 균형이라 부르곤 한다. 결국 시간관리의 핵심은 해야 할 일Must을 냉큼 해치워버리고, 하고 싶은 일Like에 더 많은 시간을 할당하는 것이다.

직장인은 맡고 있는 일이 익숙해지면 학습효과에 의하여 동일한 일을 예전보다 더욱 빠르게 처리할 수 있다. 일을 남보다 빨리 처리하면 우리는 그 사람을 스마트한 사람Smart Worker이라고 부른다. 그러나 스마트한 사람이 되려면 먼저 열심히 하는 사람Hard Worker이 되어야 한다. 열심히 하는 사람의 단계를 점프하여 바로 스마트해질 수는 없다. 제대로 체계적인 교육을 받지 못하였지만 직접 부딪치고 경험하며 월등한 성과를 내는 '스트리트 스마트Street Smart'에게는 시간관리가 특히 중요하다. 아래의 시간관리 팁은 검증된 주요 테크닉이다. 스트리트 스마트를 위한 유용한 아이디어를 줄 것이다.

- ✔ 매일 시간을 내어 시간계획을 검토하고 우선순위를 변경하라.
- ✔ P · D · C · A Plan · Do · Check · Action 의 품질관리 사이클을 준용하라.
- ✔ 불분명한 목표는 SMART Specific 구체적, Measurable 측정 가능, Action Oriented 실행 가능 혹은 Agreed 합의된, Realistic 현실적인, Timed 명확한 납기로 검증하라.

✔ 해야 할 일을 속히 처리할 순서대로 당면업무(A급, 노란색), 일상업무(B급, 회색), 가치업무(C급, 빨간색)로 구분하라. (단, A · B · C는 중요도의 순서가 아니다.)

✔ 상기업무를 태스크별로 조그만 포스트잇에 쓴 다음 눈앞에 보이는 A4 사이즈의 게시판에 붙여 놓고 활용하라(게시판은 접착성이 좋은 플라스틱 용지가 좋다).

✔ 긴급을 요하는 중요한 일은 간섭받지 않는 공간에서 작업하라.

✔ 일의 우선순위는 아래의 일곱 가지 순서로 판단하라.

– 투자 대비 효익(재무적 가치)

– 개인의 목표달성(지배가치)에 결정적

– 회사의 목표달성에 결정적

– 상사의 목표달성에 결정적

– 위임할 수 없음

– 학습효과가 뛰어난 과업

– 선행과업과 종속과업

✔ 상사와 수시로 일의 우선순위에 대한 견해 차이를 동기화하라.

✔ 매년 절대로 빼놓지 않고 장기적이고도 중점적으로 반복할 일의 체크리스트를 만들어라.

✔ 휴식과 취미를 위한 시간을 사전에 계획하고, 잘한 일은 자신에게 상(사고 싶은 것 사기, 놀러 가기 등)을 줘라.

✔ 죽기 전에 하고 싶은 일의 목록(일명 Bucket List)을 만들어라.

돈 많은 사람이 공부에 잘 몰두하지 않듯이 각자에게 주어진 시간이 무한하다면 시간을 관리하는 공부도 필요하지 않을 것이다. 누구에게나 시간이 한정되어 있기 때문에 시간관리 공부가 필요하다. 공부에도 집중을 방해하는 훼방꾼이 있는 것처럼 시간관리에도 훼방꾼이 있다. 바로 나의 시간을 빼앗아가는 시간도둑이다. 시간도둑은 내 마음 안에서 일어나는 '내부적 시간도둑'과 타인에 의해 일어나는 '외부적 시간도둑'이 있다. 외부적 요인은 의사소통을 잘해서 해결이 가능하지만, 자기절제와 자신감이 결여되어 발생하는 내부적 요인은 멘토링이 필요하다.

시간의 경제학을 무너뜨릴 수 있는 것은 열정뿐이다

시간도둑보다 더 무서운 시간관리의 주적은 완벽주의이다. 예전에 어느 팀장은 항상 리포팅 제출시간을 넘겨 보고서를 제출했다. 지연사유를 물으면 조금이라도 더 완벽하게 만들고 싶어서 늦었다고 한다. 그는 정말 보고서를 잘 정리하여 제출했다. 한 가지 아쉬운 점은 제출기간을 넘겨버리는 바람에 그 정보는 더 이상 유용하지 않았다는 데 있다. 그렇기 때문에 비즈니스 세계에서 지나친 완벽주의는 솔루션이 아니라 문제점에 가깝다. 시간관리는 선택의 문제이고, 선택의 문제에 완벽주의는 없다. 일을 잘되게 하는 것이 일을 완벽하게 하는 것보다도 더욱 중요하다. 완벽하게 일을 처리하겠다는 생각과 완벽하게 일을 할 수 있다는 환상이 일을 그르치는 원인이 된다. 시간을 효율적으로 선택하고 효과적으로 이용하는 것이 더 완벽한 결과를 낼 수 있다. 이것이 시간의 경제학이다.

2년 차 직장인으로 열심히 생활하던 어느 날, 여동생의 친구인 로사가 날 보러 찾아왔다. 무슨 일인지 물었다. "동생 계집애가 데모꾼들과 몰려다니면서 집에도 잘 안 들어와요. 부모님 걱정이 태산 같아요! 오빠가 잘 설득해서 제발 시간 낭비는 그만하고 조신하게 공부에 전념하라고 설득해 주세요." 오죽하면 친구의 오빠에게 이런 부탁을 할까? 라는 생각에 오케이 했다. "그런데 오빠! 국회 비서관 오빠 한 사람을 더 불렀어요." 아뿔싸! 강적이다! 나름 고수가 두 명이나 붙어야 하니 마교의 딸이 틀림없다. 결투의 날이 되었다. 내 동생과 로사는 우리 집 앞마당 잔디 위에 돗자리를 깔고 맥주와 안주로 술상까지 준비했다. 밝은 보름달이 중천에서 비추니 조명도 필요 없었다. 국회 비서관이라는 '따거大哥'와 명함을 교환하고 마교의 딸을 기다렸다. 청바지에 하얀 티셔츠 차림의 그녀가 도착했다. 친언니가 강권하니 마지못해 나온 표정이다. 모두 다섯 명이 술상 앞에 둘러앉았다. 우리가 먼저 일장을 날렸다. 커리어 비전, 부모 자식의 도리, 여자의 몸, 아까운 시간과 학업의 중요성 등등. 걱정하시는 부모님의 대리인으로서 내키지 않는 말이어도 협상과 설득의 수를 충실히 날렸다. 지금은 무슨 이야기를 나누었는지 기억도 나지 않는 2~3시간의 설전 후, 마교의 딸이 최후의 상승무공을 펼쳤다. 그녀는 자신의 열정에 대해 누구보다도 호소력 깊게 피력했다. 그리고는 이렇게 물었다. "그렇게 말하는 오빠는 지금까지 어느 것 하나에 철저히 미쳐본 적이 있나요? 왜 말씀이 없으시지요? 어느 것 하나 뜨겁게 사랑해보고 아파해본 적 없으면서, 무엇을 깨우쳤다고 제게 충고하시는 거지요?" 그녀의 눈을 쳐다보았다. 그녀의 눈빛은 확신에 찬 열정으로 뜨겁게 일렁이고 있었다. 내가 말했다. "맥주나 한 잔 더 마시자!" 열정적으로 몰두할 대상을 가진 이에게 일반적인 시간의 경제학을 충고하는 일은 섣부른 짓이다. 그들은 누구보다도 자신에게 의미 있는 시간을 보내고 있기 때문이다.

32
운명에게
삶을 내어 주지 마라

어머니는 가끔씩 내게 태몽을 들려주셨다. 태몽인지 출산 후의 꿈인지 정확치는 않은 듯하다. "온통 깜깜한 밤이었는데, 글쎄 갑자기 북소리가 둥둥둥 울리더니 커다랗고 환한 별이 하늘에 나타나 세상을 훤히 비추면서 지나가는 것이 아니겠니? 그래서 네 이름도 밝고 맑은 별이라는 뜻의 정규淨奎로 지었단다." 어머니의 태몽은 나로 하여금 자신을 고쳐 세우고, 스스로 미래의 긍정적인 모습을 암시하게 만들었다. 태몽의 계도효과를 체험한 나는 아내가 첫아이를 가졌을 때 좋은 태몽을 꿔보라고 압박했다. 역사에 기재될 일도 아니니 어린아이들에게 희망이 된다면 멋진 거짓말 태몽이라도 꾸며내어 들려주고 싶었다. 대통령선거 때마다 입후보자들이 거대한 태몽을 이야기하는 걸 보면 태몽의 신화가 주는 힘은 부정할 수 없는 것인가. 태몽의 신화는 어쩌면 운명이 미리 계시되어 그대로 진행될 것이라고 믿고 싶은 인간의 나약한 마음에서 이루어진 것이 아닐까.

운명에 의지하면 의지한 만큼만 살게 된다

내가 돈 주고 점괘를 교환한 최초의 장소는 싱가포르의 호파빌라Haw Par Villa 공원이었다. 같이 출장 온 친구들과 공원 이곳저곳을 구경하고 있는데 사람들이 모여 있는 게 보였다. 어깨 너머로 살펴보았다. 손금을 기계에 스캔하면 그 사람의 미래를 프린터로 출력해 주고 있었다. 재미있겠다는 생각에 돈을 내고 손을 내밀었다. 왼쪽에는 내 손금이, 오른쪽에는 운세가 영문으로 인쇄되어 나왔다. 그 중 기억에 남는 점괘는 이것이다. "항상 누군가가 당신 대신 고생을 해 준다!" 덕분에 나는 평생 걱정을 덜었다. 누군가 나를 위해 늘 대신 고생하여 준다니 얼마나 좋은가? 점에 관한 이야기가 나올 때마다 내가 이런 일화를 나누면 선배나 동료들은 "그게 바로 나야! 내가 네 대신 고생을 많이 하고 있다!"하며 생색을 낸다. 그런데 따지고 보면 사실 모든 인생은 다른 사람의 수고 덕분에 편한 게 아닌가? 농부가 수고하여 재배한 먹거리로 살고, 음식점의 수고 덕분에 점심으로 배를 채우고, 기술자가 만든 자동차를 타고, 아프면 의사에게, 죽어서는 장의사에게 내 몸을 맡긴다.

그때 이후로는 평생 점쟁이를 찾아가지 않았다. 신앙을 가진 다음에는 더욱 더 외면했다. 그런데 인터넷 사주가 나를 유혹했다. 미래가 궁금하기도 했지만 행여 있을지도 모르는 악담에 맞설 자신이 없었다. 그래서 한번은 지난 과거의 점괘만 보자 마음먹고 사주를 보았다. 깜짝 놀랐다. 내 사주만으로 두 아들의 출생연월을 정확히 맞추는 것이 아닌가? 혹하여 미래까지도 들춰보고 싶어졌다. 유혹을 억누르느라 지금도 마음이 어지럽다. 내 마음이 이러하니 다른 사람들은 오죽하겠는가. 정확치는 않으나 우리나라 사주·관상 매출이 5조나 된다고 한다. 연봉 2,000만 원으로 계산해보면 대략 25만 명이 이 업계에 종사하는 셈이 된다. 2009년 삼성그룹의 총 직원 수 정도이다. 사람들에게 위안을 주는 점쟁이들도 있겠지만, 이들 대부분은 인간의 나약한 마음에 걱정과 불안을 지펴내어 돈벌이를 하는 사람들일 것이다.

    점과 같은 미혹에 빠지는 사람은 지능과는 상관이 없는 듯하다. 두뇌가 비상한 천재박사를 알고 있다. 그도 일이 안 풀리면 때때로 점쟁이를 찾아가 비방을 받아온다. 점쟁이가 가지 말라고 하면 회사에 출근도 안 한다. 일전에 어떤 여성사업가가 투자하고 싶다고 우리 회사를 찾아왔다. 그녀는 점쟁이의 말에 따라 김씨 성을 금씨로 바꾼 황금색 명함을 내밀었다. 손재수를 없애겠다고 팔찌, 귀고리, 반지, 목걸이를 모두 금으로 치장했다. 식당에 앉는 자리가 동쪽 방향인지 묻기까지 했다. 모두 점쟁이가 지시한 것이었다. 어찌하였든 그 여성사업가는 큰돈을 번 듯했다. 하지만 나는 그녀가 점쟁이의 사설금고 역할을 하고 있을 것 같다는 생각이 들었다.

    고교시절 시험 때면 손톱과 머리를 깎지 않는 친구들이 있었다. 미신 같아서 싫었다. 시험이 다가오면 일부러 목욕하고, 머리를 깎고, 손톱발톱을 더 깨끗이 다듬었다. 그로 인해 잘 볼 시험을 못 본 것 같지는 않다. 이것이 내가 어린 마음에 미신과 맞서 싸운 시도이다. 언제부터인가 나는 아내에게 "우리는 행복하도록 운명 지어졌다!"고 반복하여 말한다. 회사직원들에게는 "우리 회사는 잘되도록 운명 지어졌다!"고 외친다. 막연한 기대를 주려는 게 아니다. 이것이 내 마음을 흔드는 불안과 미혹에 맞서는 나름의 방법이다. 딥 스마트가 되고자 하는 리더는 정확한 판단을 내리기 위해서 삶의 미혹에 흔들리지 말고 긍정적 주관을 지녀야 한다.

고통이 새 미래를 만든다

우리는 어려움과 절망에 부딪힐 때마다 언제쯤 이러한 상황에서 벗어날 수 있을지 미래를 알고 싶어 한다. 내게도 정신적 고통은 있었다. 그러나 돌이켜 생각해보면 그 고통들이 나의 역량을 한 단계 높여 주고 새로운 세계를 경험할 수 있는 기회를 주었다. 1992년에 나는 영업목표를 채우지 못했다. 이듬해 합작사에 파견된 일은 일종의 패널티였다. "Why me!"라는 자괴감이 들었다. 그러나 전화위복이 되었다. 좋은 분들을 만났고, 업종지식을 넓혔고, MBA와 자격증에 도전하는 발심이 생겼다. 2007년 말 오너의 의지에 따라 맡고 있는 자회사를 모회사와 합병시켰다. 모회사의 대표가 후배이니 모양새 때문에 합류할 수가 없었다. 그 와중에 우연히 만난 업계 후배 CEO가 자신의 사무실 방을 내 주어, 매일 구로 디지털밸리의 여러 지인들을 만났다. 지디넷ZDNET에 칼럼을 쓰기 시작했고 그때 시작한 블로그 덕분에 이렇게 책도 내게 되었다. SDS에서 모시던 상사께서 인연을 만들어 주어 국내 1호 대학자회사를 창업해 보게 되었다. 덕분에 다국적기업, 중견기업, 벤처기업의 서로 다른 기업문화를 전부 경영해보는 남다른 경험을 할 수 있었다. 그동안 학계, 금융기관, 공공기관의 여러 사람들과 사귀었고 국내외 벤처투자기관의 전문가, 해외고객들과 커넥션을 만들었다. 모두 걱정으로 시작했지만 지적·인적 자산은 배가되었다. 고통스러운 운명을 미리 점치고 그것에만 급급했다면 지금과 같은 새 미래는 오지 않았을지도 모른다.

나는 베이비붐 세대이다. 최근 업계 동료와 이야기를 나누다 보면 우리세대가 안고 갈 삶의 무게가 걱정된다. 후배들은 더하다. 일자리는 갈수록 없어지고, 정부는 고용창출도 안 되는 건설로 국가부채만 올린다.

돈 모아 집을 살 엄두도 내지 못한다. 게다가 낮은 출산률과 고령화사회로 앞으로는 젊은이 한 명이 부모, 조부모 네 명을 부양해야 한다는 미래학자의 시뮬레이션 결과 등 우울한 예측뿐이다. 까뮈Camus의 산문집 속의 시지프의 신화처럼 언제 끝날지 모르는 인고의 바윗돌을 우리와 후손들이 계속 굴려야 할지도 모른다. 그럼에도 불구하고 우리는 시지프처럼 살아가야 한다. 운명에 맞서고, 미신과 미혹에 맞서며 살아가야 한다.

어려움은 받아들이기에 따라 우리의 체력을 향상시키고 외연을 넓혀주는 역설적 은총이다. 우리의 부모세대는 참혹한 전란과 가난을 떨치고 일어나 세계에서 가장 짧은 시간에 무에서 유를 창조하는 역설을 증명해 보였다. 우리가 이전 세대보다는 훨씬 낫지 않은가? 그러니, 굴하지 않는 도전정신과 미래의 성공에 대한 확신만큼 강한 역량은 없다. 미국의 시인 윌콕스Ella Wheeler Wilcox는 이렇게 말했다. "의지가 강한 사람의 단호한 결심을 막거나 방해하거나 통제할 수 있는 기회니 운명이니 숙명이니 하는 것은 없다." 운명에게 수동적으로 삶을 내어 주지 말고 무엇이든 새 미래를 만들기 위한 발판으로 활용할 수 있도록 의지를 다져라!

33
비우고, 발산하고,
일탈하라

직장의 과중한 업무에 의한 스트레스는 누구도 피해갈 수 없다. 머리로 스트레스를 안 받는다고 생각해도, 세포가 받는다. 나에게 건강관리 정보를 많이 주었던 안현필건강연구소의 정병우 소장은 어느 날 스승인 안현필 선생님께 "도대체 왜?"라고 따져 물은 적이 있다고 한다. 스승께서 가르친 건강법을 착실히 따르던 사람들도 병이 낫지 않고 타개하는 모습을 보며 회의를 느꼈던 것이다. 스승이 설명하는 이유인즉, 마음의 병 스트레스 때문이었다. 스트레스를 다스리지 않고는 아무리 좋은 건강관리법도 큰 도움이 안 되었다.

공학에 '피로응력Fatigue Stress'이라는 것이 있다. 강력한 쇠붙이를 부러뜨리는 힘이 1이라고 하자. 십분의 일이라는 적은 힘으로도 백만 번 이상 살살 두드리면 어느 순간 피로가 누적되어 쇠가 뎅강 부러져버린다. 사람도 마찬가지이다. 쉼 없이 반복되는 업무 부하는 정신적으로나 신체적으로 사람을 지치게 하고 몸을 망가뜨려 죽음에 이르게 한다. "나는 폭탄주를 많이 먹어도 금방 깨서 3시간만 자도 거뜬해!"하고 큰소리 치고 있는가? 당신은 자신의 세포가 겪는 치사에 가까운 피로를 인지하지 못하는 중일 수도 있다.

외부와 내부의 끊임없는 변화 속에서 스트레스를 받지 않고 늘 안정된 상태로 항상성을 유지하는 것이 쉽지는 않다. 연륜이 쌓여감에 따라 가까이 지내던 지인들과 친척들이 병에 걸리고 죽음에 이르는 일을 자주 보게 된다. 따르던 멘토의 죽음 이후에 건강에 대한 식견을 가진 분들에게 조언을 구하고 있고, 서툴게라도 실천해보고 있다. 그분들이 내게 해 준 촌철살인의 스트레스 해소법을 제시해본다. 섭생이나 운동과 같은 일반적인 건강관리법과는 다소 다른 팁들이다.

스트레스, 이렇게 관리하라

- 할 일을 머리에 두지 마라
- 수다를 떨 모임을 만들어라
- 미리 약속하지 마라
- 주말은 일탈하라

할 일을 머리에 두지 마라

해야 할 일을 기억하지 마라! 기억은 스트레스의 주요한 요소이다. 오가나이저나 전자수첩에 할 일을 기록해 놓고 잊어버려라. 월초, 주초의 첫 출근날 아침에, 당일의 일은 매일 아침에 확인하고 처리하면 그만이다. 그러므로 머리를 비웠다면 남들보다 조금 더 일찍 출근하는 것이 좋다. 기록매체를 보지 않으면 다음날 누구를 만날지도, 무슨 일을 해야 할지도 기억나지 않을 정도로 훈련하라. 그러나 매체가 전자수첩일 경우에는 내용이 지워지거나 잃어버리면 문제가 된다. 이를 위해 기록매체는 꼭 백업해두어야 한다.

수다를 떨 모임을 만들어라

남자도 수다를 떨면 스트레스가 해소된다는 것은 중년이 넘어선 이후에 알게 되었다. 나와 직접적인 이해관계가 없는 지인들과 어울리는 모임에 참여하라. 모임에 참여하는 지인들은 오랜 만남으로 상대의 심성을 잘 알아 서로에게 금방 적응할 수 있는 사람이어야 한다. 불평불만이 많은 자나 염세주의적인 자는 배제하라. 인원은 4명에서 6명 이내가 좋다. 그 이상은 대화가 분할되어 감성교류가 안 된다. 새로운 멤버를 참여시키려면 기존멤버와 좋은 관계를 가진 사람이어야 좋다. 잘못 선정된 멤버는 갈등을 일으켜 모임이 깨질 수 있다. 가능하면 당신이 주관을 갖고 모임을 주도하여야 초심의 성격을 일관성 있게 유지할 수 있다.

미리 약속하지 마라

상대방에게 하는 약속은 그 순간 부채가 된다. 대개의 사람들은 빚을 지면 잠을 못 이룬다. 늘 마음속에 남아 자신을 괴롭힌다. 나도 좋은 일은 미리 약속하는 편이라 부채는 빨리 갚아버려야 한다는 압박감으로 스트레스를 받기도 한다. 혹 약속을 지키지 못하면 신뢰를 잃을까 괴롭기 때문이다. 사전에 약속하지 말고, 줄 것을 만든 다음에 발심하라. 상대는 뜻밖의 도움에 더욱 감사할 것이다. 어떤 이에게는 미리 말하지 않는 것도 스트레스일지 모른다. 그래도 피할 수 있다면 약속하지 않는 편이 더 큰 스트레스를 예방할 수 있지 않을까?

주말은 일탈하라

주중의 격무로부터 자유롭고, 일을 생각하지 않아도 좋을, 자연과 가까운 곳으로 거처를 바꾸는 일은 스트레스를 해소하는 데 가장 효과적인 방법이다. 업무 스트레스를 또 다른 스트레스로 바꾸지 마라. 지나친 체력소모나 정신집중이 요구되는 운동, 점수나 순위를 다투는 취미생활은 스트레스 해소에 도움이 되지 않는다. 신선한 공기와 푸른 경치를 볼 수 있는 자연 속에서 근육과 관절에 큰 부담이 없는 유산소운동을 곁들이면 제격이다.

2002년 3월에 싱 린 박사Dr. Sing Lin가 발표한 〈창조성과 장수를 위한 최적의 전략Optimum Strategies for Creativity and Longevity〉이라는 논문은 가히 충격적이었다. 그는 미국의 4대 대기업(보잉, 록히드마틴, AT&T, 루슨트) 중간관리자들의 퇴직연령과 수명의 연관성에 대해 조사했다. 그 결과 50세에 퇴직한 관리자의 평균수명은 84세였으나, 63세에 퇴직한 관리자는 2년 안에 대부분 사망했다는 충격적인 내용이었다. 중간관리자가 즐기는 일이 아닌 생계를 위한 일에 몰두하는 것은 수명을 단축한다.

편향된 집념으로 성공했다는 사람들의 이야기를 들은 지 몇 년이 지난 후 도망 다닌다거나 감옥에 갔다거나 심지어 자살했다는 불행한 뒷이야기를 들으면 마음 깊이 씁쓸해진다. 이때마다 다시 들춰보게 되는 성현들의 가르침은 '중용과 균형'이라는 화두이다. 목표를 향해 거침없이 달려가는 속도 우선의 생활태도는 적진 속에 돌진하여 외톨이가 된 삼국지의 장수를 연상시킨다. "중요한 것은 속도가 아니라 방향이다."라는 말처럼 균형을 유지할 수 있는 자신만의 속도를 찾고 방향의 항상성을 유지하는 것이 중요하다. 그래야 내 몸의 세포가 편안함을 느낄 것이다.

정신 건강에 필요한 세 가지 보약

5년이 넘도록 함께 해온 부부모임이 있다. 만나서 먹고 놀기만 하는 모임이 아니라, 때에 따라서는 주제를 정해서 세미나를 하기도 하고 토론을 벌이기도 한다. 남자들은 중견 직장인들이고, 부인들은 전업주부가 대부분이다. 지난번 만남의 주제는 '나이가 들어서도 꼭 필요한 것 세 가지'였다. 멤버들이 서로 말문을 열기 시작했다. 사랑, 돈, 건강 같은 것들이 공통된 소재였다. 주제를 깊이 생각하지 않은 나는 발표를 뒤로 미루고 계속 듣기만 했다. 몇 시간의 토론 속에서 내 생각도 정리가 되었다. 사랑하는 사람과 함께 하는 것, 돈에 궁핍해지지 않는 것, 건강을 유지하는 것. 이런 것들은 내가 반복하여 말하기에는 실행에 대한 생각도 구체적이지 않고 너무 진부하다는 생각이 들어 답변하고 싶지 않았다. 짧은 시간에 마음속에 떠오른 생각은 다음의 세 가지였다. 튼튼한 장기, 감사하는 마음, 끝없는 호기심!

튼튼한 장기에 대하여 말해보자. 건강 유지에 일가견이 있는 분들은 수명은 탄탄한 근육에 있지 않고 싱싱한 장기에 있다고 말한다. 장기가 망가진 사람들은 수명이 길 수 없다. 추운 겨울에 조난을 당해도 다리보다는 장기가 따뜻하게 보온이 되면 저체온증을 피해 살 수 있다. 겨울철에 카약을 타다가 균형을 잃고 강에 빠진 적이 있다. 30초 만에 추위가 엄습해 정신이 하나도 없고 온몸이 바들바들 떨리는 경험을 했다. 모두 차가워진 장기 때문이었다. 독한 술을 자주 하고 담배를 피우고 과식을 하면 장기는 헐고, 때가 끼고, 지친다. 장기를 튼튼하게 하는 방법은 적절한 영양식, 기호품의 절제, 섬유질이 많은 현미식과 채소 위주의 식사가 될 것이다. 상식적이지만 지키기 어려운 이야기이다.

감사하는 마음은 아무리 강조해도 지나치지 않다. 불평불만이 가득한 사람은 인생에 만족할 수 없고 항시 스트레스에 시달릴 것이 자명하다. 매사에 감사하는 마음은 긍정적인 생각을 유발하고, 인생에 대하여 여유를 갖고 행복감을 느끼게 한다. 또한 감사하는 마음은 나에 대한 주변 사람들의 감정계좌의 저축고Credit를 높여 준다. 이들은 나에게, 때로는 나의 자식들에게 부채를 갚으려는 발심을 갖게 된다. 덕을 쌓으면 모르는 귀신도 도와준다는 후배의 말처럼, 은혜 입은 당신이 보은을 하지 못하더라도 은혜를 갚고자 하는 발심이 당신을 지켜주는 수호신을 움직여 대신 상대를 도울 것이다.

끊임없는 호기심은 어떤가? 코메디닷컴의 이성주 사장에게 들으니 병원에 입원한 남성환자 중 질문을 많이 하거나 간호사와 소통하는 환자는 대부분 완치되어 병원문을 나선다고 한다. 반면에 정신이 말짱한 사람이 주변에 관심을 보이지 않고 침울해 하는 경우는 병이 악화되는 사례가 많다는 것이다. 나이가 들어서 득도한 사람처럼 주변의 사안에 무관심으로 일관한다면 사는 재미가 없다. 모르는 일이나 새로운 정보에 항상 관심을 갖고 알고 싶어 하고 탐구하는 마음을 놓치지 않고 산다면 생을 마치는 그날까지 삶은 신비로운 경의의 세계가 될 것이다. 호기심을 가지면 질문을 많이 하게 된다. 질문을 하면 답을 구해야 한다. 답을 구하려면 식견 있는 분들을 찾아다니거나 연구할 시간이 필요할 것이다. 호기심을 갖고 질문을 던지는 것은 그만큼 관계를 풍성하게 하고 삶을 자극한다. "안락은 자신을 안락사시킨다."는 섬뜩한 말처럼 궁금하지 않은 삶은 죽은 것이나 다름없다. 호기심은 나이가 들어도 현실에 안주하지 않고 새로운 삶에 도전하게 하고, 삶을 더욱 생생하게 펄떡이게 한다.

월급쟁이의 최고의 덕목은 '순직'이라고 말하는 사람이 있었다. 예전에는 장수가 말에서 죽는 것이 영광이었다. 고대 북유럽에서는 전사란 모름지기 죽는 순간에도 칼을 잡고 죽어야 한다고 여겼다. 외부의 도전으로 인생을 치열하게 사는 것은 생존을 위하여 어쩔 수 없는 일이지만, 가능하면 사랑하는 이들과 오순도순 평화롭게 사는 것이 가장 좋은 삶이 아닐까? 행복에 대한 혜안을 갖고 미래를 생각하는 딥 스마트가 되려면 앞의 세 가지 요소를 지금부터 준비하라고 권하고 싶다.

카약을 타며 이와 비슷한 인생을 생각한다. 인생은 어차피 선택이다. 다른 인생과 비교하는 것은 의미가 없다. 내 우주의 주인은 오롯이 나이기 때문이다. 그러므로 인생의 화두는 'The Most'보다 'Better'이다. 어깨의 힘을 빼고 먼 산을 바라보며 꾸준히 저어가다 보면 어느새 멀기만 하던 산이 눈앞에 다가선다. 그때, 눈앞의 산이 목적이 아니라 그동안 살아온 내 삶의 모습이 목적이었음을 깨닫는다.

카약과 같은 취미생활도 스트레스를 다스리려 노력하며 호기심을 갖고 세상에 다가간 결과이다. 그 속에서 위로와 깨달음을 얻는다. 세상이 자꾸만 당신을 어딘가로 이끌고 현혹할 때 마음을 편하게 가질 수 있는 위로의 원천이 없다면 이 너른 우주가 도대체 내게 무슨 의미가 있다는 말인가! Enjoy your life!

34
하이퍼 스페셜리스트가 되라

　　금강 줄기에 경치 좋은 '적벽강 야영장'이 있다. 빼어난 경치가 중국의 적벽을 닮아 그렇게 불린다. 흐르는 강 좌측으로는 절벽이 배경으로 둘러져 있고 강 우측에는 마을 주민들이 잘 만든 너른 잔디밭이 있어 아이들이 뛰놀기 좋다. 커다란 텐트를 치고 장작을 패며 머슴정신을 발휘하고 있는데 강 위로 멋스럽게 흘러가는 배가 보였다. 말로만 듣던 카약이었다. 호기심 많은 내가 외쳤다. "저도 타볼 수 있을까요?" 카약을 몰던 분은 쉴 생각은 접은 듯 이 사람 저 사람 요청하는 이들을 다 앞자리에 태우고 강을 오르내리며 체험학습을 시켜 주었다. 이것이 계기가 되어 투어링 카약Touring Kayak을 알게 되었고 그 후로 온라인 카페에 가입하며 카약킹의 장점을 널리 홍보하고 다니고 있다.

　　카약은 환경친화적이다. 모터보트처럼 기름을 사용하지 않고 패들 Paddle의 힘으로 움직인다. 폴딩 카약Folding Kayak은 그라파이트 골조에 우레탄 커버를 입혀 안쪽 양옆에 숨겨진 튜브에 펌프질을 하여 조립한다. 쉽게 분해하여 배낭에 넣고 다닐 수 있다. 이것을 들고 중국 계림, 몽골로 여행하며 강과 바다를 누비는 사람도 있다. 아내와 함께한 2009년 여름 울릉도에서의 카약킹을 잊을 수 없다. 내가 카약킹에 매료된 것은 경쟁적이지 않다는 이유 때문이다. 물론 경주를 하면 경쟁이 되겠지만, 강과 호수와 바다에서 동료들과 천천히 배를 저으며 이야기를 나누고 일탈하는 즐거움은 스트레스를 사라지게 한다. 동호인들과 속도를 맞추고 같이 움직여야 하기 때문에 남에 대한 배려가 선행되어야 한다. 동료들을 신뢰하지 않으면 함께할 수 없는, 경쟁보다는 협력과 배려가 필요한 스포츠이다. 그 때문에 속도와 스릴을 쫓는 사람들은 금방 홀로 된다.

경쟁하지 않고 학습시키기

우리는 태어나자마자 맹수의 세계처럼 '경쟁을 가르치는 사회' 속에서 성장해왔다. 경쟁사회는 여전히 상존하고 앞으로도 계속되겠지만, 나는 인간사회는 경쟁보다 협동과 공동선을 지향한다고 생각하고 있다. 인간도 협동을 통해 맹수가 득실거리는 환경에서 생존하지 않았던가? 인생을 마라톤에 비유하곤 하는데, 우리는 일등으로 도달한 사람과 함께 어렵게 완주하여 한계를 극복한 주자들에게도 갈채를 보내지 않는가? 특정한 타인과 경쟁하면 극복해야 할 비교대상이 분명히 생기지만 그보다도 먼저 자신의 한계를 극복하는 것이 중요하다. 자신과 싸우는 마라톤과 같은 인생에서는 싸우기보다는 닮아야 할 역할모델Role Model이 필요하다.

최근 업무를 하다가 핀란드 친구 두 사람을 사귀었다. 한 사람은 미꼬 박사Dr. Miikko, 다른 사람은 토피Topi라고 한다. 그들 덕분에 핀란드에 대하여 궁금증이 생겼다. 핀란드는 인구가 500만 명에 불과한데 세계적으로 부유한 국가에 속한다. 1년의 반은 밤이 계속되고, 반은 백야가 계속된다. 중고등학생들의 학업성취도가 우리나라보다 앞서는 유일한 나라이다. 투입한 학습시간 대비 효과 측면에서 본다면 핀란드가 세계 최고인 반면 우리나라는 두 자리 등수에 그친다. 그만큼 시간을 많이 쓰면서도 효과는 보잘 것 없다는 의미이다. 한 특집방송을 통해 핀란드가 어떻게 학습효율이 높은지 알게 되었다. 그곳의 교실풍경은 매우 자유로웠다. 과거 내가 그랬던 것처럼 선생님이 칠판에 쓰면 학생들은 묵묵히 적기만 하는 모습이 아니다. 선생님은 과제를 내어 주고 학습은 학생들이 협업으로 진행한다. 엄밀히 보면 학생들끼리 서로 가르치고 배우는 풍경이다. 선생님은 옆에서 관찰하고 도움을 요청할 때만 조언한다. 그렇게 그들은 우리보다 시간을 반은 적게 쓰면서도 세계 최고의 학업성취도를 보여준다. 도대체 우리는 무엇이 잘못된 것일까? 교육학자는 이러한 원인을 학습문화에서 찾는다. 아마도 우리의 K-12(유치원에서 고등학교까지)의 기간 동안 학생들의 호기심을 학습동기로 삼지도 않고, 동료 간의 학습효과에도 주목하지 않기 때문일 것이다. 바람직한 학습문화는 서로 배우면서 조직 내에서 끊임없이 노하우가 축적되어 나가는 이상적인 환경이다. 그렇게 되려면 구성원 모두가 배움에 대해 오픈되어 있어야 한다. 신분이나 배경에 구애받지 않고 배움 앞에 모두 평등하고 공평한 기회가 주어져야 할 것이다.

하이퍼 스페셜리스트가 되어라

역할모델을 생각하고 있었던 시절인 1994년 4월 4일 〈포춘〉지에서 나는 학습에 관한 평생의 화두를 발견하였다. 성공한 직장인이 되기 위하여 어떤 학습목표를 가져야 할지 고민하던 시점이었다. 기사의 작성자는 미래의 정보사회에서의 신지식인을 '하이퍼 스페셜리스트Hyper Specialist' 라 명명하고 하이퍼 스페셜리스트의 역량을 동서남북의 나침반으로 설명하였다. 동서남북은 전문지식Specialist, 보편지식Generalist, 정보력Connected, 자립력Self-Reliant으로 나뉘었다. 나는 이러한 네 가지 분야에 대한 역량의 밸런스를 유지하기 위해 나름대로 균형 있게 에너지를 투입하려고 노력하여 왔다.

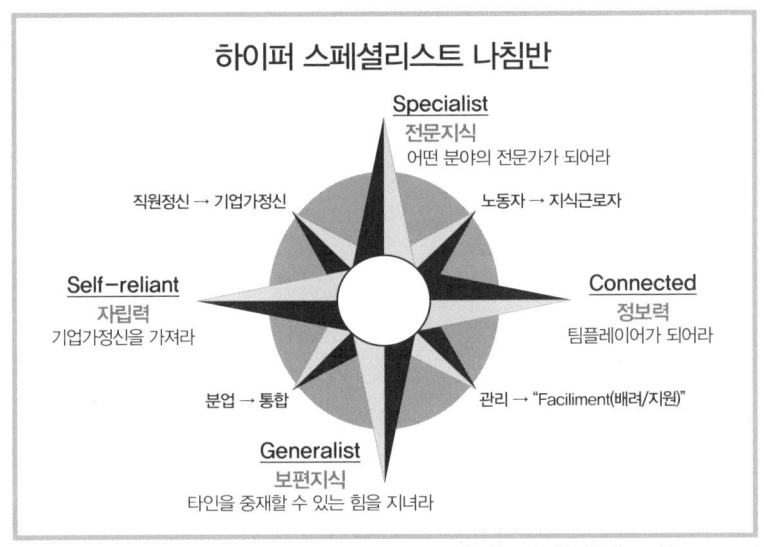

Faciliment = Facilitation + Management

먼저 스페셜리스트의 역량은 자신이 현재 수행하고 있는 일의 심도를 깊이 있게 만드는 일이다. 당신이 맡고 있는 일이 프로그래머, 시스템 엔지니어, 산업전문가, 어플리케이션 전문가 등 무엇이든 한 분야를 깊이 공부하는 일이라면 해당 분야의 문제해결능력과 창의력은 물론 타 분야를 이해하는 능력도 커진다. 때문에 학문의 심도 깊은 성취를 이루신 분들을 '협사'라 하지 않고 '넓을 박(博)'을 써서 '박사'라고 부르지 않는가?

두 번째, 혼자 할 수 있는 일이 별로 없는 현대의 업무에서 서로 다른 배경과 전공을 가진 멤버들과 의사소통하고 역량을 통합하기 위해서는 제너럴리스트가 되어야 한다. 각 분야의 기본적인 용어를 이해함은 물론, 경영과 마케팅 그리고 재무에 관련된 비즈니스 토픽도 익혀야 할 것이다. 구슬도 꿰어야 보배이듯 조직에서 제너럴리스트가 없다면 배는 산으로 올라간다. 프로젝트 관리자에게 특히 필요한 역량이다.

세 번째, 정보력. 학습은 평생 계속되어야 한다. 내가 아는 한 사장님은 1년에 200여 권의 책을 보신다. 혹자의 관점으로는 집착처럼 보일 수도 있다. 그러나 주위에서 전문가 칭호를 듣는 이들은 1주에 1권 이상의 책을 읽는 것이 보통이다. 정보력이라는 자질은 정보원과 연결된 정도를 의미한다. 웹, 전문잡지, 전문가그룹, 동아리, 카페, 블로그 등 자신의 전문분야나 비즈니스 토픽에 지속적으로 양분을 공급할 수 있는 정보원을 늘 유지하는 것이 정보력이다. 물론 꼭 독서의 양이 중요한 것은 아니다. 많이 안다고 실행력까지 높다고는 할 수 없기 때문이다. 가장 중요한 것은 정보를 대하는 호기심과 열정이다.

마지막 자립력은 기업가정신과 상통한다. 직장에서 노비근성을 가진 사람을 종종 본다. 이들은 회사 일과 상관없는 아이콘으로 모니터의 온 화면을 채우고 있거나, 근무시간에 하릴없이 인터넷 서핑으로 시간을 보낸다. 상사가 다가올 때 화면을 변경하는 자신을 느끼면 자립력과는 거리가 멀다고 생각하면 된다. 기업가정신은 자신에게 엄격한 규율을 적용하는 사람이다. 이들은 결정을 내릴 때 "내 대신 사장님이라면 어떤 결정을 할까?"라고 생각하는 훈련이 되어 있다. 이미 CEO와 같은 생각과 행동을 내재화하였으니 독립하여 창업을 하든 회사 내에서 성장하든 분명 좋은 성과를 내는 딥 스마트가 될 것이다.

자신의 스킬을 관리하여 딥 스마트가 되기 위해서는 멘토가 필요하다. 인생을 살아가면서 조언을 구하고 모델로 삼을 멘토를 가진 사람은 행복한 사람이다. 나는 존경하는 멘토를 몇 분 모시고 있다. 그 중의 한 분은 병환으로 돌아가신 故 김철수 사장이다. 동료에게 내가 하는 가장 애정이 어린 칭찬은 "너의 이름을 지워버리면 내 인생은 설명할 수 없다."는 말이다. 그분은 내게 그러한 분이셨다. 그에게서 부하직원에 대한 배려와 감성적인 리더십, 그리고 인간미를 배웠다. 당신이 위의 하이퍼 스페셜리스트의 네 가지 역량을 지향하면서 존경하는 멘토도 갖고 있다면 이미 딥 스마트의 길로 들어섰다고 자신해도 좋다.

멘토를 모시려면 애인에게 구애하듯 대해야 한다. 관찰을 통해 오랫동안 관계를 맺고 배움을 청해도 후회가 되지 않을 판단이 서면 정색하고 대면하여 "멘토가 되어 주시기 바랍니다!"하고 구애하듯 청하라. 멘토로 모셨다면 적어도 분기에 한 번은 찾아뵙고, 고민이 있을 때는 조언을 구하며 지속적으로 인사를 하는 예를 표해야 한다. 가톨릭의 교황도 영혼이 순수한 고백사제를 따로 두고 그에게 죄를 고백한다. 누구에게나 인생의 스승, 멘토가 필요하다.

35
두드리는 데도 방법이 있다

자의 반 타의 반으로 직장을 네 번 옮겼다. 스스로 옮기고 싶은 적도 있었고, 여건상 떠나야 할 시점이 되었던 적도 있었다. 어떤 분은 우리 사회에서 직장을 옮기는 것은 7개의 티켓에 한정되는 것으로 간주하라고 조언한다. 20대 후반부터 60세까지 약 35년 동안 최대 7번 이상 이직하면 더 이상 옮길 곳이 없다는 것이다. 그 말은 곧 한 곳에서 평균 4~5년 이상은 일해야 한다는 뜻이기도 하다. 경력사원을 면접할 때면 30대 중반에 직장을 4~5번 옮긴 사람을 만나기도 한다. 이런 사람은 앞으로 2~3번 더 직장을 옮기면 자영업 외에는 더 이상 대안이 없는 시점이 다가올 것이다.

통계청의 자료에 의하면 1960년에 우리나라의 평균수명이 52세였다. 그런데 2005년에는 평균수명이 78세를 넘어섰다. 지난 45년간 무려 26세 이상 늘어난 것이다. 학자들은 앞으로 40년이 지나면 평균수명은 90세를 넘을 것이라고 예상한다. 지금 나이 50세인 사람이 사고와 질병만 잘 피할 수 있다면 향후 90세 중반까지 살 것이라는 예측이 있다. 수명이 길어지면 퇴직연수도 늘어서 최대 7번이었던 이직 티켓을 10장 정도로 더 부여해 주어야 할지도 모른다.

알아보고, 묻고, 삼가라

자신의 경력이 훌륭하고 정말 원하는 일에 지원하여 인터뷰에 응하게 된 경우에도 인터뷰에서 좋은 인상을 주지 못하면 낭패를 당할 수 있다. 대기업의 신입사원이 아닌 경우라면 필기시험을 치를 가능성은 별로 없다. 이력서, 자기소개서, 졸업증명서와 성적증명서가 필요한 서류의 전부이다. 신입이 아니라면 외국계 업체의 경우는 세 페이지 정도의 이력서만 요구하는 곳이 대부분이다. 공인영어시험 성적표를 요구하지 않는 곳도 많다. 영어인터뷰 시에 확인할 수 있기 때문이다. 짧게는 30분, 길게는 1시간 안에 면접자에게 자신의 이미지를 어떻게 각인시키는가에 따라 당락이 결정된다. 따라서 면접을 보려면 제대로 준비하고 두드려야 한다. 면접도 학습과 훈련을 하면 취업 성공률이 높아질 수 있다. 요즈음에는 면접관 역시 면접만 잘하는 부적격자를 선별하는 훈련을 받을 정도로 면접훈련에 공을 들이는 사람이 많다.

　면접에 지원할 경우 다음과 같은 세 가지에 유의해야 한다. 첫째, 적어도 면접 일정이 잡힌 이후에는 지원하려는 회사에 대하여 학습해야 한다. 최근 신문을 보니 모 대기업에 취직하기 위해서 동아리활동을 통해 수년 동안 그 회사에 대해 공부하는 학생들도 있었다. 이 정도일 필요는 없지만 면접하는 회사의 대략적인 역사나 사업내용도 공부하지 않고 지원하는 사람을 회사는 뽑지 않는다. 나 또한 첫 직장에 뽑히기 위해 일주일간 열심히 공부했다.

둘째, 지원하려는 회사에 대한 의미 있는 질문을 세 가지 정도 준비해야 한다. 질문은 면접관만 하는 것이 아니다. 구직자가 회사보다 약한 존재라 하더라도 면접은 상호적인 것으로 생각하는 것이 맞다. 회사가 나를 면접하는 것처럼 나도 일 할 회사를 면접한다는 당당한 생각으로 접근하라. 면접 후반부에 지원자에게 질문이 없느냐? 하고 물으면 "충분히 알고 있다.", "1차 면접에서 다 들었다."라고 답변하는 지원자가 많다. 이는 좋은 기회를 놓치는 것이다. 2차 면접에서 1차 때와 동일한 질문을 던진다 해도 면접관의 레벨에 따라 다른 관점을 들을 수 있다. 자신이 맡을 일에 대하여 질문하거나 자신의 보고라인이 누구인지, 상사의 업무목표가 무엇인지 질문한다면 비즈니스 감각을 보여 줄 수 있다. 좋은 질문은 지원자가 그 회사에 대하여 얼마나 관심을 갖고 학습하였는가를 보여 주는 또 다른 기회이니 포기하지 말자.

셋째, 회사복지나 휴가 등의 프로그램에 대하여 질문하지 않는 것이 좋다. 이는 위에서 말한 좋은 질문에 해당되지 않는다. 알 권리를 내세우는 게 나쁜 건 아니지만, 면접 중에 너무 이해관계만을 앞세운 질문을 하는 것은 상당히 치명적이다. 회사에 대한 주된 관심사가 어디에 있는지를 반영하기 때문이다. 이러한 질문은 내부자를 통해 미리 알아볼 수도 있고, 일단 합격이 된 이후에 인사부를 통해서 문의할 수도 있다. 조건이 마음에 들지 않는다면 고용계약을 하지 않으면 된다.

구하려거든 제대로 답하라

가장 많이 나올 수 있는 다음 질문에 대해 특히 논리적인 답변을 잘 준비해두어야 한다. 아래의 질문은 여러 가지 형태로 변형되어 나올 수 있다. 내용을 잘 이해하고 분류하여 답변하라. 경험에 비추어보면 약 60%의 사람은 질문을 잘 이해하지 못하고 엉뚱한 답변을 한다. 질문이 이해되지 않으면 다시 물어야 한다. 답변을 하고 질문에 대한 답이 되었는지 확인하면 더욱 좋다. 엉뚱한 답변을 하면 면접관들은 의사소통 역량이 떨어진다고 생각할 것이다.

1) 자기소개: "자신에 대하여 설명해 주십시오!"

이러한 질문을 받으면 신입사원들은 어린 시절부터 말문을 여는 경우가 많다. 일반적으로 대학교 시절부터 풀어내면 무리가 없다. 그간 어떤 지향점을 가지고 경험을 해왔고, 그러한 활동이 결국 "이 회사에 지원하게 된 동기이다."라고 말을 맺으면 잘 대답한 것이다.

2) 지배가치(경력사원의 경우): "왜 직장을 옮기려 합니까?" 혹은 "왜 직장을 그만두었습니까?"

GE 잭 웰치 회장은 만약 사원의 면접에서 하나의 질문만 해야 한다면 이것을 묻겠다고 했다. 자신을 움직이는 지배가치, 즉 인생에서 무엇을 가장 중히 여기는지 알아볼 수 있기 때문이다. 상대의 관점에서 생각하여 답변하되 너무 솔직해도 현명하지 못하고, 거짓을 말한다면 더욱 현명하지 않다. 직장인이 입사한 이후에 회사에 계속 다니고 싶은 이유는 대개 세 가지 중 하나라고 이야기한다. 즉, 보수가 만족스럽거나, 많이 배울 수 있거나, 같이 일하는 사람들이 좋기 때문이다. 이전 회사가 세 가지 중에 1개도 만족시켜 주지 못하여 옮길 결심을 했다고 말하면 큰 무리가 없다. 돈 때문에 옮겼다고 직설적으로 표현한다면 합격의 가능성은 별로 없다. 돈을 더 많이 주는 회사가 있다면 언제든지 뜰 수 있다는 의미로 인식되기 때문이다.

3) 자기가치: "자신의 장점과 단점은 무엇입니까? 귀하를 뽑지 않으면 우리 회사는 무엇을 잃게 됩니까?"

장점은 세 가지 정도 생각해두어야 한다. 많은 신입사원들이 성실하다, 열정이 있다, 팀워크가 좋다는 진부한 이야기를 한다. 문제는 구체적이고 실증적인 사례를 설명하지 못하는 경우 의지로만 인식된다는 것이다. 어떤 장점을 이야기하든 과거의 실질적인 사례를 가지고 설명해야 한다. "뽑아만 주시면 앞으로 열심히 하겠습니다."라는 말은 결코 좋은 답변이 아니다.

단점의 경우도 1~2가지 이야기하되 관점을 달리할 경우 오히려 장점이 될 수 있는 것을 언급하면 전략적 접근이 될 수 있다. "결정에 소심합니다."라는 표현보다는 "결정을 하기 전에 생각이 많습니다."라고 표현함으로써 신중한 태도를 오히려 자랑할 수도 있다.

4) 경력관리: "향후 5년 혹은 10년 후 본인의 경력비전은 무엇입니까?"

지원자가 회사에서 얼마나 오래 일 할지를 떠보는 질문이다. 일에 관련된 속성은 세 가지가 있다. 직책, 직위, 직종이다. 다시 설명하자면, 직종이란 장기적으로 쌓아가려는 역량의 전문분야를 말한다. 전문경영인, 아키텍트, 프로그래머, 마케터는 직종을 표현하는 말이다. 직장을 다소 많이 옮겼다고 하더라도 동일한 직종에 일관되게 일하면서 경력을 쌓아왔다면 큰 문제가 되지 않는다. 그러므로 직종에 대한 자신의 분명한 의지를 표명하는 것이 좋다. 희망직종이 지원회사 내에 없다면 문제가 된다. 잘못 지원한 것이니 입사해서 후회하는 것보다 다른 곳을 알아보는 것이 낫겠다. 처음부터 신중하게 지원하고, 한 직장에서 3~4년 이상의 직종 커리어를 쌓는 것이 좋다.

5) 업무성취: "전 직장에서 본인이 성취한 업적은 무엇이었습니까?"

이전 직장에 어떠한 비즈니스 성과를 안겨 주었는지를 구체적인 숫자로 설명하여 면접관도 동일한 기대감을 갖도록 만들어라. 어떤 직원은 직장을 학원으로 생각한다. 이런 사람은 성취업적이 있을 수 없다. 일을 어느 정도 배우고 나면 신의 없이 떠나버리기 때문이다. 이는 두 가지를 간과하는 것이다. 첫째, 수동적으로 배운 지식의 수준과 타인을 가르칠 수준은 격이 다르다. 다 배웠다고 자만하고 이직하는 것은 성급한 일이다. 둘째, 짧은 기간에 이직을 자주 하면 경력관리에도 안 좋고 평판도 나빠지므로 나중에는 갈 곳이 없어질 것이다.

6) 갈등관리: "어떤 일에 가장 많은 스트레스를 받습니까? 이를 어떻게 극복합니까?"

직장생활은 여러 가지 스트레스를 유발시킨다. 정신력이 강하지 못하면 회사에서 문제직원이 될 수도 있다. 현상은 외부적인 것이고, 그것에 어떻게 반응하는가는 개인의 선택이다. 의지에 따라 선택되지 않는 감정적 반응을 반발반응Reactive이라고 한다. 반대로 의지력을 가지고 현상을 긍정적인 에너지로 변환하는 반응을 전향반응Proactive이라고 한다. 따라서 자신은 감정적 반발반응을 잘 통제하고 나름대로 스트레스를 극복하는(상대방의 입장에서 이해하려고 하는) 전향적 해결방법을 가지고 있다고 설명하면 된다. 술·운동·취미로 푼다고 단순하게 이야기하는 것보다는 스트레스의 원인에 대한 이해와 극복 경험을 과시하면 좋겠다.

7) 우선순위: "회사 일과 개인·가정 일이 중첩될 때, 어느 일을 우선합니까?"

이런 질문을 받으면 어떤 이는 무조건 "회사 일이 먼저입니다."라고 답변하곤 한다. 사실이라 하더라도 대개 면접관이 원하는 답변은 아니다. 개인 일과 회사 일이 중첩될 때는 사안에 따라 우선순위가 바뀔 수 있다. 만약 "결혼식 당일 중대한 회사 일이 생겨서 식장에 가지 않았습니다."라고 한다면 그 직원은 제정신이 아닐 것이다. 핵심은 발생한 이슈를 혼자 고민하지 않고 직장의 상사나 동료와 협의하여 해결하는 것이므로 그런 사례를 설명하면 좋다. 직장 일은 장거리 트레킹과 같다. 원만한 개인생활이 되어야 직장생활도 잘되고, 반대의 경우도 마찬가지이다. 균형 잡힌 직업관을 보여 주는 것이 중요하다.

일상의 인간관계가 가장 강력한 면접 준비다

최근에는 창의성을 요구하는 황당한 과제로 구두시험을 보는 회사가 신문에 소개되기도 한다. 창의력과 논리적 접근능력을 파악하기 위한 테스트이다. 평소에 창의력 계발훈련이나 폭넓은 식견을 갖고 있지 않은 경우는 쉽지 않은 면접이 될 것이다. 이런 질문을 받으면 짧게라도 생각할 시간을 달라고 요구하고, 여건이 허락한다면 메모지를 미리 준비하여 간단히 생각을 정리한 후 발표하는 것을 권하고 싶다. 예를 들어 면접관이 "우리나라에 운행하는 화물차의 대수는 몇 대로 추정될까요?"라고 질문하면 "자동차 대수가 1,600만 대라는 자료를 본 적이 있습니다(데이터 추정). 제가 지난여름 심심해서 집 앞을 지나는 자동차 100대 중 트럭이 얼마나 지나가는지 세어보았습니다. 5대 중 1대였습니다(로직 가정). 그러므로 약 300만 대가 넘을 것으로 생각합니다(결론 추정)."라는 식으로 답변하는 것이다. 추정할 데이터가 없다면 데이터를 가정하면 된다. "5,000만 명의 인구 중에 한 가구 4인당 자동차 1대라고 가정하면 1,200만 대입니다."라고 말이다. 면접관들은 데이터의 정확성에 주목하는 것이 아니라 응시자들이 얼마나 논리적 사고를 하는지 과정을 보고 싶어 한다.

이 밖에도 활용하면 좋은 테크닉이 있다. 답변할 때 항상 "…은 세 가지로 생각할 수 있습니다."라고 구조화하여 답변하는 것, 그리고 들은 질문을 바꾸어 말하여 다시 확인함으로써 의사소통을 명확히 하는 인상을 심어 주는 것이다. 예를 들어 "고객의 시스템이 다운되어 현장으로 출동하는 도중에 집에 큰일이 생겼다는 전화를 받았습니다. 어떻게 하시겠습니까?"라는 질문을 받을 경우 "지금 질문은 일의 우선순위에 대한 의견을 묻는 것이지요?"라고 반문한다면 핵심을 제대로 파악하고 있다는 능력을 보여 줄 수 있다.

진정으로 자신을 어필하고 싶다면 언변이나 얕은 테크닉에 몰두하지 않는 편이 좋다. 회사마다 문화가 서로 다르니 위의 가이드가 모든 회사에 맞는다고 자신하지는 못하겠다. 그러나 어떻게 면접을 준비하여야 할지에 대한 아이디어는 제공해 주었다고 생각한다. 물론 단정한 복장과 시간 준수는 필수이다.

직장생활을 오래 하면 만나는 사람들의 외연이 넓어진다. 갈수록 얼굴에 책임을 져야 하는 중견직장인이 된다. 새로운 직장도 지인들의 소개로 이루어지는 경우가 가장 많다고 한다. 그러므로 일상의 진솔한 만남과 사귐만큼 강력한 면접 준비는 없다. 평소에 부지런히 학습하고 자신에게 끊임없이 질문을 던지며 타인과의 감정계좌를 잘 쌓으면 좋은 이직 티켓을 거머쥘 수 있을 것이다.

경력사원의 이력서는 다르다

사회 초년생과 경력사원의 이력서는 업력이 다르니 형식 또한 다를 수밖에 없다. 신입사원은 지원하는 회사의 인사부가 정해준 이력서 양식을 사용하면 되겠지만 경력사원은 대개 인사부 양식보다는 자유 양식으로 제출하도록 요구받는다. 그것이 지원자의 문서 작성능력을 평가할 수 있는 좋은 방법이 되기도 한다. 이력서를 작성한 다음에는 반년에 한 번씩 국문 · 영문 이력서를 함께 갱신하는 것이 좋다. 핵심은 구조화와 간결한 설명이다.

Personal confidential
page 1 of 3

홍길동

서울 강남구 삼성동 ○○○번지
전화: 010-xxxx-xxxx, E-mail: gdhong@xxxx.xxx

경력지향 및 업력요약
15년간의 다양한 컴퓨터제품 영업 및 마케팅 경험
이하 여러 줄

- 경력사항
  ㈜한빛비즈 영업부장 2000.1.1.~2010.12.31.
  - 이하 재무적 사업적 성과를 중심으로 간략히 기재함.
- 학력사항
  ○○대학교 ○○학과 1989.3.1.~1995.2.20.
  - 이하 학력사항을 기재함.
- 자격사항
  - 정밀기계기사 1급 (1994년 취득)
  - 이하 자격증사항을 기재함.
- 기타활동
  - 지원회사에서 알면 도움이 될 것으로 판단되는 항목만 기재함.
  - 부적절한 사항은 오히려 불필요한 질문만을 유도함.

위와 같은 형식이 일반적으로 무난한 이력서 작성의 형식이다. 유의할 사항은 이력서는 3페이지면 충분하고, 만연체 대신 1~2줄의 문장으로 간결하게 명사형으로 끝마치는 것이 좋다. 또한 설명 가능하고 증명 가능한 내용으로 작성해야 한다. "가난한 농부의 자식으로 태어나 엄한 아버지 밑에서…….." 식의 신파조는 금물이다. "뽑아만 주시면 열심히 하겠습니다!"처럼 구걸하지도 말라.

36
질문하라, 기록하라, 보고하라

제대 후에 20년이 넘도록 나는 군대에 다시 들어가는 꿈을 여러 번 꾸었다. 꿈에서는 분명 제대를 했는데, 육군에서 신체검사 통지서가 또 날아왔다. 해병대에서 근무한 기억이 있는데 내가 왜 여기에 다시 왔지? 이상하게 생각하면서도 "좋습니다. 정 다시 가야 한다면 졸병은 아니잖습니까? 상병 계급은 주셔야 합니다!"라고 장교와 협상을 벌이다가 꿈에서 깨곤 했다.

군대에서 훈련보다 더 힘든 것은 내무생활이었다. 계급을 알았고 분업에 대해서도 배웠다. 이등병 시절, 우리 중대의 살림을 맡았던 일병은 워낙 일을 잘해서 중대장이 매우 아꼈다. 훈련을 나가면 아래 병사들이 어떻게 해야 할지 허둥대고 있을 때에도 "모두 비켜!"하면서 어려운 일을 혼자 척척 해냈다. 그 옆에 붙어 있어야 살아나갈 것 같은 신뢰를 주는 사람이었다. 그때 리더십은 솔선수범임을 알게 되었다. 그의 자리를 맡을 시절이 내게도 왔다. 나는 시도 때도 없이 상병들에게 불려가 꾸지람을 들었다. 일병 이하 아래 기수 전체의 군기에 대한 지적이었다. 선임의 어려움을 그제야 이해했다. 리더십의 기본은 함께 고생하고 먼저 나서는 것임을 또 알게 되었다. 같이 고생한 경험과 솔선수범의 스토리가 없는 상사를 부하는 따르지 않는다.

리더십이 있으면 팔로우십이 있다. 훌륭한 리더가 된 사람은 훌륭한 팔로우십도 보여 준다. 윗분을 모실 때면 윗분이 빛나도록 하는 직원이 현명하다. 윗사람보다도 자신을 드러내려는 부하직원은 사심이 있는 직원이다.

나는 좋은 직원과 그렇지 않은 직원을 구분하는 자질을 '질문, 기록, 보고'라는 키워드로 갖게 되었다. 관리자로서 내가 성장가능성을 높게 보는 직원들은 호기심을 가지고 질문하며, 자신의 활동과 결과를 기록으로 남기고, 상사와 긴밀히 의사소통하려 노력하는 직원이다. 반면 불만족스럽게 생각하는 직원은 몰라도 질문하지 않고, 시키지 않으면 기록도 하지 않으며, 묻지 않으면 상사에게 보고도 하지 않는 직원이다. 이들에게 이렇게 조언하고 싶다.

직원의 기본자질을 갖추어라

- 질문하라!
- 기록하라!
- 보고하라!

질문하지 않으면 깨우치지 못한다

호기심은 지혜의 근본이다. 호기심이 많은 직원은 질문을 많이 한다. 좋은 질문을 던질 수 있는 사람은 끊임없이 깨우치면서 훌륭한 리더가 될 수 있다. 부여받은 임무에 대하여 이해가 부족할 때는 처음부터 질문을 해서 목표를 명확히 해야 한다. 나중에는 질문하기도 쉽지 않고 많은 에너지를 낭비하게 된다. 질문은 '무엇을, 왜, 어떻게'에 집중한다.

질문할 것이 없다면 자신이 이해한 것이 맞는지 확인하는 질문을 해야 한다. 남에게 질문하지 않는다면 자신에게라도 던져야 한다. 질문할 것이 없다는 것은 성장이 멈추었다는 것이다. 질문하지 않는 직원은 성장할 수 없는데, 성장하지 않는 직원에게 투자하는 것은 낭비이고 죄가 아닐까? 너무나 익숙하여 질문할 것이 없다면 성장을 위하여 현재보다 더 높은 단계로 도전하기 바란다.

기록은 기억을 보존하고 인생을 만든다

기록은 세 가지 목적이 있다. 첫째는 가야 할 방향과 목적을 정함으로써 비교기준을 잡을 수 있다. 둘째는 문서를 통하여 의사소통의 도구로 사용할 수 있고 타인과 공유할 수 있다. 셋째는 개인은 물론 회사의 지적 자산이 된다. 직장인이 수행한 과업을 문서로 정리하지 않았다면 아무 일도 하지 않은 것이다. 사람이 사라지면 정보도 아울러 사라져버리기 때문이다. 아무 일도 하지 않았으니 평가를 할 수도, 보상을 할 수도 없다.

여행에서 남는 것은 사진밖에 없다고 한다. 그룹여행에서 사진기를 가지고 가는 사람은 남보다 더 많은 짐을 꾸리는 배려심이 깊은 사람이다. 또한 사진에는 찍는 사람은 나오지 않는다. 그러므로 타인을 향한 배려심이 있는 사람이 기록을 남긴다. 기억력은 휘발한다. 어떤 의사가 "인간의 뇌는 35세까지 성장하다가 이후에는 하루에도 몇만 개씩 뇌세포가 파괴된다."고 하였다. 그래서 남아 있는 뇌세포는 생존을 위하여 옆의 세포들과 더욱 여러 갈래로 단단하게 결속한다고 한다. 그런 이유로 나이가 들면 판단력과 패턴인식능력은 올라가지만 기억력은 떨어진다는 것이다. 휘발한 기억은 지나간 시간도 가져가버린다. 그래서 시간도 빨리 지나간다. 기억이 없다면 인생도 없다. 기록은 기억을 보존해주고, 인생을 만든다. 기록하기를 등한시하는 직원은 인생의 무게를 가볍게 보는 사람이다. 그러므로 채용할 수 없다.

보고는 역량을 보여 주는 기회이다

직원의 상당수는 상관이 호출하지 않으면 일의 진척상황을 보고하지 않으려 한다. 상사의 기억력을 테스트하려는 것 같다. 최초 보고서가 최종 보고서인 경우가 많다. 잘못된 산출물을 마지막에 보고하거나, 품격이 떨어지는 산출물을 생산하고 납기를 놓쳐 헛수고를 하는 경우도 있다. 보고는 대면 보고만 있는 것이 아니다. 이메일 보고, 메모 보고, 전화 보고 등 다양하다는 것을 기억하라. 왜 보고하지 않았는가 물으면 상사가 너무 바쁘게 보여서 하지 못했다는 직원도 있다. 그러나 상사의 가장 중요한 역할은 고객과 직원을 만나는 데 있다.

직원들은 점점이 발생하는 사건들에 대한 상황인식이 떨어질 수 있다. 그러므로 보고는 직원이 상사에게 자신의 구조화 역량을 보여주는 절호의 기회Moment of Truth, MOT일 수도 있고, 반대로 실망을 안기는 결정적 순간일 수도 있다. 당신이 미루어둔 보고내용이 회사의 안위를 위협하는 사건으로 전개될 수도 있고, 발생할 위험을 사전에 예방하는 귀중한 정보가 될 수도 있다. 보고시점과 내용정리에 서투른 직원은 리더가 될 수 없다. 일례로 거래하는 파트너 회사의 CEO나 경영진이 회사를 옮겼다는 사건은 매우 중요한 정보이다. CEO와 이사회의 갈등 혹은 경영진 사이의 갈등을 표출하는 귀중한 정보이기 때문이다. 회계법인이 바뀌었다는 정보도 회사의 재무투명성에 대한 의심을 가지게 하는 매우 중요한 정보이다. 직원들은 이러한 사안이 어떤 의미를 가지는지 판단이 쉽지 않지만, 이를 보고한다면 회사의 의사결정권자는 발 빠르게 대응하여 미수금을 발생시키지 않거나 거래선의 대안을 확보하는 위험관리에 착수할 수 있다. 예언은 늘 숨겨진 암시와 비유의 신탁으로 전달되었던 옛 이야기에서 알 수 있듯이 받아들이는 지도자의 지혜를 필요로 한다.

37
마치 처음인 것처럼 리허설하라

십여 년 전 겨울, 가족들과 스키장에 놀러간 적이 있다. 콘도 창가에서 내다보니 무대가 차려져 있고 검은 옷의 한 가수가 대여섯 명의 여성댄서와 함께 리허설을 하는 광경이 보였다. 데뷔 초기의 가수 박진영 씨였다. 그런데 한 번 할 노래의 리허설을 8번 이상 하는 것이 아닌가? 열심히 하는 그의 모습을 보고 아름답다는 생각이 들었다. 언젠가 크게 성공할 친구라는 생각도 들었다. 무대가 시작되기 직전에 손 흔들며 나타나서 본 무대만 채운 후 바로 떠나버리는 유명 아이돌그룹과 너무 대비가 되었다. 준비하고, 노력하고, 그것을 열정적으로 펼치는 모습은 아름답다. 그것이 가수의 무대이든, 프리젠테이션 단상이든.

프리한 스타트 & 프리하지 않은 리스너
프리젠테이션을 할 때 남이 만든 차트라서 내용에 대한 충분한 이해가 부족하거나, 나의 운명을 좌우할 키맨이 바로 앞에 앉아 있거나, 내용 중에 기억하지 못하는 약자가 있다면 가슴이 떨리는 현상은 피할 수 없다. 리허설을 하지 않았을 때는 더욱 그렇다. 그러므로 성공적인 프리젠테이션의 핵심은 '리허설'이라고 프로들은 말한다.

리허설은 아무리 자주 해도 지나치지 않다. 경험에 비추어보면 제일 힘든 프리젠테이션은 동일한 주제를 두 번 할 때이다. 첫 발표를 잘했다고 준비 없이 두 번째 발표에 임하면 문득 "이 차트는 뭐였지?"하는 상황에 처하게 된다. 몇 초 동안의 당황을 관객이 알아챘을 것이라는 생각이 두 번째 당황을 불러일으키고, 오늘 발표는 망쳤다는 생각이 발표 전체에 영향을 준다. 그렇기 때문에 프리젠테이션은 초반 30초, 혹은 5분이 제일 중요하다. 처음 5분 동안 차트를 보지 않고도 잘 설명할 수 있도록 리허설을 했다면 처음의 자신감을 끝까지 밀고 나갈 수 있다. 이를 위해 초반 30초에 사용할 스크립트 정도는 반드시 써 놓고 외우기를 권한다. 다음 페이지에 〈현미식 법 제정〉을 주제로 작성한 간략한 샘플이 있다. 샘플에서처럼 발표 마지막에 전체 메시지를 한 개의 문장으로 정리하는 것이 정석이다.

성공적인 프리젠테이션을 준비하는 세 가지 요소는 MAS Message 메시지, Audience 청중, Surrouding 환경이다. 이 중에서 메시지의 핵심 키워드는 항상 세 가지로 정하고, 청중이 반드시 알아야 할 MUST-KNOW에 집중하는 것이 좋다. 여기서는 청중과 환경에 대하여 간략히 설명하고자 한다.

먼저 청중을 이해해야 한다. 연사가 청중을 모르고 발표에 임한다는 것은 적을 모르고 전투에 나간다는 것과 같다. 메시지를 준비하기 전에 청중의 성격에 대하여 다양한 방법으로 알아보는 것이 좋다. 내부인을 통

주제: 현미식 법 제정에 대하여

(작성자: 정현필, 날짜: 2011.XX.XX.)

〈안녕하십니까? XX
저는 안현필현미촉진본부에서 근무하는 정/현/필이라고 합니다. XXX
오늘 // 저는 모든 식당에서 현미밥을 제공하는 법을 왜 만들어야 하는지 그 이유를 여러분에게 설명하고자 합니다. XXX
오늘 주제의 메시지는 다음 / 세 가지입니다.
첫째, / 현미밥과 백미밥은 〈어떠한 차이가〉 있는가? X
둘째, / 현미식은 〈건강에 왜 좋은가?〉 X
셋째, / 식당에서 현미밥을 제공하는 법 제정의 〈이점은 무엇인가?〉 하는 것입니다. X

－－－－－－－－－－－－ 강의 진행 －－－－－－－－－－－－

끝으로 / 오늘의 메시지를 요약해보겠습니다. X 현미는 백미보다 씨눈 영양가와 섬유질이 풍부하여 / 인체의 저항력을 높이고 / 서서히 소화되어 / 공복감을 줄이며 / 노폐물을 신속히 배출함으로써 / 모든 식당이 현미밥을 의무적으로 제공한다면, / 성인병 예방을 통한 국민건강 비용의 대폭적인 절감은 물론 30%의 식량증식효과를 도모할 수 있다는 것입니다. X 우리 모두 법 제정에 동참합시다. XXX 감사합니다. @

〈=강한 목소리, 〉=목소리 낮추기, /=잠깐 멈춤 정면 보기, X=조금 멈춤 둘러보기, XX=중간 멈춤 둘러보기, XXX=길게 멈춤 둘러보기, @=종료

해 예전에 그곳에서 강의했던 사람을 알아보거나 인터넷으로 청중의 특성을 스터디하도록 한다. 불가능하다면 발표 전 30초 안에 관찰과 질문을 통해 판단하라. 참석의 자발성 여부, 참석인원, 평균나이, 남녀비율, 지인 등은 직관적으로 판단이 가능하겠지만 공통관심사와 주제에 대한 이해도 등은 우회적 질문으로 판단할 수 있다. 집단이 15명 이하라면 격의 없는 복장이나 태도가 무방하지만 15명 이상이라면 청중보다 한 단계 격을 높인 복장이 좋다.

다음은 환경이다. 환경은 발표장소와 좌석의 배치, 발표장비의 준비와 백업에 해당된다. 장소가 원격지일 경우는 악천후에 대비하여 하루 전날 도착하는 것이 예의이다. 해외일 경우에는 전기 어댑터에 유의하고, 발표자료도 USB, 웹하드 등으로 백업을 준비하는 것이 상식이다. 프로는 실수하지 않는 사람이기 때문이다.

준비된 쇼 & 준비되지 않은 시나리오

자! 준비가 잘 되었다면 이제는 발표할 시간이다. 사전에 스트레칭과 같이 긴장을 더는 자기만의 의식을 만들어라. 발표를 즐긴다는 생각으로 임하라. 체중을 한 다리보다는 두 다리에 두고 똑바로 서는 것이 좋다. 절대로 청중에게 등을 보이지도 말고 주머니에 손을 넣어서도 안 된다. 배에 힘을 주고, 떨릴 때는 레이저포인터를 쓰지 마라. 겨드랑이 땀이 많은 경우에는 재킷을 걸쳐라. 첫마디 말은 높은 톤으로 시작하라. 자신이 아는 것이 없다는 등 쓸데없는 겸손을 내세우지 마라. 시간 낭비한다고 청중을 모독하는 일이다. 눈 맞춤을 활용하고, 청중의 보디랭귀지를 살펴라. 사람의 집중력은 35분 이후 급격히 떨어진다. 주제에 맞는 적절한 유머와 제스처를 활용하라. 중간마다 청중에게 질문을 던져라. 질문을 해오면 항상 재확인하고 모두가 그 질문을 이해하도록 하라. 복수의 질문은 한번에 하나씩 답변하라. 답변은 청중 전체에게 하고 질문자에게 답이 되었는지 확인하라. 모르는 질문은 아는 척하지 말고, 생각해보아야 하겠다고 말하고 따로 이야기하자고 제안하라. 최대한 시간을 맞추어 끝내고, 빠뜨린 메시지는 종료 후 덧붙이지 마라. 마지막 요약 시에는 청중에게 다가가서 자신 있게 메시지를 요약하라.

발표 중에 가장 어려운 일은 악의적인 청중의 개입이다. 미국의 심포지움에서의 일이다. 세계 2위의 컴퓨터회사 회장에게 어떤 이가 "You are liar!"를 외치고 말았다. 특정기업에서 이런 봉변을 당할 일은 없겠지만 연사를 골탕먹이려는 시도는 종종 있다. 이때 "와우! 하느님께서 나의 프로다움을 드러내 보이려고 천사를 보내주셨구나!"라고 생각하라. 당신이 당황하지 않고 차분히 대응한다면 여타의 청중에게 강력한 인상을 각인시킬 절호의 기회이기 때문이다. 나쁜 의도가 있는 악의적인 질문에 대해서 "죄송하지만 그 질문은 오늘의 주제와 상관이 없어 보입니다."라고 답하라. 또는 "다른 분들은 어떻게 생각하세요?"하고 청중에게 넘겨라. 청중 중에는 악의적인 질문의 불편부당에 대하여 당신을 돕고자 하는 사람이 분명 있기 때문이다. 이들 간의 격론이 발생한다면 공평하게 말하도록 기회를 주고, 끝까지 중재자로서의 역할을 포기하지 말고 토론을 원점으로 돌려라.

38
느낌과 생각을 구분하라

미국의 플로리다에 사시는 외삼촌 댁에 방문한 적이 있다. 삼촌은 멀리서 방문한 조카를 위해 마이애미에서 서쪽으로 길게 뻗어 있는 산호섬 연결도로를 네 시간 남짓 달려 유명한 관광지인 키웨스트keywest로 나를 안내해 주었다. 기다란 열쇠 모양처럼 생겨서 '서쪽의 열쇠'라는 이름을 얻은 듯하다. 키웨스트의 볼거리로는 암초에 침몰한 보물선 박물관과 헤밍웨이의 집이 있고, 유대인이 많이 묻혔다는 키웨스트 묘지도 관광지로 알려져 있다. 이곳이 유명한 이유는 동쪽에 위치한 어느 여인의 묘비 때문이다. 그 묘비에는 다음과 같은 비문이 새겨져 있다. "I told you I was sick!" 어감을 살려 번역하자면 이렇다. "이 양반아! 내가 아프다고 이야기했잖아!" 아프다는 호소를 무시당하여 죽게 된 아내가 "아프니 치료를 받아야 한다!"는 하소연을 들어주지 않은 구두쇠 남편을 향해 촌철살인의 글귀를 남긴 것이다. 커뮤니케이션, 즉 소통에 관한 주제를 이야기할 때 내가 꼭 소개하는 에피소드이다.

회사를 경영하면서 커뮤니케이션만큼 중요한 것이 없다는 것을 절감한다. 그러나 효과적인 커뮤니케이션에는 인간존중의 마음이 전제되어야 한다. 상대방을 대화의 상대로 인정하지 않고 지시와 통제의 대상으로 생각한다면 소통은 성립되지 않을 것이다. 의사소통에 대한 다음의 네 가지 원칙은 원만하고 전향적인 의사소통을 지향하는 사람들이 기억할 만한 화두가 될 것이다.

> **좋은 의사소통을 위해 기억하라**
> - 말하기보다 듣기에 집중하라
> - 느낌과 생각을 구분하라
> - 나와 같음보다도 다름에 익숙해져라
> - 동질성은 물론 특수함도 보존하라

잘 말하기보다 제대로 들어라

이병철 회장이 후계자에게 건넸다는 '경청'이라는 유훈이 화제가 된 적이 있다. 건성으로 듣는 청취Hearing와 귀 기울여 듣는 경청Listening은 구별된다. "우리 사장님은 적어도 직원들의 말은 들어 준다."는 평가는 CEO 자리를 유지할 최소한의 자질이라고 생각한다. "말로는 사람을 설득할 수 없다."는 이야기가 있다. 상대방이 듣는 척하면서도 마음의 문을 닫아버리면 소용이 없는 일이다. 상대방이 먼저 자신의 생각을 이야기하도록 자극을 주어야 한다. 오픈된 질문은 속마음을 털어 놓도록 인도한다. 그러므로 좋은 질문은 '많이 듣기 위한 짧은 말'이다.

일단 상대방이 말하게 만든 다음에는 시선을 맞추고, 의자에 반쯤 걸쳐 앉아 상체를 앞으로 수그려 내가 적극적으로 경청한다는 인상을 주어야 한다. 그렇게 하지 않는다면 노래방에서 싫다는 노래를 억지로 시키고 정작 노래를 하면 딴청을 피우는 사람과 다를 게 없다.

느낌과 생각을 구분하라

느낌에는 윤리성이 없다. 또한 느낌에는 이유도 없다. 비즈니스의 세계에서는 상대방이 내 생각을 싫어한다고 해서 싸울 필요가 없다. 감성이 우리를 그렇게 유도할지라도 비즈니스 커뮤니케이션에서는 느낌과 생각을 구분하여 접근해야 한다. 상대방이 "기분 나쁘다."고 이야기하면 "왜 기분 나쁘냐, 나는 안 나쁜데⋯⋯."하고 싸우는 것은 현명치 못하다. 상대방의 기분은 옳고 그름의 문제가 아니기 때문이다. 이럴 때는 "마음이 상하셨군요! 그 원인을 말씀해 주시겠습니까?" 식으로 느낌을 생각의 범주로 전이시키고 토론을 이끌어가야 한다. 상대방이 원인(근거)을 이야기할 때 비로소 사안에 구조적으로 접근할 수 있다. 이상은 오라클에 근무하다 지금은 벤처에서 일하는 김진영 님으로부터 얻은 지혜이다.

다름은 조직을 건강하게 한다

나와 '다른' 것이 '틀린' 것은 아니다. 다름은 조직의 내성을 강화시킨다. 모두 같다는 것은 건강하지 않다. 우리 사회가 이러한 생각을 가지기 시작한 것도 그리 오래되지 않았다. 아직도 부족하긴 하지만, 이제는 서로 다른 생각과 주장이 공존해야 사회발전에 더욱 유리하다는 생각이 널리 퍼져가는 듯하다. 만장일치로 동의한다는 것을 자랑스러워 하는 나라는 공산국가이다. 공산국가는 고집스러운 한 나라만 빼고 모두 공식적으로 부도를 선언했다.

자연계의 생물도 종이 다양해야 질병에 저항력을 갖고 생태계가 안정적으로 유지된다고 한다. 조직도 이와 같다. 나는 회사의 새로운 사업계획 발표를 듣고 부서장들에게 의견을 물었을 때 100% 동의할 경우에는 다음번으로 승인을 미루었다. 이견이 없다는 것은 부서장들이 아무도 자기 일처럼 생각해보지 않았다는 것을 반증한다고 판단했기 때문이다. 조직이 관료화되면 부서장 미팅에서 다른 부서장의 사업계획에 아무도 이견을 제시하지 않는다. 이유는 자신도 공격받지 않도록 상대 부서장에게 상호 정서적 크레디트를 저축하려는 의도 때문이다. 사장에게 모든 책임을 미룰 수 있기 때문이라는 이유도 있다. 이것이 비록 진화심리학적으로 적자생존을 향한 부서장들의 합리적 선택이라 하더라도, 계속사업을 책임진 CEO로서는 지속적으로 타파해야 할 문화이다.

동질성은 물론 특수함도 보존하라

소수의견(특수함)을 어떻게 다루는가는 조직의 성숙도를 가늠하는 척도라고 생각한다. 소수의견은 조직의 문제를 돌파하는 창의적인 솔루션이 되기도 한다. 소수의견은 생태계에서의 돌연변이와 같다고 할 수 있다. 이 돌연변이가 가끔은 극복하기 힘든 대자연의 급변에서 살아남는다. 생명은 진화와 돌연변이로 생태계의 '퀀텀 점프Quantum Jump 대약진'를 하는 것이다. 그럼에도 불구하고 일반적인 조직에서 소수의견은 미움과 따돌림의 대상이 된다. 나와 다르다는 이유도 있지만 집단화와 동질성을 통해 생존을 학습한 사회조직에는 익숙하지 않기 때문이다. 대법원이나 헌법재판소에서는 법관들이 다수결로 판결을 내릴 때 이견을 가진 판결을 소수의견으로 기록하여 남기는 것으로 알고 있다. 아마도 시대가 바뀌면 상식도 바뀌어 법적으로 승인될 수도 있는 '진화 중인 사안'으로 남겨두는 의미일 것이다.

비록 회사의 의사결정에서 대다수의 의견을 따라 사업노선을 추진해 간다고 하더라도 초기의 가정과 상황이 변화되었다면 예전에 접어두었던 소수의견을 대안으로 생각하도록 항시 문서화하고 기억하여야 한다. 그러기 위해서는 소수의견을 보호하는 문화가 자리 잡아야 한다. 소수의견을 죽이는 킬러의 말(웃기고 있네, 우리는 너무 적어, 예산이 없어, 너무 성급해, 시간이 없어, 경영자가 관심 없어 등 앞에서 말한 일곱 가지 나쁜 말을 상기하라!)을 조직에서 사라지게 만들어야 한다.

대화의 다섯 가지 절차를 기억하라

위의 네 가지 화두를 기억하면서 이제 대화를 나누는 절차를 훈련해보자. 제시하고자 하는 아래의 순서를 나는 '대화의 연금술'이라 명명했다.

1) 마주 바라보기

상대방과 정서적으로 동기화시키는 단계이다. 자신의 어깨를 열고 상대방과 마주본다. 상대를 내 어깨 옆에 두지 말아야 한다. 얼굴을 돌려야 상대방의 얼굴이 보이면 안 된다. 의자의 앞쪽으로 반쯤 앉아 상체는 앞으로 수그리고 상대방과 눈을 맞춘다. 자! 이제 경청할 준비가 되었다.

2) 개방된 질문하기

"사안 …에 대하여 말씀해 주시겠습니까?" 상대방이 편하게 이야기하도록 충분한 시간을 주고 고개를 끄덕여 주어 이해하였음을 전한다. 말이 끝나지 않았는데 절대로 중간에 끼지 않는다. 그러나 너무 횡설수설해진다면 적절히 끊어서 본론에 돌아가도록 유도해 준다.

3) 확인하기

"말씀하신 내용을 요약하면 …입니까? 그 주장의 근거를 설명해 주시겠습니까?" 내가 이해한 내용을 상대방과 맞추어 체크한다. 데이터 통신의 오류 체크와 같다. 주장에 동의하지 않는다면 그 근거에 대하여 논리적인 설명을 요구한다.

4) 의견 제시하기

"저의 의견은 이렇습니다." 자신의 의견(일치, 불일치)을 명확히 한다. 그러나 "그 말은 틀렸습니다."라고 이야기해서는 절대로 안 된다. 오히려 "이야기 잘 들었습니다. 그런데 저는 다른 의견이 있습니다." 라고 말해야 한다. 의견을 제시하고 상대방이 다른 논점을 이야기하면 확인하기 단계로 다시 돌아가 이 사이클을 지속적으로 반복한다.

5) 감사 표하기

"솔직한 의견과 시간을 내어 주셔서 감사 드립니다." 미팅을 마치면 반드시 진솔하게 이야기를 나누었고 유익한 시간이었다고 알리고 감사해야 한다. 비록 의견의 일치가 되지 않았더라도 관점이 어떻게 다른지 파악했다는 사실에 대해서 감사해야 한다. 합의가 되지 않았다면 '합의하지 않았다는 사실에 합의'하였음을 확인한다. 다시 만나 논의하거나 상사와 상의하여 피드백을 주어야 한다면 약속시간도 정하고 사안을 요약하여 문서나 메일로 교환하는 게 바람직하다.

위와 같은 다섯 가지 대화 단계를 체화시킨다면 의사소통에 어려움은 없을 것이다. 그럼에도 불구하고 상대방을 진심으로 존중하고 접근하려는 마음처럼 강력한 대화의 원칙은 없다. 상대가 한 말이 한 번 들었는데도 오래 기억되는 것은 이미 내 마음에 공명이 되는 주파수가 있기 때문이다. 상대의 마음에 공명을 일으키기 위해서는 같이 공유한 경험과 스토리가 있어야 가능하다.

우리 제품을 취급하려는 파트너 회사의 사장과 점심을 먹으면서 설악산의 공룡능선과 가을 단풍의 절경에 대하여 침을 튀기며 이야기한 적이 있었다. 건성으로 듣던 파트너 사장이 "산은 왜 올라가는지 모르겠습니다. 다시 내려올 것을."하는 말을 내뱉었다. 순간 멍해졌다. 그 분의 비즈니스 감각에 의문이 들었다. 몇 년 후 이야기를 들으니 국적이 미국이었던 그 사장이 경영하던 회사는 사업을 접은 것 같다. 비공식적 자리에서 상대의 관심사와 살아온 경험, 인생관에 대하여 이야기를 청하고 그에 대하여 공감하는 모습을 보인다면 비즈니스 협상도 부드럽게 진행될 수 있을 것이다.

39
이메일은
가장 무서운 업이다

최근 입대한 아들이 편지를 보내왔다. 그런데 내용보다도 괴발개발 쓴 글씨체가 이마를 찌푸리게 했다. 글씨본까지 사다가 다독이면서 교정해보려고 했던 지난날의 노력에 화가 치밀었다. 편지 중간에 "글씨가 이게 뭐냐! 하시는 아버지의 목소리가 들려옵니다만……."이라고 쓴 대목에 이르러서는 저도 알기는 아는구먼! 하고 실소가 흘러나왔다. 컴퓨터의 보급으로 육필 세대가 끝나고 디지털 글쓰기 세대가 되다 보니 예전 청소년 세대의 예쁜 글씨는 보기가 어려워졌다. 디지털문자로 쉽게 글을 쓰고, 손쉽게 고치고, 빨리 복사할 수 있는 덕에 글 쓰는 일에 대한 준비와 생각의 무게도 달라졌다.

최근 송수신되는 이메일의 80%는 스팸메일이라고 한다. 이메일을 효과적으로 쓰는 것도 생산성인 시대가 되었다. 디지털 이메일은 빠른 스피드로 작성할 수 있고, 클릭을 하는 순간 날아가버리니 작성자나 수신자가 심사숙고하지 않으면 곤란에 빠지는 일들이 허다하다. '오래 남는 만큼 신중해야 하는 것'이 이메일이다. 에티켓 차원이 아닌 효과적이고 효율적인 이메일 사용전략을 그동안의 배움에 기초하여 몇 가지 제시한다.

이메일을 쓰기 전에 기억하라
- 이메일을 가장 나중에 고려하라
- 답장은 최소한 반나절이 지난 다음에 하라
- SMS로 이메일의 송수신을 확인하라
- 이메일로 싸우는 바보가 되지 마라
- 제목으로 말하라

이메일을 가장 나중에 고려하라

직장인들은 여러 통의 이메일을 보내고 받는 것으로 일을 많이 했다고 착각하는 것 같다. 그러나 가장 좋은 의사소통은 얼굴을 마주보고 하는 대화이다. 커뮤니케이션에서 글이 차지하는 비율은 단지 7%에 지나지 않는다. 시각과 보디랭귀지가 더욱 중요한 정보 획득의 핵심임을 기억하라. 먼저 만나서 이야기하고, 안 되면 전화를 걸고, 최후에 이메일을 고려하라. 예전 동료는 "저는 이메일이 편해요!"하고 옆에 앉은 사람들에게도 장문의 이메일을 보내곤 했다. 지나고 보면 그분은 사람을 대면해서 말하는 용기가 부족했던 것 같다. 그렇지만 그의 이메일을 읽는 것은 핵심과 요점으로 글을 쓰는 문화에 익숙한 내게는 항상 짜증이었다. 다른 의사소통 방법보다도 더욱 효과적이기 때문이라 말할 수 없을 때는 이메일을 사용하지 마라.

답장은 최소한 반나절이 지난 다음에 하라

탁구공을 받아치듯이 받은 이메일에 즉각적인 답변을 해야 한다는 강박관념을 가진 사람들을 보곤 한다. 모바일 이메일이 이러한 현상을 가중시킨다. 몇 분 전에 이메일을 보내고 그 사람을 만나서는 "내 이메일 보았지!"하고 채근하는 사람도 있다. 빠른 것이 반드시 일을 잘하는 것은 아니다. 사람을 만나야 할 사람이 주간에 이메일만 보고 있다면 잘못된 일이다. 오전, 오후 그리고 퇴근 전 각 1시간씩 이메일을 보는 것으로 충분하다. 생각 없이 보낸 급한 답변이 오히려 낭패를 부른다. 일찍 보낼 수 있더라도 오전에 온 메일은 오후에 보낸다는 느긋함을 가져라. 내일 보내면 안 되는 이유를 설명할 수 없을 때는 당일에 답변하지 마라.

SMS로 이메일의 송수신을 확인하라

이메일 답신을 바로 보내는 대신 SMS 문자로 "잘 받았음. 곧 피드백 주겠음." 혹은 "이메일 보냈음. 확인 요망."이라고 보내는 것은 확실한 의사소통을 위한 아주 좋은 습관이다. 내가 만난 최고의 롤 모델은 한국 모토로라의 육규억 이사이다. 그분만큼 이메일 송수신 시 SMS를 효과적인 확인 툴로 활용하는 사람을 본 적이 없다. 그분과의 의사소통은 항상 명쾌하다. 당신이 이를 잘 지키면 상대방에게 프로다운 인상을 줄 뿐만 아니라 신뢰할 수 있는 사람이라는 강력한 인상을 심어 줄 것이다. 발신자가 피드백을 요구할 경우, 그리고 당신이 보낸 이메일의 수신자로부터 피드백을 원할 경우 SMS 확인을 필히 사용하라.

이메일로 싸우는 바보가 되지 마라

내가 열정만 있고 현명함이 부족했던 시절에 괜한 포지션 파워로 비즈니스 수행에 발목을 잡는 선배가 있었다. 그가 보내온 이메일에 화가 치밀어서, 조목조목 문제점을 나열하고 관계자 대여섯 명을 참조로 넣어 이메일을 확 뿌린 적이 있었다. 그날 오후 나는 상사에게 1시간 동안 문을 걸어 잠그고 얼굴이 화끈거리도록 야단을 맞았다. 이제는 세상을 떠난 그 멘토가 내게 가르친 교훈이 있다. "절대로 이메일로 타인을 망신시키지 마라! 죽을 때까지 원수가 된다."는 것이다. 얼굴을 맞대고는 절대로 할 수 없는 무례를 이메일은 약간의 용기로도 감행하게 만든다. 당신이 상대를 평생 다시는 안 볼 수 있다면 감행하라.

제목으로 말하라

거리에서 사고를 당했을 때 "거기 노란 옷! 좀 도와주세요!"라고 상대를 명확히 지적해야 도움을 받을 확률이 높다고 한다. "모두의 일은 아무의 일도 아니다."라는 말이 있다. 답변을 책임질 수취인을 여러 명으로 하지 말고 반드시 한 명으로 정하라. 제목은 [대괄호] 안에 대외비, 필독, 긴급 등으로 시작하고, 제목을 보면 내용을 미루어 짐작할 수 있도록 작성하는 것이 효과적이다. 자신에게 숨은참조를 넣어 상대가 메일을 어떤 느낌으로 볼지 확인해보는 것도 좋다. 제목에 자신의 이름을 넣어 상대에게 스팸으로 의심받지 않도록 하는 것도 좋은 방법이다.

지인의 딸이 미국에서 재즈플롯을 공부하고 있다. 방학 중에 한국에 들어와 있는 동안 국내에서 문화행사를 기획하는 친구에게 소개시켜 주었다. 같이 방문한 이후에 그녀는 나와 내 친구에게 감사편지를 보냈다. 화면에는 이메일 주소가 'KIM'이라고 뜨고 제목을 보니 "감사합니다."라고만 되어 있었다. 아마도 내 친구는 그 메일을 보지도 않고 지웠거나, 이메일 시스템이 자동으로 스팸메일로 분류하여 주인에게 전달되지 않앉을 것이다. 답장을 기다리는 그녀에게 나는 이메일 사용에 관한 코멘트를 해 주었다. 아울러 이메일의 제목 쓰는 법과 SMS로 확인하는 습관을 코치해 주었다. 며칠 후에 문자가 왔다. "안녕하세요! 역시나 그분께서 제 메일을 못 받으셨대요. 두 번 보냈는데 두 개 다요! 스팸메일함에서 두 통을 찾았다고 연락이 왔습니다. 아저씨의 예상이 맞는 것 같아요. SMS 확인 문자를 보내지 않았더라면 답신이 없어서 실망했을 텐데. 저는 이번 계기로 정말 중요한 걸 배웠습니다. 다시 한 번 감사드립니다!"

디지털 시대에 오랜만에 보내고 받아 보는 육필편지가 주는 감상은 남다르다. 가끔씩은 몇 줄의 메모라도 손으로 쓴 메시지를 상대방에게 전달해보라. 디지털문자가 전할 수 없는 강력한 감성의 교류가 이루어질 것이다.

40
대화에도
리허설이 필요하다

사회생활의 대부분은 매출목표를 가지고 일 해왔고 많은 고객분들을 만나는 일로 보냈다. 인지상정이라, 인성이 좋은 고객과는 관계를 오래도록 유지하고 이해관계가 없어진 이후에도 친구처럼 지내고 있다. 단지 '갑'을 매출의 대상, '을'을 내가 부리는 사람으로 여긴다면 비즈니스 생활은 재미없는 일이 될 것이다. 그러므로 영업을 '거래를 하여도 관계가 깨지지 않는 좋은 친구를 만드는 과정'이라 생각하면 어떨까? 현명한 고객은 을과의 관계를 잘 유지한다. 을은 유용한 업계 정보를 제공해 주는 첩보원이고, 자신에게 닥쳐올 위험을 경고해 주는 파수꾼이며, 신뢰가 쌓인다면 부하직원의 부조리를 직언하여 사전에 낭패를 피하게 해 주는 충신이자, 회사를 옮겨야 할 경우에는 대신하여 직장을 잡아주는 헤드헌터가 되어 주기도 한다.

아주 친한 고객을 방문할 경우라면 치밀한 전략과 잘 짜인 순서가 오히려 거북할 수도 있다. 하지만 처음 만나는 잠재고객이나 당면한 사업 목표 달성을 위한 고객을 방문할 경우는 프로 같은 태도와 스마트한 진행 순서를 보여줄 필요가 있다. 이는 마치 맞선을 보는 상대가 나에게 호감을 느껴 "계속 만나고 싶은데!"라는 생각을 갖도록 매료시키는 것과 같다.

아래의 고객방문 시의 테크닉은 내가 선배와 멘토를 통해 학습하고 검증한 실행 항목들이다. 내용을 살펴보면 쉽게 이해되고 간단한 항목이지만 이를 내재화하는 데는 오랜 시간이 걸린다. 방문 전에 체크하고, 방문 후에 잘되었는지 확인하는 실행이 숙달시간을 앞당겨 줄 것이다.

고객을 방문할 때는 기억하라
리허설! 리허설! 리허설

리허설은 가능한 완벽하게 만든다

첫째, 방문목적과 원하는 결과를 사전에 계획하라. 의외로 영업초년병들은 방문의 결과로 무엇을 기대하는지를 설명하지 못하는 경우가 있다. 기대하는 결과를 설명할 수 없다면 방문목적도 없는 것이다. 방문목적은 자신을 소개하는 일, 가격이나 납기와 같은 구매요건을 확인하는 일, 키맨을 알아내는 일, 예산과 같은 정보를 획득하는 일, 경쟁사에 관한 정보를 알아내는 일, 제안한 사항에 대한 내부평가를 청취하는 일 등 여러 가지가 될 것이다.

둘째, 긴장하지 않고 자신감을 가질 수 있도록 미리 리허설을 하라. 실제상황처럼 연출하지는 않더라도 고객방문의 시나리오를 예상하고 대응하는 리허설을 한다면 기대하는 목표를 달성할 가능성도 높아진다.

아이스 브레이킹 하라

첫째, 방문 초기에 본인에 대한 소개와 방문목적을 설명하라. 처음 만나는 고객인데 명함을 주었다고 해서 상대가 방문자의 역할을 제대로 이해할 것이라고 생각하면 오산이다. 특히 고객사가 다른 직제를 가졌을 경우에는 자신이 소속된 부서와 자신에 대한 소개를 간략히 하는 것이 좋다. 또한 방문목적을 설명하여 상대고객이 적절한 방문대상인지 조기에 확인할 수 있다.

둘째, 라포Rapport를 통해 분위기를 부드럽게 바꾸고 본론으로 들어가라. 라포는 서로 간의 서먹서먹한 분위기를 깨는 '아이스 브레이킹'이라 불리기도 한다. 최근의 신문기사, 날씨, 스포츠에 대한 이야기로 대화를 부드럽게 시작하는 게 좋다. 사전에 고객의 취미생활과 성장배경에 대한 정보를 이용하는 것도 방법이다. 인터넷에 고객의 프로파일이 노출되어 있을 경우 이를 코멘트하면 대개는 호감을 느낀다. 하지만 너무 자세한 코멘트는 부정적인 영향을 줄 수도 있으니 주의해야 한다.

셋째, 소요되는 시간을 이야기하고 사전에 고객의 동의를 받고 시작하라. 이러한 접근은 소요시간 동안 고객이 다른 핑계를 대고 장소를 떠나거나 방문을 회피하려는 의도를 사전에 차단할 수 있다. 프로다움을 보여주는 실행항목이며 많은 영업사원들이 잘하지 못하는 일이다.

열린 커뮤니케이션이 고객을 불러온다

첫째, 가능한 열린 질문을 많이 활용하고, 구체적 질문과 연결하라. 열린 질문은 고객이 속내를 많이 말하도록 유도한다. "이번 사업의 구매요건은 어떤 것이 있을까요?"라는 형태로 포괄적으로 열린 질문이 정보습득에 유용하다. 그렇다고 "예" 또는 "아니요" 형태의 닫힌 질문이 모두 잘못된 것은 아니다. 사안의 명확한 확인이 필요할 경우에 한정하여 적절히 닫힌 질문을 할 수 있다.

둘째, 고객에게 많이 말하려는 태도보다는 고객의 의견을 경청하라. 하수 영업사원은 고객에게 자사의 제품선전만 하고 득의만만 고객의 사무실을 나온다. 방문이 어땠는지 물어보면 "아주 잘되었습니다!"고 말한다. 그러나 고객에 대하여 무엇을 알아 왔는지 물으면 예산이 있는지, 키맨은 누구인지, 언제까지 사업이 완료되어야 하는지, 어떤 경쟁업체와 접촉하고 있는지 도무지 알아낸 것이 없다.

셋째, 고객과의 눈 맞춤을 계속적으로 유지하라. 고객이 말하는 동안 시선을 맞추는 것은 내가 이야기를 경청한다는 메시지이다. 고객을 바라보는 시선을 마치 애인을 보는 눈빛처럼 훈련할 필요가 있다. 그렇게 되면 상대도 내게 호감을 가질 수밖에 없다. 눈을 통한 의사소통은 언어를 통한 의사소통보다 열 배는 강력하다. 상대가 이성이라면 인중을 바라보는 것을 권하는 이도 있다.

넷째, 고객을 인정하는 분위기를 이끌고 항상 동의하는 태도를 가져라. 고객이 주장하는 이야기를 존중하고 머리를 끄덕이면서 동의하는 태도는 고객을 내 편으로 만들어 준다. 고객과 논리적으로 논쟁하고 고객의 생각을 바꾸려 설득하려는 사람은 고객에게 제품을 팔 수 없다. 생각을 바꾸도록 강요하지 말고 "맞습니다!"하며 인정하고 그에 맞추어 제안하는 것이 제품을 팔 수 있는 길이다.

다섯째, 고객의 말을 끊지 말고, 말에 즉각적인 반응을 보여라. 고객이 말하는 중간에 끼어들어 맥을 끊지 말고 인내심을 가지며 듣고 주요 메시지를 메모하는 태도를 보인다면 싫어할 고객이 없다. 고객도 자신이 말이 많음을 알고 있다. 자신도 습관을 어쩌지 못하고 말을 많이 했는데 방문한 영업사원이 말을 자르지 않고 인내심을 가지고 듣고 맞장구쳐 주었다는 것을 그들도 인지하고 고마워할 것이다. 특히 외로운 고위직의 고객일수록 이러한 접근은 좋은 관계를 만드는 데 도움이 된다.

여섯째, 고객의 보디랭귀지를 민감하게 관찰하라. 상대가 현재 내 이야기에 관심을 가지고 있는지, 예의상 듣는 척하는지, 따분해 하는지, 공감하는지를 주의 깊게 관찰하고 미팅의 방향을 융통성 있게 변경하여야 한다.

제안을 구조화하라

첫째, 결론 → 본론 → 결론 식으로 이야기를 전개하라. 비즈니스 문서에 서론은 없다. 제안을 할 때는 결론부터 말해야 한다. 제안문서의 보고용 요약Executive Summary과 같이 소위 '가치제안Value Proposition' 형태로 고객 과제의 원인, 대안, 효과, 투자요건 등을 간결하게 먼저 설명하고, 상대가 듣기를 요청하도록 유도하여 본론으로 넘어가야 한다. 이것이 시간을 줄이고 핵심에서 벗어나지 않는 의사소통 방법이다.

둘째, 제안을 할 경우는 구조화하여 전달하고, 고객관점의 솔루션 가치를 강조하라. 제안하는 메시지를 시각화하고 구조화하여 단계별 접근이나 성과측정이 가능하도록 해야 한다. 뭉뚱그리는 것보다는 나누어 접근하는 방법으로 제안하는 것이 더욱 실현 가능하다. 우선순위를 고객에게 넘겨 의사결정을 쉽게 만들 수도 있다.

셋째, FFAB Feature - Function - Advantage - Benefit 혹은 RFB Requirement - Function - Benefit의 논리적 설득을 하라. 고객사의 정보가 부족하여 판매 상품의 장점을 먼저 부각해야 할 경우는 FFAB 식으로, 고객사의 구매요건을 도출할 수 있을 경우는 RFB 형태로 당사의 제품이 구매요건을 어떻게 충족하는지, 이를 사용함으로써 어떤 효과를 보는지 논리적으로 설명할 수 있다. 투자효과에 대하여 '만약 어떻다면What-If' 식의 질문에 대하여 고객사의 실무자가 재무적 숫자로 예측해 주었다면 제안은 강력한 메시지를 가질 수 있다. 고객은 구매할 수밖에 없는 상황이 된 것이다.

질문에 대해 다시 확인하고, 다시 질문하라

첫째, 고객이 질문을 해올 경우 다시 한 번 질문을 확인하는 습관을 가져라. 이것 역시 프로다움을 보여 주는 테크닉이다. 고객의 질문에 즉각적으로 답변하는 것은 바람직하지 않다. 때로 답변자가 엉뚱한 대답을 해서 자신의 센스 없음을 노출하는 실수를 하기 때문이다. 고객의 질문을 재구성하여 "…라는 질문입니까?"라고 반문하면 질문의 정확한 뜻을 확인할 수도 있고 답변을 생각하는 시간을 벌 수도 있다.

둘째, 고객의 곤란한 질문에는 근본적인 이유를 찾는 질문을 하라. 위험도가 높은 프로젝트를 담보하기 위해 경쟁사가 제기한 험담을 근거로 고객은 때로 답변이 곤란한 질문을 던지기도 한다. 이런 경우 영업사원은 상황을 모면하기 위하여 거짓말 혹은 과대한 약속을 하고 싶은 유혹에 빠진다. 곤란한 질문은 "왜 그러한 생각을 가지게 되셨는지?"하고 재차 반문하여 근본적인 이유를 확인하고 대응하여야 한다. 정보가 부족하거나 판단이 어려운 질문내용은 시간을 벌어 추후 답변하기로 하는 것도 바람직하다.

별도의 요구에 주의하라

첫째, 제품할인과 무상지원을 요청할 경우에는 즉시 수용하지 말고, 솔루션의 부가가치를 강조하고 장기적 대안을 제시하라. 소비자에게는 "판매자들의 경쟁은 항상 좋은 것!"이라는 믿음이 있다. 그러나 비즈니스 고객이 공급자들이 무한적으로 경쟁하도록 유도하는 것은 바람직하지 않다. 공급자들과 적당한 긴장을 유지하면서도 장기적으로 이들과 지속적인 파트너십을 유지하는 것이 한 기업의 건강한 생태계 유지에 긴요하다. 구입 제품과 관련된 단기적 이익을 도모하는 것보다도 공급자와 장기적 파트너십을 통해서 얻을 수 있는 폭넓은 이점을 구매자에게 제시할 수 있어야 한다.

둘째, 이면계약(각서)을 쓰지 마라. 이면계약이란 본 계약에 포함할 수 없는 공급자의 약속을 별도계약으로 체결하는 것을 말한다. 회사의 승인 없이 영업사원이 이면계약에 사인을 하였더라도 이는 회사가 책임을 져야 한다. 법적인 분쟁이 많을 수밖에 없고, 영업사원 개인에게도 경력상에 심각한 오점을 남길 수 있다. 매출목표가 아쉽더라도 절대로 해서는 안 되는 일이다. 부득이 해야 한다면 최소한 영업부서장이 하는 것이 맞다. 그가 고사한다면 당신도 해서는 안 된다.

셋째, 경쟁사의 이름은 영문 머리글자를 사용하고, 경쟁정보는 분명한 근거를 제시하라. 영업사원이 고객 앞에서 경쟁사에 대한 부정적인 메시지를 전달하는 것은 영업활동에서 충분히 일어날 수 있는 일이다. 그러나 그것에도 적정한 상도가 있다. 온전한 이름 대신 'A사'라고 말하는 것이 좋고 뉴스매체의 기사 등과 같은 분명한 근거를 제시하여야 한다. 자사의 장점을 부각시키지는 않고 상대만 헐뜯는 모습을 고객 역시 좋게 생각하지 않는다. 오히려 상대 경쟁사의 영업사원에 비하여 경쟁사를 존중하는 태도를 가지면 당신을 바라보는 고객의 평가가 높아질 것이다.

요약하고, 기약하라

첫째, 끝내기 전에 고객과 합의된 내용을 재확인하고, 다음 스케줄을 잡아라. 30분 또는 1시간 남짓 고객과 이야기를 했다면 논의된 비즈니스 내용을 간략히 요약하고 "제가 놓친 것이 있는지요?"라고 고객에게 내용을 확인할 필요가 있다. 차후 실행일정을 두세 가지 정하는 것이 원칙이지만 당장 다음 단계의 일정을 잡지 못했을 경우라도 다음에 방문할 스케줄을 잡고 미팅을 마쳐야 업무의 계속성이 유지될 것이다.

둘째, 마침 코멘트를 고객에게 넘겨 가치 있는 내부정보도 획득하라. 질문을 잘했더라면 덧붙여 이야기해 줄 수도 있는 유용한 정보를 고객이 보유하고 있을 수 있다. 또는 당신의 프로다운 모습과 예의 바르고 성실한 태도에 감복하여 '오프 더 레코드'로 조용히 전달할 정보도 있을 것이다. 마지막으로 수첩을 덮고 두 손을 모으고 "기록하지 않겠습니다. 혹시 저에게 해 주실 귀중한 말씀이 있다면 청해 듣고 싶습니다!"라고 말해보라. 고객사에 임박한 조직변동이나 신규 프로젝트, 그리고 경쟁사의 제안가격과 같은 정말 귀중한 정보를 들을 수도 있다. 물론 초면에 이러한 정보를 얻기는 쉽지 않겠지만 말이다.

오, 복된 클레임!

위와 같은 훈련이 없어도 운 좋게 한 해, 두 해 좋은 성과를 내는 영업사원이 될 수는 있다. 그러나 10년, 20년간의 성공적인 비즈니스맨의 경력은 과학이고 훈련이다. 세일즈 강의 도중에 고객과 좋은 관계는 어떻게 만드는지 질문을 받았다. 나는 고객에 대한 진솔한 마음과 존중이 기본이라고 답했다. 고객은 우리의 말에서 거짓과 참을 구별해낸다. 누구에게든 진솔하게 접근하는 것처럼 강력한 무기는 없다.

고객이 클레임을 걸어왔다. 납품한 하드웨어의 사소한 부품이 맞지 않아서 새로운 시스템을 오픈하지 못할 상황이 되었다. 고객사의 CIO가 문책을 당할 수 있는 큰 사건이 벌어진 것이다. 여기서 당신이 유의할 사항이 있다. 클레임을 받는 순간은 고객의 신뢰를 높일 수 있는 절호의 기회MOT라는 것이다. 문제는 클레임이 발생한 것이 아니다. 클레임 상황을 공급자가 어떻게 대응하느냐가 문제이다. 만약 공급자가 고객의 감성관리에 유의하며 진솔하고 성실하게 이슈를 신속히 해결하는 시스템을 가지고 있다면 클레임은 고객의 신뢰를 강화시킬 절호의 기회이다. 그러므로 고객 클레임을 겁내지 마라. "오! 복된 클레임이여!"라고 외치도록 하라!

다 보이듯이 통화하라

가장 좋은 것은 얼굴을 마주하고 이야기를 나누는 것이지만 여건이 허락하지 않을 때 전화회의를 하게 된다. 이에 익숙해지는 것은 프로직장인에게는 필수적이다. 다국적기업에서는 전화(혹은 인터넷전화)로 해외의 상관 또는 고객사와 미팅을 많이 한다. 사전에 알려진 전화번호와 패스워드로 연결하여 보통 미리 전달한 자료를 가지고 회의를 진행한다. 전화미팅을 잘하려면 훈련이 필요하다. 유의할 사항은 다음과 같다.

- 회의용 전화연결이 안 될 때 통화할 비상연락처를 가지고 있어야 한다. 특히 이동 중에 회의를 할 경우를 위해서라도 필요하다.
- 희한하게도 목소리만으로도 보이지 않는 상대의 인상과 전화 거는 태도가 다 보인다. 공손하게, 친절하게, 진지하게 집중하여 임하라.
- 책상 위에 시계를 준비하라. 순서는 다음과 같이 하라.

전화를 걸 때	전화를 받을 때
1. 사전에 진행순서와 질문서를 준비하라. 2. 상대방을 확인하고, 종이에 심볼과 이름을 기재하라. 3. 자기를 소개하라. 4. 소요시간을 받아내라. 5. 용건을 말하라. 6. 요약을 하라. 7. 감사의 말을 전하라.	1. 전화를 받은 후 자기를 소개하라. 2. 소요시간을 물어보라(여유가 없으면 다음 스케줄을 잡아라). 3. 용건을 들어라. 4. 요약을 확인하라. 5. (필요 시)피드백을 약속하라. 6. 감사의 말을 전하라.

이 밖의 유의사항은 부정형보다는 긍정형의 질문을 하는 것이 좋다. 전화로는 얼굴이 안 보인다고 냉랭하게 전화를 받는 경우도 있다. 상대가 당신의 사장과 잘 아는 분이라면 당신은 직장을 잃을 수도 있다는 것을 명심하라. 물론 인상 깊은 전화 응대로 그 반대의 경우가 생길 수도 있다.

PART

생각을 최적화하라

경영의 핵심은 일을 설명 가능하게 만드는 데 있다.
아는 것과 전달하고자 하는 것을 최적화하고
탁월하게 표현하라.

41
기록이 인생을 바꾼다

아내는 장인의 고향인 전남 강진에 꼭 한 번 가보고 싶어 했다. 어려서부터 이야기로만 들어왔던 강진은 이제 빛바랜 흑백사진처럼 아내의 머릿속에 상상의 잔영으로 남아 있었다. 신도시가 되기 전 일산의 외가댁이 유일한 시골 경험이었던 나도 아내가 그토록 그리던 강진이란 곳에 가보고 싶다는 생각이 들었다. 어느 봄날, 늘 마음으로만 여행했던 전남 강진을 향해 길을 나섰다.

남도의 봄은 정말 아름다웠다. 그토록 그리던 강진땅에 오니 한시 바삐 강진을 한눈에 내려다보고 싶은 마음을 억누를 수가 없었다. 강진 근처의 해남 두륜산에 가서 케이블카를 타고 정상에 올라섰다. 부드러운 산등성이 사이로 멀리 남쪽의 굴곡진 해안선까지 푸른 논이 펼쳐져 있는 강진이 눈앞에 자태를 드러냈다. 푸르고 단아한 하늘 위에서 수줍은 듯 낮게 떠가는 흰 뭉게구름이 산과 평야에 커다란 그림자를 드리우며 모글스키를 타듯 지나가던 모습이 아직도 눈에 선하다.

전남 강진은 다산 정약용의 얼이 깃든 곳이다. 이곳에서 18년간 유배생활을 하면서 다산은 끊임없이 학문을 정진하고 심신을 단련하며 백성과 임금을 향한 사랑을 되새겼다. 강진땅 곳곳에는 다산의 유산이 흩뿌려져 있다. 그 어느 곳을 거닐든 마치 다산의 숨결이 가까이 느껴지는 듯하다. 그 중에서도 백미는 백련사 근처에 있는 다산초당이다.

다산초당은 강진에서의 유배생활 중에 다산이 10년 넘게 기거한 곳이다. 이곳에서 《목민심서》, 《경세유표》 등 주옥같은 서적을 무려 500권도 넘게 저술했다고 한다. 현재의 다산초당은 오래 전에 사라진 집터를 복원하여 다시 지은 것이라는데 그의 땀과 얼을 느낄 만한 옛 건물의 소실이 안타까웠다. 그러나 그 터 위에 다시 지어진 다산초당이 지닌 의미는 변하지 않을 것이다. 그러기에 아직까지도 수많은 역사의 후손들이 다산초당을 찾아오는 것이 아닐까.

초당을 구경하고 내려오는데 밀짚모자를 쓴 분이 "차 한 잔 하고 가시지요!"하며 말을 건넸다. 다산의 모친은 해남 윤씨 집안의 사람이었다. 다산초당은 여전히 해남 윤씨 집안의 터인지라 입구의 찻집은 그 후손인 윤동환 선생께서 운영하고 계셨다. 그분의 초대로 찻집에 자리 잡고 앉아 다산과 다도에 대한 이야기 속으로 빠져들었다. 이 짧은 만남이 인연이 되어 나는 이후로도 여러 번 이곳을 다시 찾으며 차를 평생의 취미로 삼게 되었다.

배우고 익힌 것을 즐거이 기록하라

찻집을 나서면서 좋은 강의에 대한 보답으로 우전차 한 통과 정약용 선생이 쓰신 글을 인쇄한 다포(다기를 덮는 천)를 샀다. 광목으로 만든 다포에는 "동트기 전에 일어나라, 기록하기를 좋아하라. 차를 마시는 백성은 흥한다!"는 다산의 가르침이 나란히 적혀 있었다. 다산 선생이 하신 말씀의 뜻을 감히 풀이해 보자면 동트기 전에 일어나 부지런히 일하고 공부하며 배운 것을 글로 남겨 후학들에게 전해야 한다는 가르침인 듯하다. 또한 바쁜 중에도 틈틈이 차를 마시면서 마음을 가다듬고 생각을 정리하며 자신을 다스리는 사람이 되어야 한다는 뜻 같다. 이런 이들이 많아지면 많아질수록 일희일비하는 일도, 싸울 일도 적어 부국강병의 밑바탕이 된다는 뜻이리라. 특히 "기록하기를 즐겨 하라!"는 다산의 말씀은 직원들에게 늘 문서 작성의 중요성을 강조해오던 나의 생각과 통하는 것 같아 왠지 흐뭇한 마음마저 들었다.

80년대 말부터 90년대 초까지 나는 산업전문가로서 삼성전자의 IT솔루션 기술영업을 담당하고 있었다. 우리 팀은 고객들과 일본의 제조업체를 방문하여 선진사례를 견학하고 때론 그들을 초청하여 세미나를 개최하는 등 직장에서 일본의 전문가들과 업무상 여러 번 접촉했었다. 덕분에 그들이 만든 문서를 살펴볼 기회도 많았다. 대체로 일본인들의 비즈니스 문서는 내용도 정교하고 깔끔하게 구조화되어 있었다. 단순함을 최고의 미덕으로 여기는 아메리칸 스타일과는 달리 일본인들은 그림과 표를 삽입해 내용을 최대한 시각화하려는 노력을 많이 한다. 반면 우리나라의 실무자들은 대부분 문서 정리를 잘 하지 않는다. 때때로 나는 다른 나라의 사람들과 함께 프로젝트를 진행하다 "한국의 개발자들은 코드 따로, 문서 따로 관리하나?"는 낯부끄러운 질문을 받기도 했다. 이론으로 배운 것과 경험으로 익힌 것은 모두 잘 기록해야 내 것으로 남는다. 딥 스마트는 바로 이러한 기록을 바탕으로 성장하여 남다른 전문가로 완성된다.

42
아는 것을 더욱 탁월하게 표현하라

회사 일로 미국의 샌프란시스코에 여러 번 방문했다. 업무상 필요한 IT 관련 세미나와 전시회가 대개 샌프란시스코나 산호세에서 개최되었기 때문이다. 덕분에 이제 거의 관광가이드를 해도 될 정도로 지리에 밝아졌다. 처음에는 산호세San Jose를 산조세로 발음했다가 망신도 당했다. 참석하는 행사의 규모가 크다 보니 IT 업계의 유명인사의 연설을 볼 기회가 자주 있었다. 매년 행사에 연속해서 참석하게 되어 같은 사람이 하는 연설을 매번 보기도 했다.

대기업의 CEO들은 수천 명의 청중 앞에서 마치 연예인처럼 멋지게 연설을 하기 위해 리허설을 하고 분위기를 연출한다. 연단의 동선을 많이 활용하는 사람, 제자리에서 연설문을 보고 읽는 사람, 청중의 자리까지 내려와 휘젓고 다니면서 눈빛을 맞추며 돌아다니는 사람, 다른 이와 주거니 받거니 하면서 드라마를 연출하는 사람 등 저마다 스타일이 가지각색이다.

단순하게, 하지만 체계적으로

CEO 프레젠테이션의 롤 모델로 자주 거론되는 스티브 잡스는 몇 장의 이미지로 강력한 메시지를 전하는 것으로 유명하다. 국내의 많은 연사들이 그를 모델로 흉내내고 있는 것도 보았다. KISS라는 말이 있다. 조금 격하게 풀이하자면 "단순하게 만들어, 바보 멍청아!Keep It Simple, Stupid!"라는 뜻이다. 순화해서 "단순하고 짧게 만드세요!Keep It Simple and Short!"라고 쓰인다. 잡스의 차트는 KISS의 원칙을 잘 따르는 교본이라 할 수 있다. 그런데 잡스와 같은 CEO가 전달하는 비전과 메시지는 몇 장의 차트로도 훌륭히 전달되어 청중에게 좋은 인상을 남길 수 있지만, 실무자에게는 해당되지 않는 일이다. 최근에 문서의 양보다도 간단히 축약된 메시지의 힘이 강조되고 있다. 이 때문에 전달하려는 메시지를 한 장의 보고서(1 페이지 리포트)로 작성하는 능력도 요구되고 있다. 물론 여러 장의 차트를 한 장으로 요약하는 일은 매우 어려운 일이고 대단한 능력이다. 그러나 이것은 최고경영자에게 하는 비즈니스 보고에 해당되는 일이지 직원 교육을 한 장으로 할 수는 없는 일이다. 먼저 여러 장의 문서를 체계적으로 작성할 수 있는 능력에 익숙해져야 한다.

직장생활을 하면서 문서 작성은 항상 도전이다. 문서 작성에 대한 많은 책들이 나와 있지만 대부분 프레젠테이션이나 품의서 등과 같이 특정 문서 작업에 적합한 아이디어만을 제공하고 있다. 문서의 종류를 떠나 문서 작성 전반을 아우르는 원칙과 기준은 없는 것일까? 이러한 생각으로 오랫동안 문서 작성에 대한 관점을 고민하였다. 그리고 여러 해 동안 검증하여 완성된 것이 다음의 다섯 가지 화두이다. 이에 익숙해지면 문서의 완성도를 판단하는 관점이 생길 것이다.

> **문서 작성 시 반드시 기억하라**
>
> - 결론부터 말하라
> - 구조화하고 시각화하라
> - 추상화 수준을 맞추어라
> - 논리적 일관성을 유지하라
> - 향후 비전을 제시하라

직장생활 2년 만에 결혼을 했다. 단출한 신혼살림에 아내의 화장대는 있고 내 책상은 없었다. 회사 일로 바쁘게 일 한 후 귀가하면 피곤해서 소파에 몸을 던졌다. 그때는 소파 위에 비스듬히 누워 중국TV의 무협비디오를 보는 것이 유일한 낙이었다. 무협비디오 시리즈는 지친 머리를 아무 생각 없이 쉬게 만드는 마약과 같았다. 무협영화 속에서는 숨어 있던 무림의 고수가 주인공에게 알아듣기 힘든 한 구절의 화두, 구결을 던지고 떠난다. "마지막도 보고 처음도 봐야지! 마지막만 보면 되겠나! 처음도 봐!" 주인공은 그 말뜻을 연구하다 불현듯 깨우쳐 상승무공을 연마한다. 이제 문서 작성의 처음과 마지막을 아우르는 다섯 가지 구결을 풀어보고 문서 작성의 고수가 되어 보자.

이 다섯 가지는 같은 일을 두 번 하지 않도록 능률을 높이는, 보고받는 상사나 클라이언트에게 일의 핵심을 잘 전달할 수 있는, 열심히 일 한 만큼 좋은 성과를 보여줄 수 있는 장점을 넘어 비즈니스 문서의 품격을 갖추기 위한 좋은 가이드가 될 것이다. 수년간의 검증을 통해 실효성을 확인한 좋은 지침이라 생각한다. 그리고 한 장 이상의 비즈니스 문서에 모두 적용할 수 있는 유용한 지침이니 잘 활용하기 바란다.

방문하였으면 기록을 남겨라

일명 콜Call리포트로 불리는 고객방문보고서는 비즈니스 영업사원들이 평생에 가장 많이 작성하는 문서이다. 벤처인 우리 회사의 영업대표는 한 명뿐이지만 2010년 콜리포트는 약 160건이나 된다. 영업사원이 방문보고서를 쓰지 않는다는 것을 상상해보지 않았는데, 국내기업에는 실제로 콜리포트를 제대로 쓰지 않는 업체가 상당히 많다. 이래서는 회사에 고객정보가 쌓이지도 않을 뿐더러 직원 간에 시장정보를 공유할 수도 없다. 그러므로 매출을 많이 달성했다 하더라도 콜리포트를 제대로 쓰지 않는 영업사원은 직원으로 고용할 수 없다. 콜리포트를 작성해야 하는 이유는 아래와 같다.

- 회사 내 유관부서와 고객의 이슈 및 과제에 대한 정보를 공유한다.
- 고객과의 거래이력을 남겨 발생할 클레임에 대응한다.
- 영업사원 본인의 영업활동을 평가하는 고과평가자료가 된다.

콜리포트는 작성하지 않아도 되는 명백한 이유가 존재하지 않는 한 항상 쓰는 것이 정석이다. 영업사원이 아니어도 고객을 따로 만난 임직원은 상하를 떠나 콜리포트를 쓰는 것이 원칙이다. 콜리포트에 들어가야 하는 항목은 다음과 같다.

1. 회사이름: 고객사의 공식명칭(URL). 대기업은 부서명도 명기.
2. 방문일자: 날짜와 시간(소요시간).
3. 고객이름: 만난 사람의 이름/직책, 초면인 경우 전화번호 등.
4. 방문자명: 우리 회사에서 방문한 사람/직책.
5. 논의사항: 고객과 논의한 내용을 주제별 · 순서별로 기재한다.
6. 향후계획: 할 일/기한/담당자를 기재한다.
7. 기타정보: 고객의 개인적인 정보 및 소문 등을 기재한다.

43
결론을
아껴두지 마라

지난 25년간의 직장생활을 통해 내린 관점이 있다. 대부분의 직원들이 결론을 문서의 마지막에 제시하는 경향이 있다는 것이다. 사회 초년시절에는 물론 나도 그랬다. 대체 왜일까? 주인공의 복수를 향한 여정을 그리는 영화에서 클라이맥스에 이르면 죽이려던 원수가 "내가 네 아버지다!"라며 관객들에게 충격을 던져 주는 것처럼 마지막에 멋지게 "짜잔!"하고 결론을 드러내고 싶은 욕심에서일까? 막장 드라마에 숨겨져 있던 충격적인 비화들이 극의 후반부에 갑작스럽게 툭툭 튀어나와 앞으로 어떻게 전개될지 흥미진진하게 지켜보게 만드는 것처럼 막판 반전의 묘미를 연출하고 싶어서일까? 이러한 충격적인 결말이나 반전은 극을 더욱 흥미롭게 이끌어가는 필수요소이다. 처음부터 예측 가능한 스토리가 전개된다면 반응은 달라진다. 보는 이들은 내용에 흥미를 잃어버리고 말 것이다. 하지만 비즈니스 문서는 처음부터 한눈에 '예측 가능하고 설명 가능한 것'이어야 훌륭한 문서로 대접받을 수 있다.

반전에 대한 압박을 버려라

나는 훌륭한 문서의 요건 중 하나로 '예측 가능predictable, 설명 가능explainable의 원칙'을 강조한다. 문서의 첫 장만 보더라도 무슨 이야기를 하려는지 감이 오고, 요약문만 보더라도 본문의 전체적인 내용이 어떠한 내용을 전하려는지 예측할 수 있어야 한다. 관객이나 소비자로 하여금 반전을 기대하게 만드는 영화나 드라마, 무엇인지 궁금하게 만드는 의도된 마케팅캠페인과 다르게 비즈니스 문서는 도착점이 다르니 가야 할 길도 다른 것이다. 스스로에게 반전의 결론을 보여 줘야 한다는 압박을 줄 필요는 없다.

비즈니스 문서는 빠른 의사결정을 위하여 본문의 결론을 한 페이지로 요약하여 표지 다음에 위치시키는 것이 좋다. 이를 '요약문Executive Summary'이라 부른다. 문서는 당신이 얼마나 고민하고 노력했는지를 양으로 보여 주는 것이 목적이 아니다. 한 장이면 전하고자 하는 메시지 전달을 위해 충분하다.

더욱이 관리자는 당신이 며칠 밤낮을 공들여 작업한 문서들에 한 장 한 장 매달려 골똘히 고민을 하고 생각을 곱씹을 만큼 시간이 남아도는 사람이 아니다. 그들은 문서를 보자마자 마음속으로, 때론 겉으로 이렇게 외치는 사람이다. "그래서, 결론이 뭐예요?", "이게 최선입니까?", "왜 투자해야 하지요?", "이거면 문제가 다 해결되나요?", "당신 목을 내걸고 책임질 수 있습니까?" 이런 말을 하지 않고 당신의 문서를 오랫동안 꼼꼼히 검토해 주고 발표를 1시간씩 인내심 있게 들어 주는 상사가 있다면 그는 엄청나게 배려심이 깊은 사람일 것이다. 혹은 당신이 든든한 배경이 있는 사람이거나.

뭐라고 요약할 수 있는가?

당신이 무언가를 제안하기 위해 필요한 1 페이지 요약문의 예를 들어보자. 결론은 투자비용보다 기대되는 이점이 더욱 큰 이유를 잘 설명한 문서라야 의사결정권자의 마음을 얻을 수 있다. 요약문에는 아래와 같은 메시지가 순서대로 있어야 한다.

- ✔ 확인사항Finding: 지난 수개월 동안 직원 인터뷰를 통하여 이슈(품질악화, 원가증가, 납기지연, 고객 불만족 등)를 확인하였음.
- ✔ 근본원인Root Cause: 이러한 과제의 근본원인은 다음(부정확한 정보, 정보 전달 지연, 잦은 설계 변경 등)과 같음.
- ✔ 대안제시Alternatives: 근본원인을 해결하기 위하여 이러한 대안(신속한 정보 전달 체계, 표준 부품 데이터 활용, 정확한 시장정보, 직원역량 계발 등)이 필요함.
- ✔ 솔루션Solution: 당사가 보유한 제품 및 서비스의 특장점이 대안이 될 수 있음.
- ✔ 이점Benefit: 도입한 솔루션은 귀사에 이러한 이점과 기회(품질향상, 원가 절감, 납기단축, 고객 만족도 향상 등)를 제공할 것임.

위와 같은 메시지가 요약문에 들어가야 할 내용이다. 많은 이들이 대개 요약문과 개요Overview를 구별하지 못하는 경우가 많다. 개요란 해당되는 본문의 내용을 간략히 소개한 것으로 단락 내 어디든 삽입할 수 있다. 반면 요약문은 반드시 문서의 표지 다음에 1 페이지로 작성해야 하며 의사결정권자가 어떤 의사결정을 할 경우에 어떤 경영적 이점을 달성할 수 있다는 메시지가 분명하게 제시되어 있어야 한다.

요약문이 반드시 1 페이지일 필요는 없다. 그러나 1 페이지이면 족하다. 그러므로 요약문은 '1 페이지보고서'와 마찬가지이다. 프레젠테이션 차트의 요약문은 글자체가 커야 하니 더욱 간략히 축약하여 써야 한다. 미국 벤처캐피털의 세계에 '엘리베이터 피치Elevator Pitch'라는 말이 있다. 엘리베이터에 탄 CEO에게 회사의 비즈니스 모델을 30초 만에 설명하고 설득할 수 없다면 벤처캐피털로부터 투자는 기대하지 말라는 의미에서 자주 사용되고 있는 말이다. 그 때문에 30초 비즈니스의 세계에서 서론은 없는 것이다.

44
구조화하고
시각화하라

대부분의 사람들은 개념을 길게 설명하면 체계적으로 이해하고 기억하는 데 어려움을 느낀다. 생물학적으로 인간은 7~8개 이상을 기억할 수 없다는 말도 있다. 예전의 7자리 전화번호가 휴대폰에서는 11자가 되었다. 앞의 3자리를 빼더라도 종이에 8자리를 써놓지 않으면 번호를 누르는 동안에 잊어버리는 자신을 한심하게 생각해본 적은 없는가? 내게는 자주 있는 일이다. 나 같은 사람 때문에 미국의 경우는 전화번호판의 숫자를 알파벳과 매칭하여 번호를 문자로 외우도록 하는 방법도 쓴다. 예를 들면 "곰을 보호하는 캠페인에 참여하세요. 전화번호는 SAVE BEAR(7283-2327)입니다."처럼 말이다.

구조화는 이해를 높인다
구조화는 문서를 보는 이들이 전체의 내용을 더욱 잘 이해할 수 있도록 하기 위해 문서 작성자가 필수적으로 고려해야 할 사항이다. 구조화란 각

항목 또는 개념의 유사성Affinity을 찾아내 그룹화하여 분류하는 기법을 말한다. 장황한 설명보다는 주요 메시지가 눈에 잘 들어오도록 구조화시켜야 독자들이 빠르고 쉽게 이해할 수 있다. 특히 동일한 레벨의 메시지가 5개~8개를 넘어간다면 2개 이상의 상위레벨로 하위레벨을 분리하여 종속시키는 것이 바람직하다.

아래 좌측은 프레젠테이션의 문서 작성 기법을 9개의 목차로 설명한 것이다. 여기서 제목 〈프레젠테이션 문서 작성 기법 9단계〉를 레벨 0으로 간주할 경우 9개의 목차가 모두 동등한 레벨 1의 개념으로 구분되어 있다. 셋도 아니고 다섯도 아닌 9개를 기억하기란 쉽지 않다. 이것들을 크게 세 단계로 구분하여 오른 쪽의 목차처럼 준비, 작성, 검토 및 수정의 세 단계로 상위레벨을 구분하고 그 밑의 하위 개념으로 1~8의 항목을 두면 눈에 훨씬 더 잘 들어오고 이해하기도 쉽다.

최초 목차: 프리젠테이션 문서 작성 기법 9단계		수정된 목차: 프리젠테이션 문서 작성의 3단계
1. 문서의 목적 파악 2. 청중 또는 독자 파악 3. 자료 수집 4. 스토리보드 작성 5. 커버 작성 6. 요약문 작성 7. 목차 작성 8. 본문 작성 9. 검토 및 수정	→	●준비 단계 　- 목적 파악 　- 청중 및 독자 파악 　- 자료 수집 　- 스토리보드 작성 ●작성 단계 　- 커버 작성 　- 요약문 작성 　- 목차 작성 　- 본문 작성 ●검토 및 수정 단계

● 레벨 1, – 레벨 2

아이디어의 유사성을 그룹화하여 구분하는 것은 매우 중요한 비즈니스 스킬 중 하나이다. 구조화 방법은 시간 순으로 구분하는 방법, 공간/지역으로 묶는 방법, 상위개념과 하위개념, 즉 모자관계로 나누는 방법 등 여러 가지가 있다. 그런데 비슷한 하위개념을 포괄하는 상위개념의 단어를 선정하는 일이 쉽지는 않다. 해당 업무의 경험이 많지 않으면 어려운 일이다. 여러 사람이 머리를 모아야 한다.

맥킨지가 권고하는 MECE Mutually Exclusive and Collectively Exhaustive 상호배제 전체포괄의 개념이 구조화 방법의 좋은 지침이 될 수 있다. MECE는 각각의 개념이 서로 중복되지 않으면서도 개념의 총합은 놓치는 분야 없이 고려할 모든 사항을 포괄하도록 해야 한다는 것이다. 예를 들어 사람에 대하여 설명하는 문서의 경우 여자, 남자는 서로 중복되지 않는 개념이다. 이를 상호배제ME라고 한다. 그러나 남자, 여자 두 가지로 구분하는 것은 사람 전체를 포괄한다고 할 수 없다. 여기에 중성적 사람도 포함시켜야 모두를 설명할 수 있다. 남자, 여자, 중성적 사람의 세 가지로 사람을 분류하여 놓치는 것이 없다면 이를 전체포괄CE이라고 한다.

보이는 것의 놀라운 효과

문서의 시각화란 무엇인가? 펜은 칼보다 강하다. 하지만 붓은 펜보다 더 강하다. 백 마디 말보다 단 한 장의 그림이 더욱 강력하다는 뜻이다. 시각화는 가장 확실하고 강력한 의미 전달 방법이다. 글은 눈으로 보고 단어와 단어 사이의 의미 관계, 주어와 서술어의 호응 관계, 문장과 문장 또는 단락과 단락 사이의 논리적 관계를 파악하며 머릿속에서 이해해야 하지만 그림은 눈으로 보고 직관적으로 바로 어떤 내용인지 파악할 수 있다.

세밀하게 구조화된 내용을 그림으로 잘 표현한다면 보는 이들로 하여금 문서를 통해 전하고자 하는 메시지를 더욱 정확하게, 오래도록 기억하게 할 수 있다. 아래 그림이 위의 글로 된 목차보다 훨씬 이해하기 쉽고 기억에 도움이 될 것은 분명하다.

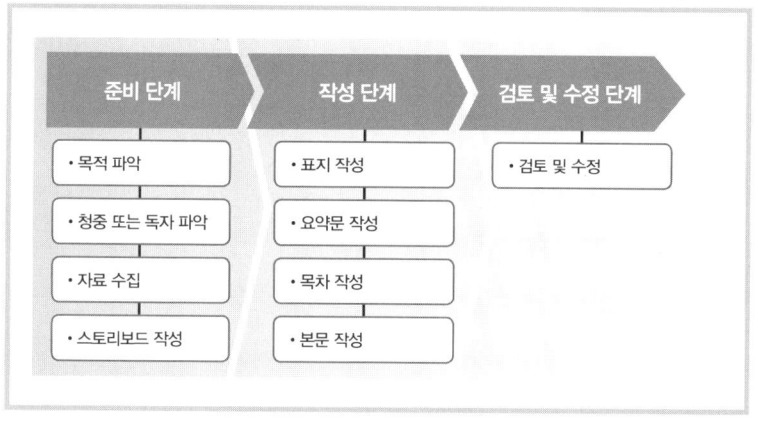

같은 맥락에서 측정 가능한 지표를 나타낸 그래프가 숫자로 만든 표보다 훨씬 더 이해하기 쉽다. 그래프로 나타낼 경우에는 단위와 구분 항목을 정확하게 표기하여야 한다. 그래프로 데이터를 구현한다 하더라도 적절한 설명을 같이 기재해 주는 것이 훨씬 이해를 돕는다. 그래프만으로는 문서 작성자가 전하고자 하는 메시지와 문서 검토사가 이해하는 메시지가 일치하지 않을 수도 있기 때문이다. 이러한 문제를 사전에 예방하기 위해서 자신이 그린 그림을 동료에게 보여주고 어떻게 이해했는지 확인하는 것도 간단하지만 좋은 방법이다.

또한 모든 차트는 한 장만 뽑아서 살펴보더라도 전달하려는 메시지가 무엇인지 분명히 인식할 수 있어야 한다. 이를 '차트 독립성의 원칙'이라 이름 붙이고자 한다. 하나의 차트가 보는 이에게 분명한 메시지를 전달하지 못하고 또 다른 차트와 같이 놓여 있을 때만 그 의미를 이해할 수 있다면 잘못 작성된 것이다. 일례로 부서별 실적을 나타내는 그래프가 있다고 가정하자. 그 차트에 연도나 기간정보가 표시되어 있지 않다면 도대체 언제의 성과를 나타내는지 알 수 없게 될 것이다. 이렇게 작성된 차트는 잘못 만든 차트이다.

초심자가 수치 테이블을 엑셀에서 그대로 카피하여 차트를 만든 경우를 여러 번 보았다. 작성자는 무슨 차트라고 설명하는데 보는 사람은 도대체 무엇을 위한 숫자표인지 알지 못하게 만든 것이 허다하다. 숫자가 어떤 것을 말하는지 알았다고 하더라도 작성자가 주장하는 바가 수치가 늘고 있으니 더욱 투자를 하자는 것인지, 이제는 다른 곳에 투자하자는 것인지 메시지를 알 수 없는 경우도 있다. 이렇게 만든 차트는 '독립성이 없는 차트'이고 '메시지가 부족한 차트'이다.

45
추상화 수준을 맞추어라

십수 년 전에 스탠리 큐브릭Stanley Kubrick 감독과 아서 C. 클라크Arthur C. Clarke가 만든 〈서기 2001년 스페이스 오디세이A Space Odyssey 2001〉라는 영화를 본 적이 있다. 인류가 달에 가기 1년 전인 1968년에 발표된 이 영화는 어떤 우주공상과학영화보다도 과학적 검토를 거친 영화로 유명하다. 지금 보아도 43년 전에 만든 영화라고 믿을 수 없을 정도로 정교하다. 그러나 굉음이 난무하는 스타워즈에 익숙한 요즈음의 젊은이들이 사전학습 없이 이 영화를 본다면 따분하게 느낄 것이 틀림없다. 컴컴한 우주를 순항하는 우주선의 장면에서는 고요한 적막만 흐르니 박진감이 있을 리 없기 때문이다. 우주 공간에는 매질(공기)이 없으니 소리가 나지 않는 것은 당연한데도 말이다. 그러나 과학적 상식을 가지고 이 영화를 본다면 감독이 던지는 엄청난 메시지에 압도될 것이다. 인류의 기원, 도구의 발명, 동족의 살인, 문명의 시작, 우주 유영장치, 우주선 중간에 회전하는 방을 만들어 중력장을 만들고 무한트랙에서 운동하는 선원들, 교대로 저온동면하는 연구원, 말하는 컴퓨터에 의한 최초의 살인 그리고 우주와 생명의 순환. 보통 상식으로는 이해하기 쉽지 않은 난해한 영화이다.

특히 이 영화의 첫 장면은 남다르다. '짜라투스트라는 이렇게 말했다'라는 제목의 팡파레 음악이 크게 울리면서 달에서 보는 지구의 모습과 지구 위로 떠오르는 태양의 모습이 화면을 가득 채운다. 이 영화만큼 우주 대서사시의 이미지를 관객에게 강력하게 각인시킨 영화는 이전에 없었다. 넓은 우주 밖에서 지구에 사는 인간을 내려다보는 관점은 인류의 우주적 실존에 대하여 각성하게 만들었다. 그리고 동시대에 월남전 참전에 반대하는 캘리포니아의 대학생 히피족들에게 커다란 감성적 충격을 던져 주었다.

추상화는 포괄적인 개념을 아우른다

IT 업계에 근무하는 내가 이 영화에 주목하는 이유는 따로 있다. 바로 우주선을 통제하는 HAL 9000이라는 컴퓨터 때문이다. 미쳐버린 인공지능 컴퓨터는 자신을 통제하려는 선원들을 교묘히 살해한다. 영화제작 당시 어떤 이는 H〈-I, A〈-B, L〈-M으로 해석하여 그 이름을 IBM에서 따온 것으로 추정했지만 확인할 수는 없다. 흥미로운 사실은 HAL이 컴퓨터의 세계에서도 매우 중요한 키워드 중의 하나라는 것이다. 컴퓨터를 움직이는 대부분의 운영체계 내에는 HAL Hardware Abstraction Layer이라는 논리 계층이 존재한다. 윈도우에도 HAL은 있다. 우리말로 '하드웨어 추상화 계층'이라고 부를 수 있는 HAL은 응용업무 프로그램이 하드웨어의 종류에 상관없이 가동될 수 있도록 만든다. 즉, HAL은 하드웨어 계층과 운영체계를 분리시켜 줌으로써 소프트웨어 프로그램이 하드웨어의 세세한 특성에 의존하지 않도록 만들어버린다. 다시 말해서 응용업무 프로그램이 보기에는 하드웨어를 두루뭉술 추상적으로 만들어버리는 매우 중요한 계층이다. 이러한 HAL이 없다면 어떻게 될까? 프로그램 개발자가 하드웨어의 모든 특성에 대하여 철저하게 이해하지 못하면 단 하나의 응용업무 프로그램도 개발하지 못하게 될 것이다.

추상화抽象畫라는 용어는 컴퓨터에 사용되기 전에는 회화에 먼저 사용되었다. 피카소는 〈게르니카Guernica〉라는 추상화 한 폭에 스페인 내전의 잔혹한 역사에 대해 많은 메시지를 담아 그렸다. 그림의 경우 추상화 수준이 높을수록 메시지는 더욱 함축적이며 이해하기 쉽지 않고 우리가 아는 일반적이고 사실적인 모습에서 멀어진다. 뛰어난 통찰력과 안목이 있는 사람은 그런 추상화에서도 화가가 전하고자 하는 메시지를 읽어낼 수 있겠지만 일반적인 사람들에게는 그저 독특한 그림으로 보일 수 있다. 추상화되었다는 것은 개념화되었다는 것이다. 그리고 그 반대는 사실적이고 구체화되었다는 것이다.

추상화의 수준은 대상에 따라 다르다

일상적인 업무와 의사소통을 위한 비즈니스 문서에서도 일정 수준의 추상화가 필요하다. 다만 문서를 검토하는 사람에 맞추어 내용의 추상화 수준을 달리해야 한다. 경영자 및 임원진을 대상으로 할 때는 추상화 수준을 높이고, 실무진에게는 추상화 수준을 낮추어 구체적인 내용을 제시하는 것이 좋다. 이 경우 각 장의 수준은 문서를 보는 사람의 레벨에 맞추어 동일한 추상화 수준을 유지하고, 동일하지 않은 것은 별첨으로 빼두는 것이 효과적이다.

앞에서 예로 들었던 프레젠테이션 문서 작성의 3단계에서 '준비 – 작성 – 검토 및 수정 단계'는 추상화 수준이 레벨 1이라고 칭한다. 이 경우 〈4. 스토리보드 작성〉은 한 단계 낮은 레벨 2로 칭한다. 만약 목차를 '준비 – 스토리보드 작성 – 본문 작성 – 검토'라고 했다면 추상화 수준이 레벨 1과 레벨 2의 목차로 서로 맞지 않게 섞여 만들어진 것이다. 한편 문서의 본문을 레벨 2의 추상화 수준으로 통일하고자 한다면 상세한 레벨 3의 자료는 첨부자료로 돌려야 한다.

한 장에 8~10줄의 문장으로 차트를 만들었는데 갑자기 25줄의 문장이 들어간 페이지가 있다면 추상화 수준의 통일에 실패한 것이다. 한눈에 잘 들어오지 않기 때문이다. 추상화 수준이 잘되어 있는지 확인하려면 프레젠테이션의 차트를 한눈에 볼 수 있도록 모두 화면에 띄우거나 벽에 붙여 놓으면 된다. 그러면 글자체나 줄 수, 그림의 모양에서 걸맞지 않는 차트가 눈에 보일 것이다. 이 부분의 추상화 수준이 너무 높으면 좀 더 자세히 설명하고, 반대로 너무 구체적이라면 메시지를 단순화시키거나 첨부로 빼는 것이 좋다. 추상화 수준을 판단할 세 가지 기준을 제시하면 아래와 같다.

- ✔ 각 페이지의 글자 수를 통일하라. 8~10줄 혹은 12~15줄 둘 중의 하나를 택하고, 이를 전체 차트에 맞게 일관성을 유지하라.
- ✔ 중간에 그림과 테이블을 넣을 경우는 그 부분이 차지하는 높이에 해당하는 줄 수만큼 가진 것으로 간주하고 전체 줄 수를 계산하라.
- ✔ 줄 수가 통일이 안 될 경우에는 추상화 수준을 맞추어 문장을 단순화시켜 줄이거나 도식화하여 처리하라.

추상화 수준을 잘 맞추는 능력은 결국 구조화능력과 맥을 같이 한다. 레벨 2의 개념을 모아 놓았을 경우 레벨 2를 모두 포괄하는 레벨 1의 명칭을 새로이 명기할 수 있는 것이 구조화능력의 하나이다. '데스크톱 컴퓨터, 메인프레인, PC, 전화기, 노트북, 아이패드, 넷북'의 개념이 있을 때 이를 '휴대용/비휴대용'의 두 가지 개념으로 분류한 것은 구조화한 것이다. 휴대용/비휴대용 전자기기로 명명한 것은 레벨 1의 개념이 되고, 데스크톱 컴퓨터, 아이패드 등의 레벨 2 개체보다 상위의 추상화 개념을 가지도록 이름지은 것이다.

기업체에서 "두 번째 장의 추상화 수준이 안 맞는다!"라는 말을 사용하고 이를 직원들이 제대로 이해하고 있다면 그 기업의 임직원들의 의사소통 레벨은 아주 성숙해 있다고 생각한다. 그만큼 추상화는 문서 작성에서 중요한 키워드이다.

46
논리적 연관성을 유지하라

중세시기 유럽의 대학은 네 과목만 가르쳤다고 한다. 신학, 철학, 수학, 의학이 그것이다. 유명한 철학자들의 이력을 보면 수학자이기도 했던 것을 이해할 만하다. 철학자이며 수학자이기도 한 르네 데카르트Rene Descartes도 마찬가지이다. 고등학교 시절 국어과목의 전희련 선생님은 데카르트가 설파한 "나는 생각한다, 고로 나는 존재한다."라는 철학의 명제로 한 시간 내내 강의를 하신 적이 있다. 영어로는 "I think, therefore I am", 라틴어로는 "Cogito ergo sum고기토 에르고 즘", 프랑스어로는 "Je pense, donc je suis쥬 뻥스 동끄 쥬 스위"인 이 말을 학생들에게 달달 외도록 했다. 이 말은 대상물에 대한 인과관계를 설명하기 위하여 논리가 필요했고, 그러려면 대상물을 관찰하고 인지하는 인간의 존재부터 증명해야 했기 때문에 고안된 논리명제로 알고 있다. 철학에 문외한인 내게는 여전히 이 말이 가진 논리학적 무게가 잘 와닿지 않는다.

거절할 수 없는 제안에는 논리적 연관성이 있다

문서는 말을 옮긴 것으로 누군가에게 내 뜻을 전달하고 설득시키기 위한 것이다. 비즈니스 세계에서도 클라이언트를 설득하려면 인과관계를 설명하는 논리가 필요하다. 그런데 수고스럽게 문서를 만들면서도 이 핵심을 잠시 잊는 경우가 다반사이다. 문서 작성 형식에, 차트의 수치에, 전체적인 레이아웃에 신경 쓰느라 각 페이지 간의 논리적 연관성에 미처 더 세심한 주의를 기울이지 못해 상대를 설득이 아닌 이해조차도 시키지 못하는 경우가 많다.

상대가 논리적 연관성을 중요하게 여기는 사람이라면 앞뒤가 맞지 않는 당신의 제안을 받아들일 가능성은 거의 없다. 이런 실수는 특히 영업 전선에서 많이 일어난다. 클라이언트에게 특정한 사업이나 제품을 제안할 때 고객이 가진 문제점을 기껏 잘 정리하고도 제시하는 대안, 제품의 도입 타당성을 설득시키기보다 무턱대고 단도직입적으로 제품의 특장점만을 들이밀곤 한다. 눈앞에서 작게는 몇백만 원, 크게는 몇십억 원이 왔다갔다하는 중대한 의사를 결정하는데 논리적 설명이 부족한 문서를 들이민다는 것은 상식적으로 볼 때 이해가 되지 않는다.

클라이언트에게 특정한 사업이나 제품의 제안서를 보여 줄 경우에는 구매요건 - 제안기능 - 도입효과를 각 장에서 별도로 설명했어도 이들 내용의 논리적 연관성을 설명하는 매칭 테이블을 별도로 제시하는 것이 좋다. 이렇게 잘 짜인 매칭 테이블을 본 고객은 당신의 사업, 제품의 도입효과를 의심하거나 이의를 제기하기 힘들 것이다.

아래 표는 자동차의 소재에 관련된 '구매요건 - 제안기능 - 도입효과Requirement - Function - Benefit'와 '특성 - 기능 - 장점 - 효과Feature -

Function - Advantage - Benefit'의 두 가지 형태로 논리적 연관성을 표현한 표이다. 이 표에서 제시하는 기대효과가 제품을 직접 사용할 고객사 임직원의 "제품의 기능이 기대효과를 달성해 줄 것으로 직접 확인했다."는 인터뷰 내용에 근거하고 있다면 상대 의사결정권자는 꼼짝없이 당신의 제안을 수락할 수밖에 없다.

R-F-B			F-F-A-B			
구매요건	제품의 기능	기대효과	제품사양	제품기능	제품장점	기대효과
연비가 좋아야 한다	차체가 알루미늄	동종차종에 비해 100km 5,000원 연료절감	엔지니어링 폴리머 플라스틱 소재	강철과 같은 강도 & 가공용이	소성가공이 용이 철에 비해 20% 경량 재활용성 증대	대당 단가 10% 절감 연비 10% 향상 수리비용 10% 절감

논리적 연관성을 학문적으로 접근하는 분들은 연역법, 귀납법이라는 어려운 말부터 끄집어내는 것을 많이 보았는데, 지난 25년간의 비즈니스에서 이러한 용어를 몰라서 어려웠던 적은 없었다. 그보다는 RFB, FFAB가 더욱 현실적이고 논리적인 설득력을 제공하여 줄 것으로 믿는다.

가치명제의 향상에 부합하는가?

제품·서비스의 기능 혹은 장점과 같은 대안을 제시할 경우는 고객의 변하지 않는 세 가지 가치명제에 집중하는 것이 일반적이다. 즉, Q - C - D로 대변되는 품질Quality 향상, 원가Cost 절감, 납기Delivery 단축이다. 제안하는 솔루션이 고객의 관점에서 위의 세 가지 가치명제에 기여할 수 있다면 고객은 새로운 설비와 소재나 부품, 아웃소싱 서비스에 투자하는 것을 마다하지 않을 것이다.

품질(Q)은 회사가 가지고 있는 품질지표뿐만 아니라 최종고객이 생각하는 품질의 관념에 얼마나 부합하는지의 여부가 중요하다. 회사에서는 낮은 불량률의 의미로 생각하겠지만 고객은 사용의 편리성, 내구성, 휴대성, 미적 감각, 오랜 배터리 사용시간 등 보다 넓은 의미로 생각한다. 품질기준은 고객 관찰이나 인터뷰를 통하여 도출하기도 하고 경쟁사를 통해서 파악하기도 한다.

제품의 원가(C)는 부품원가, 생산원가, 공장출하단가, 유통비용, 유지보수비용, 교환비용 등을 모두 포함한다. 이를 분석하려면 상품기획과 원재료 조달부터 제품의 폐기에 이르기까지 제품에 관련된 생명주기 전반에 걸친 원가동인 Cost Driver 을 파악해야 한다. 고객에게 판매하려는 제품이나 서비스가 이러한 원가동인의 절감에 도움을 줄 수 있다는 것을 설득할 수 있어야 한다.

납기단축(D)은 개발납기, 조달납기, 생산납기, 판매납기 등이 있다. 개발납기는 제품 디자인 및 개발자들이 기획에서 디자인을 완료하기까지의 기간이다. 조달납기는 부품 주문에서 공장 생산라인에 투입되기까지의 기간이다. 수십 년부터 JIT Just in Time 혹은 JOT Just on Time 라는 방법론이 도입되었다. 생산납기는 조립 시작부터 팔 준비가 된 제품을 완성하기까지의 기간이고, 판매납기는 주문으로부터 고객에게 제품을 인도하기까지의 기간이다. 납기의 경쟁력이 떨어지면 기업은 경쟁사가 단물을 다 빼먹은 시장에 뒤늦게 뛰어들어 재무적 손실을 입는다. 제품의 수명주기가 짧은 휴대용 전자제품과 부품업체는 회사의 명운이 갈리기도 한다.

위와 같은 Q – C – D는 시대에 따라 강조되는 우선순위가 바뀌었지만 변하지 않는 경영자의 가치명제이다. 이것이 어느 정도 경쟁력을 갖춘 이후에 고객만족이나 고객감동을 이야기할 수 있다. 제안하는 문서가 논리적이라 함은 제안하는 제품(서비스)이 이러한 가치명제의 향상에 부합될 수 있다는 연관성을 인과관계로 설득하고 있다는 말이 된다.

47
향후 비전을 제시하라

회사를 그만둔 사람에게 퇴직한 이유를 물으면 열에 아홉은 "그 회사는 비전이 없어서."라고 말한다. 그렇게 말한 사람의 속내를 미루어 짐작해보면 비전이 없다는 말은 여러 가지로 해석해볼 수 있다. 월급이 적어서, 배울 것이 없어서, 해외근무의 기회가 없어서, 승진의 기회가 없어서, 일이 너무 많아 여가가 없어서 등등의 이유를 모두 아우르는 말이 "비전이 없다."는 말이 될 수 있다. 사실 죽음을 앞둔 노인보다는 갓 태어난 아이가 가장 발전가능성이 높다. 그렇다면 대기업보다는 벤처기업이 더욱 비전이 높을 수 있는데 직장인들이 벤처기업보다 대기업으로 몰리는 것을 보면 비전이라는 말만큼 잘못 사용되는 언어도 없는 것 같다. 직장을 옮기는 사람들이 말하는 비전이 없다는 말은 고용 불안을 느낀다는 메시지로 해석하는 게 맞을 듯하다. 따라서 경영자가 직원들이 말하는 "우리 회사는 비전이 없어 떠납니다!"라는 말을 글자 그대로 해석하는 것은 잘못된 실행을 계획하게 만든다.

관련된 미래를 구체적으로 보여 주어라

거시적인 측면에서 회사 만들기의 범주에 들어가는 세 가지 개념을 꼽으라면 나는 사명Mission, 가치Value, 비전Vision의 순으로 접근한다. 사명은 회사의 존재이유, 즉 우리 회사는 어떤 방식으로 성공하고자 하는가? 하는 질문의 답이 된다. 가치는 우리 회사가 사라지면 세상이 무엇을 잃게 되는가? 하는 핵심역량에 대한 답변이다. 비전은 우리 회사의 5년 후, 10년 후의 긍정적 미래 모습에 대한 대답이다. 공급업체가 고객의 미션과 가치에 대해 대변하는 것은 섣부른 일이지만, 제안하는 솔루션이 실현시켜 줄 고객사의 미래 모습을 제시할 수 있다면 좋은 일이다.

고객에게 제안을 할 때는 해당 이슈에 분명히 답하는 것이 원칙이다. 그러나 고객사가 1차적인 과제에 대한 해답만을 요구하였다 하더라도 발생 가능한 미래의 과제까지 예측할 수 있다면 2차 단계의 고려사항까지 제시하는 것을 주저할 필요는 없다. 필요하다면 2차 단계, 3차 단계의 과제까지 예측하여 솔루션을 제시하라. 고객사는 제안자의 이 같은 식견과 제안에 감사할 것이다. 대개의 경우 예측한 상황이 실제로 발생한다면 이를 예견한 제안자를 먼저 찾는다. 대다수의 제안자는 근시안적 관점으로 이러한 미래 기회를 미리 확보하지 못하는 과오를 범하고 있다.

미래를 생각하는 훈련을 하라

회사가 마주할 미래의 이슈와 이에 대한 제언을 할 때 활용할 수 있는 그림 중 하나는 《맥킨지 성장의 묘약》에서 주창한 '3대 수평선The 3 Horizon' 이론이다. 오른쪽 그림처럼 맥킨지는 기업의 수익모델을 핵심사업, 신규사업, 가능성 있는 미래사업의 세 가지로 구분하여, 기업 내의 비즈니스 포트폴리오가 이들 세 가지로 균형이 잡혀 있어야 한다는 주장을 폈다.

즉, 핵심사업이 80%, 신규사업이 15%, 미래의 신규사업이 5% 정도로 매출이 균형 있게 지속되는 기업은 절대 망하지 않는다는 것이다. 회사에 적용할 향후 비전 차트로서 반드시 3대 수평선을 사용할 필요는 없다. 시장조사기관이나 선진기업의 정보를 이용하여 제안서의 마지막에 고객이 속한 산업군의 단계별 발전 방향을 제시하는 그림을 삽입하라. 그리고 1단계 사업이 완성된 후에는 2단계 과제, 3단계 과제가 대두될 것으로 가정하고 제안한다면 클라이언트에게 매우 긍정적인 인상을 줄 수 있다. 이와 같이 당신이 클라이언트가 관계된 산업군의 미래 비전이나 과제를 제시할 능력이 있다면 당신은 머지않아 큰 성공을 거두는 딥 스마트가 될 수 있는 사람이다.

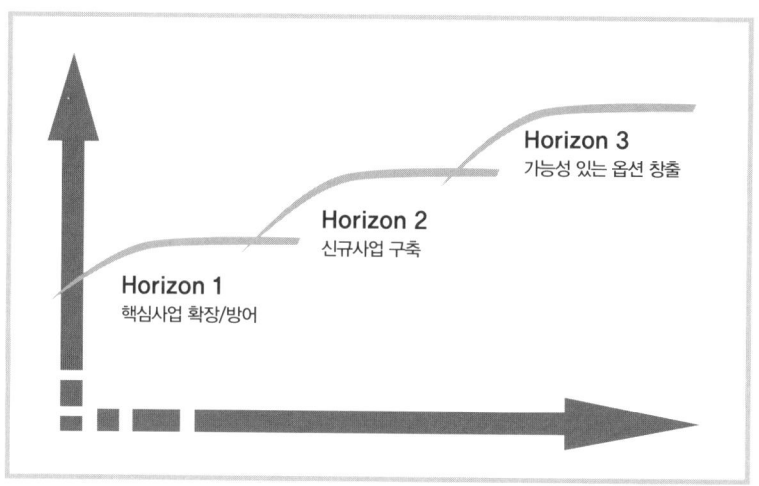

각각의 발전 단계는 적어도 3단계, 많아도 5단계를 넘지 않도록 하는 것이 좋다. 3단계로 제시할 경우는 기반조성 단계, 운영 단계, 확장 단계 등의 적절한 이름을 부여할 수도 있다. 5단계의 경우는 시범운영 단계,

본사 구축 단계, 지점 구축 단계, 통합 단계, 선진운영 단계 식으로 단계명을 부여할 수도 있다. 이러한 단계별 명칭은 해당 업계에 5년 정도 근무한 전문가라면 어렵지 않게 그려낼 수 있다. 제시한 단계가 선진국 혹은 선진기업의 사례를 기반으로 한다면 고객도 이의를 제기할 수 없고, 아무도 경험하지 않은 미래에 대한 이야기이니 큰 이견도 발생하지 않는 것이 보통이다. 중요한 것은 당면한 과제를 넘어 미래를 생각하고 있는 남다른 식견이다. 이렇게 제시된 비전이 고객사와 공유되고 합의된다면 갑과 을은 팀워크를 이루어 오래도록 파트너십을 유지할 수 있다. 단순한 공급업자가 아닌 전략적 파트너가 되는 것이다.

대학졸업생들을 샘플링하여 미래에 대한 지향이 있었던 사람과 그렇지 않았던 사람들을 수십 년 후에 추적 조사해보니 지향이 있던 사람들의 성공지수가 더욱 높았다는 연구 보고서가 있다. 연구를 하지 않더라도 충분히 예견되는 일이다. 나침판을 가지고 운행하는 배와 그렇지 못한 배처럼 지향을 가지고 사는 사람과 지향 없이 오락가락 사는 사람이 그릴 인생의 궤적은 다를 수밖에 없다.

경험에 비추어볼 때 직원들이 많이 놓치는 것이 네 번째 논리적 연관성과 다섯 번째 향후 비전의 원칙이다. 이 두 가지는 보기에는 단순해 보여도 지키기에는 여간 어려운 것이 아니다. 하루 아침에 얻을 수 있는 스킬도 아니고, 꾸준한 훈련을 통해서만 몸소 체득하고 습관화할 수 있다. 단순하지만 2~3년 훈련받지 않으면 활용하기 힘드니 꾸준히 배우고 노력하기 바란다. 딥 스마트가 되기 위해서는 무엇보다 끊임없는 수련이 중요하다.

48
표지로 내공을
짐작하게 하라

사실상 모든 비즈니스의 시작은 문서 작업에서부터 시작된다고 할 수 있다. 사업계획서에서 제안서, 업무계획서, 개발계획서, 중간보고서, 완료보고서 등등 모든 문서 작업이 사업의 프로세스를 만드는 초석이다. 직장인들의 업무시간에서 가장 많은 비중을 차지하는 일이면서, 또 가장 골치 아픈 일이 바로 문서 작성이기도 하다. 문서로 남기지 않았다면 당신이 한 일은 아무 것도 아니게 된다. 했던 일을 설명할 수도, 평가할 수도, 재현할 수도, 발전시킬 수도, 그리고 양도할 수도 없기 때문이다.

마음을 얻어내는 첫 장

공공기관의 입찰 선정 심사위원으로 여러 번 참여했다. 내공이 있는 심사위원은 제출된 제안서의 형식만 척 보아도 업체의 역량을 가늠할 수가 있다. 문서에서 중요한 것은 내용을 담고 있는 포장인 형식인가? 아니면 포장에 담긴 내용인가? 나는 문서에 있어 형식과 내용은 동일한 중요성을 가진다고 생각한다. 이 둘은 상호보완적인 관계이지 결코 대립적인 관계가 아니다. 다시 말해, 이 두 가지가 합쳐질 때 더욱 좋은 문서가 된다는 것이다.

문서의 첫 장 또한 마찬가지이다. 첫 장부터 문서를 보는 사람의 마음을 얻어야 두 번째 장, 세 번째 장으로 페이지를 넘겨보고 싶은 마음이 든다. 첫 장에 들어가야 할 내용은 일반적으로 다음과 같다.

- ✔ 제목: 제목을 보면 내용이 무엇인지 예측 가능해야 한다. 제목이 전체를 포괄하지 못하면 적절한 제목이 아니다.
- ✔ 부제목: 선택사항이다. 제목이 가진 특장점을 부각할 경우 제목 밑에 쓰면 좋다. 제목보다는 작은 글씨로 제목 바로 밑에 기재한다.
- ✔ 작성일자: 특정한 날짜를 기재하는 것이 원칙이다. 연도만 표시할 수도 있다. 한국식은 xxxx년 xx월 xx일로 표기한다. 대개 '2011.01.01.'식으로 축약한다. 미국식은 'Jan. 1st, 2011'과 같이 기재한다. 유럽의 경우는 날짜를 맨 앞에 위치시키는 곳도 있다.
- ✔ 작성자명: 실명이 원칙이다. 그 밑에 작성자 이메일, 부서명, 회사명 순으로 기재하는 게 좋다. 본인이 만든 문서가 아니더라도 회사를 대표하여 발표하는 경우 발표자의 성명을 쓰는 것이 원칙이다.
- ✔ 문서의 비밀등급이나 지적재산권: 공개해도 되는 문서라면 '© Copyrighted by 회사명, 연도'로 기재하면 되겠지만 대외비일 경우는 보안이 낮은 순으로 Internal use only (사내한), Confidential (대외비), Confidential restricted (일급대외비) 순으로 구분할 수 있다. 누가 가지고 있고 누구에게 복사해 주었는지 문서의 유통경로를 통제해야 한다면 일급대외비를 부여한다.

외부에 공개된 문서일 경우 카피라이트를 명기하지 않았다면 문서의 지적재산권은 보호받지 못한다. 지적재산권이나 비밀등급은 보호받아야 하는 모든 페이지에 명기되어야 한다. 비밀등급과 카피라이트를 병기하는 것은 적절치 않다. 비밀등급이 적혀 있는 문서는 공개를 전제하지 않기 때문이다. 비밀등급의 정의는 문서를 만든 사람이 상사의 승인을 얻고 정의한다. 작성자의 상사는 비밀등급을 조정할 권한이 있다. 비밀등급이나 카피라이트를 지우고 도용하는 것은 법적인 송사의 대상이 될 수 있다.

아래의 그림은 이러한 표지의 사례를 보여준다. 디자인을 예쁘게 하는 것도 좋지만 무엇보다 위의 형식을 놓치지 않아야 한다.

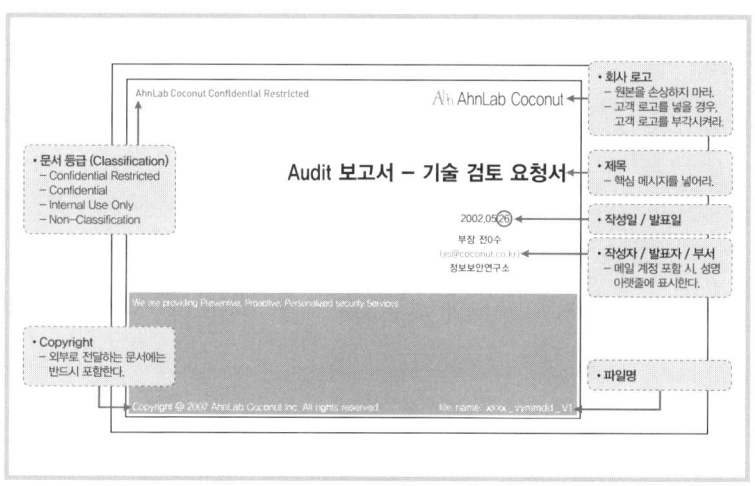

위와 같은 내용을 제대로 적었다면 아주 잘된 문서이다. 특히 문서의 파일명을 표지의 귀퉁이에 기재한 경우는 정보검색까지 신경 쓴다는 세심함을 보여 줄 수 있다. 문서의 표지에 적혀 있는 파일명을 보고 컴퓨터에 저장된 파일을 손쉽게 찾을 수 있기 때문이다.

요약해주기 & 덧붙여주기

업무를 진행하면서 쌓여가는 파일의 숫자는 기하급수적으로 늘어난다. 같은 목적의 파일도 여러 개의 버전이 존재하여 어느 것이 앞선 것인지 구분하기도 쉽지 않다. 파일명은 날짜로 시작하면 시간대별 분류가 용이하고, 주제명으로 시작하면 토픽에 따른 나열이 가능하다. 여러 사람이 공동작업을 하여 완성되는 문서를 주고받을 때에도 파일명을 잘 정의해 두면 편집이 쉬워진다.

요약문과 구조화된 목차, 흔히 오리발 조항이라고 불리는 면책조항 disclaimer이 있고 전문용어의 설명 페이지가 있다면 외형적 형식은 아주 잘되어 있는 것이다. 면책조항은 제안서의 경우에는 반드시 넣는 것이 원칙이다. 제안의 유효기간을 기재하거나, 제안사항의 변경이 가능하다는 코멘트를 넣어 발생 가능한 법적 소송에 대한 안전장치를 마련하는 것이 목적이다. 전문용어 특히 영문약자는 독자들이 익숙하지 않을 경우를 대비하여 문서의 별첨에 알파벳 순서로 넣거나, 그렇지 않다면 최초로 약자가 사용된 지면에 기재할 수도 있다.

수년 전에 제주도에서 열렸던 IEEE 국제 학술 컨퍼런스에 참석한 일이 있다. 100여 명 정도 규모의 작은 학회였지만 국내의 대형 전자회사들은 물론 아시아, 유럽, 미주 등에서 60개 회사의 석박사급 연구원들이 참여한 이벤트였다. 그들이 발표하는 비즈니스 차트를 유심히 살펴보았다. 그 많은 문서 중에 오로지 NOKIA 출신의 박사만이 위의 표지 형식을 다 갖추고 있는 것을 보고 인상 깊게 생각했다. 경험에 비추어보면 직원들이 이상의 문서 작성 요령에 익숙해져 회사의 문서에 이 원칙들을 준용하는 데 3년의 세월이 걸린다. 문서 하나에도 회사의 성숙도를 가늠해 볼 수 있는 이유가 여기에 있다. 그러나 형식을 넘어 문서의 내용을 더욱 품격 있게 만들려면 앞서 말한 문서 작성의 다섯 가지 구결에 유의하라.

49
품어줄 수 있게 제안하라

비즈니스맨들이 작성하는 문서 중에 가장 힘들어 하는 문서가 사업품의서라고 생각한다. 사업품의서는 내부 제안서와 같다. 매일 매일의 업무상 증빙을 남겨야 하는 다양한 신청서나 리포트 등의 문서는 회사에서 표준 양식을 인쇄하여 비치하여 놓거나 디지털 양식을 공용 DB에 보관하면 유용하게 사용할 수 있다.

품의서 작성의 핵심 BOGSAT를 기억하라

- Background(사업배경)
- Objectives(사업목적)
- General Outline(사업개요)
- Specific Tasks(세부과제)
- Administration(관리 및 지원체제)
- Timeline(실행일정)

반면에 품의서는 대개 정형화되어 있지 않으며 표준화된 양식도 없기 때문에 많은 이들이 어려움을 느낀다. 그러므로 품의서는 창의성을 발휘할 수 있는 좋은 기회가 되므로 위의 키워드를 잘 활용해보자.

품의서는 신뢰의 순간이 되어 준다

품의서는 의사결정권자를 설득하여 경제적 자원(시간, 사람, 돈, 기회비용)을 투자하도록 요구하는 문서이다. 따라서 작성자가 역량 있는 관리자로서 성장할 수 있을지 판단하는 아주 좋은 '신뢰의 순간'이 되기도 한다. 아래의 내용은 특별한 대안이 없이 품의서를 작성하거나 검토할 경우에 기본형식으로 참조할 틀을 제공하여 줄 것이다. 품의서를 평가하고 승인해야 할 경우 해당 품의서가 잘되어 있는지를 BOGSAT라는 키워드로 평가할 수 있다.

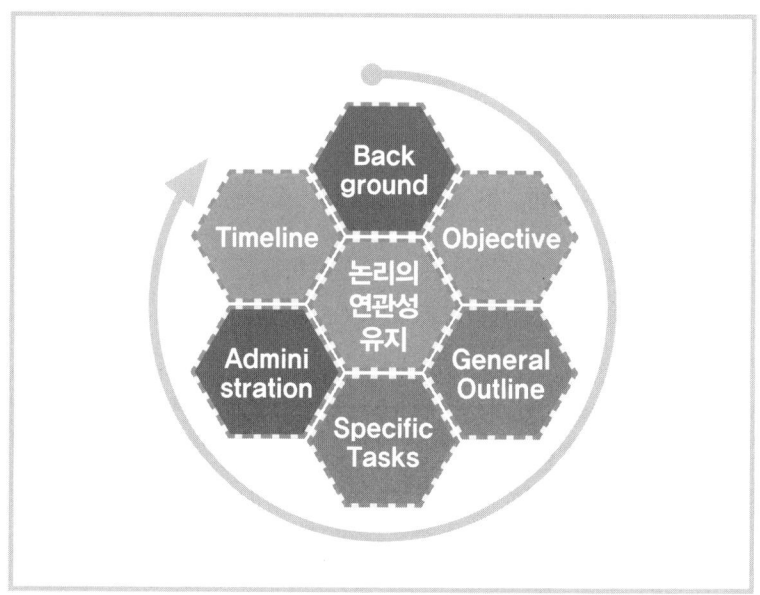

품의서에 꼭 들어가야 할 내용을 순서대로 B Background 사업배경, O Objectives 사업목적, G General Outline 사업개요, S Specific Tasks 세부과제, A Administration 관리 및 지원체제, T Timeline 실행일정의 여섯 가지 이니셜로 외우고 품의서 리뷰 시에 활용한다.

1) 사업배경
사업의 필요성과 자사의 해결과제에 대하여 설명한다. 주로 Why에 대한 문제를 제기한다.

2) 사업목적
미래목표 To-be 모델를 설정한다. 주로 What에 대한 것을 정한다. 목표는 모호해서는 안 되며, 측정할 수 있는 지표가 있어야 한다.

3) 사업개요
사업 전반의 레벨 1의 개요. How에 대한 설명이다.

4) 세부과제
레벨 2에 대한 활동과제를 설명한다. 상세한 How에 대한 설명이라 할 수 있다. 추상화 수준이 깊은 레벨 3, 4의 상세 데이터나 근거 데이터는 별첨으로 돌리는 것이 적절하다.

5) 관리 및 지원체제
프로젝트 추진을 위한 조직 및 설비 등의 투자내역을 의사결정권자에게 요구한다.

6) 실행일정

When에 대한 설명이다. 전반적인 과업의 시작과 완료시점을 간트Gantt 차트(간혹 Pert – CPM 차트)로 요약하게 된다. 간트 차트는 X축은 시간축, Y축은 업무내용이 레벨 1, 2로 구조화되어 만들어진 차트이고, CPM Critical Path Method 차트는 건설업에 주로 사용되는 공정표 형태이다. 일반 비즈니스 환경에서는 CPM 차트보다는 시간 순으로 구조화되어 작성된 간트 차트가 더욱 효율적이다.

품의자가 가져온 문서를 여섯 가지 관점에서 살펴보면 어떤 사항이 누락되어 있는지, 어떤 사항이 잘못된 부분에 포함되어 있는지 등이 한눈에 보인다. 전문가들이 이러한 구결을 외우고 꾸준히 훈련한다면 상급자로부터 훌륭한 기획자의 자질이 있다는 칭찬을 받을 수 있을 것이다.

잊지 말아야 할 것은 BOGSAT의 앞장에 전체내용을 축약한 요약문을 넣어 최고결정권자에게 요점과 급소만을 설명하는 것이다. BOGSAT의 각 장의 한글 제목은 적절히 변경해도 좋다.

사업계획서는 미래이자 과거의 기준이다

중소기업에 있어서 사업계획서는 매출/비용/수익 계산을 위한 스프레드시트와 PPT로 작성하는 사업계획서 두 종류로 충분하다. 잘 구조화되고 간결하게 작성된 사업계획서는 임직원은 물론 이사회와 투자자와의 의사소통에도 필수적인 문서가 된다. 사업계획서는 회기년도 개발 · 영업 · 생산 · 마케팅 · 재무 · 인사 등의 핵심부서의 주요 사안을 계획하고, 계획대로 진행되는지 비교기준으로 삼을 수 있는 중요한 서류이다. 따라서 사업계획서는 미래를 위한 것이자 과거의 중요한 기준이 될 수 있다.

아래는 내가 주로 사용하는 사업계획서의 목차이다. 일부 영문으로 되어 있음을 양해해 주기 바란다. 국제적 사업을 하는 회사라면 영문으로 작성하는 것이 비용면에서 더 효과적이라고 생각한다.

- **2010 Biz Review**
  - Financial review
  - Biz overview
  - Industry coverage review
  - What we learned
- **2011 Biz Plan**
  - 2011 사업목표
  - 2011 중점 추진사업
  - 2011 영업목표
  - 2011 영업전략 및 주요 프로그램
  - 장애요인 Concerns & Issues

- 추진계획 Implementation Plan
- 지원 요청사항
- 진행일정 Biz Milestone

■ **Attachment**

- 장기매출 및 손익계획 등 세부 참조자료를 첨부

사업계획서의 핵심은 지원 요청사항이 해결되면 장애요인이 해결되고, 장애요인이 해결되어 계획된 주요 프로그램이 성공적으로 실행되면 목표가 달성되는 논리적 일관성이 있는지를 파악하는 데 있다. 사업계획의 맨 앞에는 요약문을 넣어 사업의 전체 관점을 제시하는 것이 좋다. 사업계획서의 목차는 기업의 문화적 유산으로 모든 회사가 같을 수는 없다.

50
협업하고
체화하라

모든 직원들의 보고서를 일일이 다 확인하지 않는, 확인할 수도 없는 대표 자리에 앉아 있는 지금도 나는 문서 작성능력을 직원들의 기본자질 및 역량으로 매우 중요하게 여긴다. 그래서 입사 후 일정 시간이 지난 신입사원들에게 의도적으로 문서 작업을 지시한다. 대개는 자신이 하는 일을 설명하거나, 후배들에게 전달할 자료를 만들도록 시킨다. 문서를 만들어오면 두 가지를 묻는다. 만드는 과정에 어떠한 정보원을 이용하였는가? 동료의 검토Peer Review를 받았는가? 전자는 그가 가지고 있는 정보력을 보기 위해, 후자는 팀워크를 발휘할 개방된 마음을 보기 위해서이다. 대부분 정보원은 인터넷이 전부이고, 동료 검토는 창피하다는 이유로 혼자 만들어 왔다고 말한다.

오픈마인드는 세상을 품고 배운다

비즈니스맨은 인터넷 이외에 전문서적, 정기간행물, KISTI(산업과학기술정보연구원) 같은 정보제공기관의 활용, 동호회, 동종업계의 선후배 등 폭 넓은 정보원을 관리하고 유지하여야 한다. 인터넷에는 무한한 정보들이 떠다니고 있다. "정보 검색은 식은 죽 먹기지, 인터넷 창에 검색어만 입력하면 간단한 걸!" 정보를 대하는 이런 태도부터 바꿔라. 고급 정보는 쉽게 얻어지지 않는다. 정보의 품질은 오직 자신만이 높일 수 있다. 아무리 찾아도 정보가 없다는 핑계는 대지 마라. 당신의 노력이, 성의가 부족한 탓이다. 애타게 구하라. 그리고 모든 열정과 노력을 다해 얻은 정보를 사실적으로 가공하라. 핵심을 간파하고 간결하게 정리하라. 자료를 동료 혹은 선배들에게 보여 주고 리뷰를 요청하는 일은 문서의 품격을 더욱 높이는 좋은 태도이다. 이러한 과정을 통해서 그들에게 도움을 주고받는 좋은 관계를 만들어가고, 팀워크를 중시하는 자신의 오픈마인드를 강화시킬 수도 있기 때문이다. 오픈마인드는 세상을 품고 배운다.

최근 팬택의 이준우 부사장을 만난 자리에서 좋은 가르침을 얻었다. 강원도 홍천에서 S대를 나온 사람이 아직 열 손가락을 넘지 못한다고 하니 수재임이 틀림없다. 명문대 출신들은 자존감이 높아 부하직원들의 감성관리에 약한 것을 여럿 보았는데 그는 달랐다. 그를 따르고 존경하는 직원들의 피드백을 이전부터 많이 들어와서 한 수 배움을 청했다. "어떤 사람이 좋은 직원인지 나름대로 판단하는 비법이 있습니까?"하고 물었다. "리더란 주위를 두루 잘되게 하는 사람입니다. 리더십이 있는지 평가하려면 아랫사람의 평가, 윗사람의 평가, 동료들의 평가를 전방위로 보아야 합니다. 모두 중요하겠지만 나는 그 중에 동료들의 평가가 제일 중요하다고 생각합니다. 직원이 많은 조직에서 윗사람은 아랫사람의 면면을 제대로 알지 못합니다. 아랫사람은 자신을 잘 대하는 윗사람만을 좋게 평가하는 성향이 있죠. 그러나 팀장급이 같은 레벨의 동료 팀장들에게 좋은 평가를 받는 것은 더욱 어려운 일입니다. 동료 팀장들 하나하나 개별적으로 확인하다 보면 결국 어떤 한 사람에게 가장 훌륭하다는 의견이 모이게 됩니다. 그 사람이 바로 내 팀만이 아니라 관련 팀들이 모두 잘되도록 배려하고 돕는 리더입니다. 나는 그를 승진시킵니다!" 윗사람들에게 좋은 인상을 심기 위해 멋진 발표 차트와 훌륭한 프리젠테이션을 연출하곤 하지만, 정작 여러 동료들과 함께 한 일을 자신이 다 한 것처럼 말하는 사람들이 있다. 이들은 사장의 마음을 얻어 아주 잘 승진한다. 그러나 주위 사람들은 동료에 대하여 배려심이 없는 그들이 승진하는 것을 마음으로 승복하지 못하는 경우가 많다. 이들이 승진하면 첫 번째 일로 감성관리가 안 통하는 이전의 동료 부서장을 내보내는 일부터 시작한다. 때로는 이러한 접근이 회사를 깨뜨리기까지 한다. 조직관리에 있어서 이 부사장의 구결은 실천할 만한 좋은 지침이라는 생각이다. 관리자나 경영자는 동료들과 협업하면서 좋은 성과를 내고 충실하게 감정계좌를 나누는 직원을 잘 판단할 줄 알아야 한다.

반복하여 단련하라

황사와 빗물로 더러워진 차를 끌고 자동 세차장에 들어선 적이 있다. 앞바퀴를 기계의 회전벨트에 걸고 기어를 중립에 놓은 후 여유 있게 등받이를 제치고 등을 기대었다. 그때였다. 비누거품과 함께 물이 차의 천정에서 쏟아져 들어왔다. 선루프의 뒤가 들려 있었나 보다. 차양막을 제치고 단추를 눌렀다. 아뿔싸! 너무 당황한 나머지 잘못 눌렀다. 들려진 선루프의 뒤가 닫히는 것이 아니라 통째로 열리기 시작했다. 비눗물이 거세게 쳐들어와 양복이 흠뻑 젖고 앞자리에는 홍수가 났다. 놀란 나머지 브레이크를 밟아서 세차기계도 정지해버렸다. 뒤에 있던 차의 운전자와 세차장 아저씨가 브레이크를 밟았다고 야단이었다. 그때 깨우쳤다. 매뉴얼을 보았다고, 강의를 들었다고, 한 번 해보았다고, 긴급상황에 대처할 수 있는 것은 아니라는 것을 말이다. 예비군훈련과 같이 반복학습하여 몸으로 익히지 않는다면 세차장의 봉변처럼 위기사항에서의 즉각적인 활용과 대처는 불가능한 일이다.

문서 작성도 이와 같다. 위로 갈수록 충분한 시간이 주어지는 문서 작업의 기회는 없다. 2~3일의 시간 안에 제안서를 작성해야 할 수도, 1시간 안에 발표자료를 만들어야 할 수도 있다. 반복된 훈련으로 단련된 사람만이 이러한 상황 안에서 자신의 역량을 보여 줄 수 있다. 문서 작성뿐 아니라 앞서 말한 모든 화두들이 그러하다. 딥 스마트의 탁월한 통찰력은 끊임없는 훈련과 지치지 않는 노력을 통해 완성된다는 것을 명심 또 명심하라.

50+1

당신은 지금 딥 스마트의 출발선에 서 있는가?

지난달 KAIST 기술경영대학원으로부터 〈기업가정신〉 관련 특강을 부탁받았다. 강의를 준비하면서 IT 업계의 후배 CEO들에게 질문을 던졌다. "기업의 가장 중요한 성공요인을 하나만 꼽는다면 무엇이라고 생각해? 모래탑 부수기 놀이 기억하지? 모래탑의 중심에 막대기를 꽂아 놓고 가장자리를 살살 긁어내던 놀이. 마지막까지 남는 그 막대기처럼 모든 것을 하나씩 버리고나서도 끝까지 남는 성공요인이 뭘까?" 그들이 무슨 대답을 할지 궁금했다. 자금인가, 기술인가, 아니면 마케팅인가, 사람인가?

골똘히 생각하던 한 후배가 말했다. "이상하게 들릴 수도 있겠지만 제 머릿속에 떠오르는 것은 '운'이라는 단어입니다." 성공원인을 자신의 아이디어와 노력보다도 '운'으로 돌리는 후배의 모습이 가상했다. 비즈니스를 하다 보면 결과를 예측할 수 없는 일이 많다. 예측할 수 없는 것에 도전하여 성공하였으니 운이 좋았다고 겸손하게 돌려 말하는 것이다. 미국의 한 TV방송에서 있었던 일이다. 성공한 CEO 12명에게 현재 하는 일이 대학 졸업 시에 품었던 계획 중에서 Plan A에 해당하는 사람은 손을 들어 보라고 했다. 단 한 명도 없었다. 그러면 Plan B인 경우는? 3명이 손을 들었다. Plan C인 경우는 4명, 나머지는 모두 Plan D였다. 이는 세상 일이 자기의 원래 뜻대로 되어가지 않는다는 것을 반증해 준다.

성공의 원인을 99%의 노력과 1%의 운이라고 말하는 사람들이 있다. 그러나 그들도 그 1%의 운이 없었다면 성공을 확신할 수 없다고 말한다. 기업가들이 불확실하고 예측 불가능한 일에 도전하는 것은 그 속에 '기회'가 있기 때문이다. 그러나 기회는 '준비'된 자에게만 운을 선물한다. 준비된 자의 99%의 노력에 1%의 운이 촉매가 되어 드디어 성공으로 폭발하는 것이다.

이렇게 보면 결정적인 1%의 운이 모든 것을 좌우하는 것만 같다. 하지만 중요한 것은 99%의 준비이다. 운이 좋았다고 말하는 이들의 면면을 살펴보면 모두가 부단한 노력 끝에 성공을 일구어낸 사람들이다. 음양 陰陽의 이치처럼 '운'을 180도 뒤집어 보면 '공'이 된다. 그들이 1%의 운이었다고 생각하는 것도 실은 공工이 뒷받침되어야 한다.

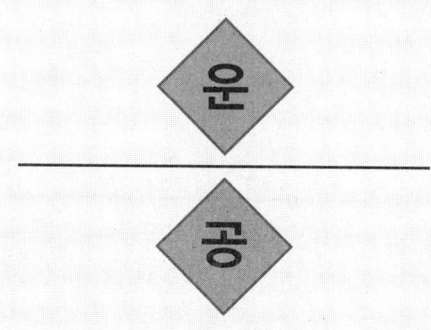

공工이 대표적으로 쓰이는 단어는 아마도 공부工夫일 것이다. 공부란 본디 불교의 수행을 상징하는 말로 '어떤 학문이나 기술 따위를 배우거나 익혀 그에 대한 지식을 쌓는 행위'를 일컫는다. 딥 스마트가 되기 위해서는 우선 열심히 공부하는 것이 기본이다. 이제까지 나는 5장에 걸쳐 특별한 프로페셔널로서 딥 스마트가 갖추어야 할 관계역량, 조직역량, 판단역량, 전문역량, 소통역량에 대한 이야기를 풀어놓았다. 이러한 기본 이론과 스킬, 노하우들이 '운'을 끌어들이는 '공'의 시작점이 될 수 있을 것이라 생각한다.

기본 이론을 바탕으로 프로페셔널 전문성을 기르며 이론으로는 배울 수 없는 경험을 위해 현장으로 과감히 뛰어들어라. 그 속에서 관계를 엮고 조직을 겪으면서 비즈니스의 판단력과 신념을 길러라. 이러한 과정은 꾸준히 이루어져야 자신 안에 사금처럼 지혜가 쌓인다. '공부'에서 '내공內功'으로 축적되는 것이다. 내공이 쌓인 자가 바로 딥 스마트이다.

앞으로 소셜네트워크는 갈수록 규모가 커지고 강화될 것이다. 정보가 곧 권력인 이 시대에 축적된 정보와 이를 통한 자기만의 내공을 가진 딥 스마트가 사회 각 분야에서 강력한 힘을 갖게 될 것이다. 딥 스마트가 되려면 자신이 미래를 경영하는 CEO라고 생각하고 끊임없이 학습하고 노력해야 한다. 배움과 경험을 바탕으로 한 철학을 가져야 경쟁력 있는 리더가 될 수 있다. 당신은 지금 어디에 서 있는가? 막연히 운을 기다리며 서 있는가? 운을 불러들이는 공의 시작점에 서 있는가? 운을 자기 것으로 만들 수 있는 딥 스마트의 출발선상에 서서 분명한 지향점을 가지고 있는가?

인생은 속도가 아니라 방향이고, 배움은 목적이 아니라 과정이다. 세상을 향해 열린 마음을 가진 사람은 우주의 지혜와 소통한다. 중요한 것은 꾸준히, 그리고 천천히 항상성을 유지하는 일이다. 카약을 처음 타는 초보자는 힘의 균형을 놓쳐 직진을 하지 못하고 왼쪽 오른쪽 지그재그로 배를 몰다 지쳐버린다. 능숙한 카약커는 시야를 멀리 두고 작은 배의 흔들림에 개의치 않으며 멀리 직진한다. 과녁을 향한 화살이 시종일관 올곧게 날아가듯이 높은 경지를 향해 나아가려는 이에게 중요한 것은 열린 마음, 올곧은 신념, 그리고 참을성을 갖고 꾸준히 노력하는 것이다.

Slowly, Steadily, Deeply Smart!
40대 초반이던 2002년, 부하직원과 함께 15년 만에 설악산을 찾았다. "한국의 사나이로서 공룡능선도 못 타본 친구는 남자도 아니다."라고 비아냥거리는 회사동기 장기영의 말에 발끈하여 결심한 일이다. 예전의 고생이 생각나서 매주 4~5시간 미리 산행연습을 했음에도 역시 너무 힘들었다. 첫날 한계령에서 시작한 산행은 중청산장에서 1박하고 다음날 몇 시간 만에 간신히 희운각에 내려섰다. 컨디션을 조절하느라 희운각 산장에서 또 1박을 하고 그 다음날 새벽 5시에 출발하여 공룡능선을 힘겹게 넘었다. 처음으로 만난 10월의 공룡능선은 예술이었다. 그러나 내려오는 동안 무릎 관절의 아픔은 여전했다. 그 후로 공룡능선을 2번 더 넘었지만 등산 후의 통증은 마찬가지였다.

보안업계의 지인인 채문석 이사에게 공룡을 세 번이나 갔다 왔다고 자랑했더니 한 번 꼭 데려가 달라고 한다. "아차! 말을 잘못 꺼냈구나!" 주말에 일정이 많아 단련할 기회가 없었다. 걱정이 되었다. 대안으로 한 달간 출퇴근 시에만 아파트 5층과 사무실 6층 계단을 걸었다. 그리고 한

달 후 백담사를 출발, 2박 3일 일정으로 산행을 시작했다. 첫날 8.5km를 걷고 공룡능선에서 비박을 했다. 다음날 새벽 5시에 출발하여 공룡을 가뿐히 넘어 희운각에 도착한 후 소청산장까지 가파른 길을 오르고 백담사까지 또 내리 걸었다. 17km의 거친 산길을 걸었는데 의외로 지금까지의 등산 중에서 가장 편했다. 짧은 시간에 쉽게 산을 넘었고, 무릎의 통증도 없었다. 생각을 해 보았다. 처음 도전했던 2002년의 가을로부터 8년이 지났는데 산을 걷는 체력은 더욱 좋아졌다. 나이도 더 먹었고, 배낭의 무게는 비슷했지만 몸무게는 오히려 더 늘었는데 무슨 변화가 있었는가? 생각 끝에 결론이 났다. 주말 5시간 벼락치기 등산 대신 매일 빌딩 11개 층을 간단히 오른 일이 지구력 향상에 더욱 효과적이었던 것이다.

밤을 새우고 공부하지는 않았지만 매일 매일 정해진 분량을 꾸준히 하였고, 모두 좋은 결과가 있었다. 덕분에 미국공인회계사와 정보처리기술사 자격증을 동시에 갖고 있는 비즈니스 프로페셔널이 되었다. 2008년 잠시 쉬는 동안에는 정보시스템 수석감리원 자격도 취득했다. 아버지께서는 "꾸준히 저축하고 공부하는 사람은 절대 따라잡을 수가 없다."고 말씀하시곤 했다. 나 역시 공부는 평생 해야 한다는 생각을 가지고 있다. 침대 머리맡에 항상 책을 놓고 잔다. 자기 전에 1~2페이지라도 읽고 자면 수백 페이지의 책이 어느덧 마지막 장에 이른다.

평생 머리가 좋다고 생각해본 적도 없다. 자만심보다는 열등감에 갇혀 지낸 시간이 더 많았다. 천재가 아니었지만 천재의 삶을 부러워하지는 않았다. 중요한 것은 "자신에게 부끄럽지 않게 살고 있느냐."였다. 지금도 직원이나 후배들이 일의 결과가 좋지 않아 머리를 숙이려 할 때 딱 하나만 묻는다. "자신에게 부끄럽지 않은가?" 그들이 부끄럽다고 하면 용서해 주고 부끄럽지 않다고 하면 좋은 경험이 되었을 것이라고 위로해 준다. 미흡한 결과에 대하여 부끄러움을 느끼는 것은 자신을 아끼기 때문이다. 자신을 아끼는 사람은 순례자처럼 목표를 향해 꾸준히 걷고, 점묘화처럼 한 점 한 점 인생의 그림을 아름답게 채워나간다.

사회생활을 앞둔 후배들이나 신입사원들이 직장생활을 어떻게 해야 할지 물어온다. 그들에게 1년 혹은 길어도 5년까지 무엇을 할지만 생각하라고 조언한다. 요즘 같은 세상에 10년, 20년의 미래를 바라보고 일할 수 있는 사람이 얼마나 될까? 중요한 것은 1년의 시간을 충실하게 보내면 그다음 2년 동안 무엇을 하면 될지 보이기 시작한다는 것이다. 그런 후에는 5년이 보이고, 10년이 보인다. 세상의 흐름을 읽는 눈이 생긴다. 마치 등산을 하여 좀 더 높은 고지에 이르면 더욱 먼 지평선이 보이는 것과 같다. 지리산의 중턱에 안개가 끼면 5미터 앞도 보이지 않는다. 매일 이 안개 낀 날 같더라도 충실히 살아낸 하루하루가 쌓여 1년이 되면 눈앞을 가리던 희뿌연 안개가 멀리 물러난다. 100m 앞이 보이고, 나중에는 수 킬로미터까지 시야가 넓어진다. 그래서 나는 말한다. "굵고 짧게"보다는 "꾸준히 스마트!". 꾸준히 걷다 보면 산마루에 오르고, 새벽녘 운무 위로 솟아오르는 밝은 태양을 바라볼 수 있다. 밑에만 있던 사람은 절대로 못 보는 세상을 보게 되는 것이다. 딥 스마트의 경지에서의 희열이 이와 같지 않을까?

Deep Smart